职业教育经管类实战型"十二五"规划教材

市场营销理实一体化教程

主 编 刘布丁
副主编 李四和 应慧花 李赫轩
　　　　刘 霜 李婷婷

华南理工大学出版社
SOUTH CHINA UNIVERSITY OF TECHNOLOGY PRESS
·广州·

图书在版编目（CIP）数据

市场营销理实一体化教程/刘布丁主编．—广州：华南理工大学出版社，2015.1（2017.8 重印）

（职业教育经管类实战型"十二五"规划教材）

ISBN 978-7-5623-4484-1

Ⅰ.①市… Ⅱ.①刘… Ⅲ.①市场营销学－中等专业 学校－教材 Ⅳ.①F713.50

中国版本图书馆 CIP 数据核字（2014）第 311167 号

市场营销理实一体化教程

刘布丁 主编

出 版 人：卢家明

出版发行：华南理工大学出版社

（广州五山华南理工大学 17 号楼，邮编 510640）

http：//www.scutpress.com.cn E-mail: scutc13@scut.edu.cn

营销部电话：020-87113487 87111048（传真）

项目策划：毛润政

执行策划：王柳婵

责任编辑：梁晓艾 朱彩翩

印 刷 者：虎彩印艺股份有限公司

开 本：787mm×1092mm 1/16 印张：16.25 字数：347 千

版 次：2015 年 1 月第 1 版 2017 年 8 月第 2 次印刷

印 数：2 001～3 000 册

定 价：35.00 元

版权所有 盗版必究 印装差错 负责调换

"职业教育经管类实战型'十二五'规划教材"

编写委员会

主　任：童国梁

副主任：陈　斐　陈立稳　龚　辉

顾　问：邓伟平（广东医药集团董事长、高级经济师）

　　　　　单元庄（西安朝华高级管理研究院院长、教授）

　　　　　康志英（广州香雪制药股份有限公司副总工程师、高级工程师）

　　　　　肖　明（佛山一生伴有限公司董事长总经理）

委　员：植成坚　郑美光　秦　欣　赵　艳　刘布丁

　　　　　应慧花　李四和　柴华香　周曼清　鲁　玲

　　　　　王秀丽　黄珊珊　周飞敏　谢圣传　谢山保

　　　　　韦　艳　龚夏怡　全　意　陈载雅

代 序

淡处着眼 拙处力行

  职业教育，在当下之中国显得尤其重要，各级政府和社会各界尤其关注，而关键之关键是要走出经院体系，以社会和企业的需要为本，以实用为出发点。"职业教育经管类实战型'十二五'规划教材"的编写就是出于这个目的。

  本套书在编写过程中，本着"淡处着眼"，就是把最基本的理论知识阐述清楚，让学生容易理解和掌握。同时，在实际操作上，教育学生要善于"拙处用力"，世上没有一步登天的好事，凡事都必须按部就班、力行实践。

  所谓"一步一脚印""万丈高楼平地起"，本套书的目的就是培养学生能够成为"知而会，会而精"的实战型人才。具有以下三个特点：

  （1）在吸收其他经典理论的基础上，结合校企合作，工学结合及一体化课程教学实施过程中的经验，准确地对职业教育相关专业的知识点和技能进行多方位、多角度的设计，并实施教学。

  （2）本套教材的编者，都是具有多年企业工作经验，又在职教一线工作多年，具有高级职称的双师型教师。他们理论扎实，实战经验丰富，把很多亲身经历的鲜活案例融入到教材中。

  （3）本套教材实训的项目多，由简单到困难，所有图片真实，无论是采取项目任务驱动，还是实操练习，都是本着实用为主，够用为度的原则，配备了大量的习题、操作指引和教学素材。

  职业教育任重而道远，实战型教材也是一项长期而艰巨的任务，为了使职业教育能够更好地为区域经济和企业服务，希望各位职教专家和老师提出建议，共同为职业教育而努力。

  是为序。

陈 斐

2015 年 1 月

前 言

本教材以营销职业能力的培养为重点，围绕着营销岗位的要求，以营销岗位任务为载体，结合教育部对高职高专学生的培养理念，以项目为导向、任务为驱动，按照"突出能力目标，以学生为主体，知识理论实践一体化"的原则整体设计课程思路。

按照营销岗位的工作流程，教材整体划分为：现代市场营销理念的构建、企业市场营销调研、营销环境分析、市场细分与目标市场的选择、制定产品策略、制定价格策略等一共十一个项目。每个项目下设置了具体的工作任务。为满足营销教学实践及教材内容延伸的需要，本教材配备了相应的技能实训及小案例，形成了基本的理论及核心技能操作训练相结合的框架，从而激发学生学习兴趣，启发思维。

本教材由刘布丁担任主编，李四和、应慧花、柴华香、鲁玲、周曼清担任副主编，具体分工为：柴华香编写项目一、项目二和项目三，周曼清编写项目四和项目六，李四和编写项目五，刘布丁编写项目七，鲁玲编写项目八和项目九，应慧花编写项目十和项目十一。

本教材在编写过程中参考了大量资料，特向相关单位和个人表示诚挚的谢意。由于编者水平有限，书中如有不足之处，恳请读者批评指正，以便修订时改进。如读者在使用本书的过程中有其他意见或建议，恳请向编者提出宝贵意见。

编　者

2014 年 12 月

目　录

项目一　现代市场营销理念的构建 ·· 1
　任务一　认识市场与市场营销 ··· 1
　　一、市场 ··· 3
　　二、市场营销 ··· 4
　　三、市场营销管理 ·· 4
　任务二　现代市场营销理念的构建 ······································ 5
　　一、传统市场营销观念 ·· 6
　　二、现代市场营销观念 ·· 8
　　三、现代市场营销理念的构建 ·· 10

项目二　企业市场营销调研 ·· 13
　任务一　市场调查方案的制定 ··· 13
　　一、调查方案的设计 ··· 15
　　二、调查报告的撰写 ··· 18
　任务二　调查问卷的设计 ·· 20
　　一、调查问卷设计 ·· 24
　　二、调查问卷编排 ·· 28
　　三、调查问卷的评审与制作 ·· 29
　任务三　调查对象的确定与调查方法的选择 ······················ 30
　　一、调查对象的确定 ··· 30
　　二、调查方法的选择 ··· 31
　任务四　市场调查的组织与实施 ··· 34
　　一、组建市场调查机构 ·· 34
　　二、培训市场调查人员 ·· 35
　　三、市场调查活动的管理与控制 ····································· 37
　任务五　调查结果的整理、分析 ··· 38
　　一、调查资料的整理 ··· 38
　　二、调查资料的分析 ··· 39

项目三　营销环境分析 ·· 41
　任务一　认识市场营销环境 ·· 41

  一、市场营销环境的概念与特点 …………………………………… 43
  二、分析市场营销环境的意义 …………………………………… 44
 任务二 分析宏观营销环境 …………………………………………… 45
  一、宏观营销环境的构成 ………………………………………… 45
  二、评估宏观营销环境 …………………………………………… 51
 任务三 分析微观营销环境 …………………………………………… 51
  一、微观营销环境的构成 ………………………………………… 51
  二、营销环境分析 ………………………………………………… 55

项目四 市场细分与目标市场的选择 ……………………………………… 57
 任务一 市场细分 ……………………………………………………… 58
  一、市场细分的概念与客观基础 ………………………………… 60
  二、市场细分的基本形式 ………………………………………… 60
  三、市场细分的有效性标准 ……………………………………… 63
  四、市场细分的方法与步骤 ……………………………………… 64
  五、市场细分应注意的问题 ……………………………………… 65
 任务二 企业目标市场的选择 ………………………………………… 66
  一、目标市场的概念 ……………………………………………… 67
  二、选择目标市场应考虑的因素 ………………………………… 68
  三、目标市场的营销策略 ………………………………………… 69

项目五 制定产品策略 ……………………………………………………… 72
 任务一 把握产品整体概念 …………………………………………… 73
  一、产品的整体概念 ……………………………………………… 73
  二、产品的分类 …………………………………………………… 74
  三、产品组合及相关概念 ………………………………………… 75
  四、产品组合策略 ………………………………………………… 77
  五、产品组合优化策略 …………………………………………… 78
 任务二 制定产品生命周期策略 ……………………………………… 80
  一、产品生命周期的概念 ………………………………………… 81
  二、产品生命周期各阶段的特点 ………………………………… 81
  三、产品生命周期各阶段的营销策略 …………………………… 82
 任务三 新产品的开发与推广 ………………………………………… 85
  一、新产品的概念及类型 ………………………………………… 86
  二、新产品的开发方式 …………………………………………… 87
  三、新产品的开发程序 …………………………………………… 87

任务四　制定产品的品牌和包装策略 …………………………………… 90
　　　一、品牌的概念、构成和作用 ……………………………………… 90
　　　二、品牌策略 ……………………………………………………… 91
　　　三、品牌的设计 …………………………………………………… 92
　　　四、包装的概念、种类及作用 ……………………………………… 93
　　　五、包装策略 ……………………………………………………… 93
　　　六、包装的设计原则 ……………………………………………… 94

项目六　制定价格策略 …………………………………………………… 96
　　任务一　掌握影响企业定价的因素 …………………………………… 96
　　　一、影响企业产品定价的因素 ……………………………………… 97
　　　二、产品定价的目标 ……………………………………………… 98
　　任务二　选择定价方法 ………………………………………………… 100
　　　一、成本导向定价法 ……………………………………………… 101
　　　二、需求导向定价法 ……………………………………………… 103
　　　三、竞争导向定价法 ……………………………………………… 105
　　任务三　选择定价策略 ………………………………………………… 106
　　　一、新产品定价策略 ……………………………………………… 106
　　　二、心理定价策略 ………………………………………………… 107
　　　三、产品组合定价策略 …………………………………………… 109
　　　四、差别定价策略 ………………………………………………… 110
　　　五、折扣定价策略 ………………………………………………… 110

项目七　分销策略的制定 ………………………………………………… 112
　　任务一　认识产品分销渠道 …………………………………………… 112
　　　一、分销渠道的概念和特征 ……………………………………… 114
　　　二、分销渠道的功能和作用 ……………………………………… 115
　　　三、分销渠道模式 ………………………………………………… 117
　　任务二　设计和管理分销渠道 ………………………………………… 118
　　　一、分销渠道的选择 ……………………………………………… 119
　　　二、分销渠道的设计 ……………………………………………… 122
　　　三、分销渠道的管理 ……………………………………………… 123
　　任务三　认识零售商 …………………………………………………… 127
　　　一、零售的概念 …………………………………………………… 127
　　　二、零售类型 ……………………………………………………… 128

项目八　广告策略 …………………………………………………………… 133
任务一　认识广告及其定位 ………………………………………………… 133
一、广告的概念 …………………………………………………………… 134
二、广告的作用 …………………………………………………………… 135
三、广告的定位 …………………………………………………………… 137
任务二　广告促销方案制定的前期准备 …………………………………… 138
一、确定广告目标 ………………………………………………………… 140
二、确定广告预算 ………………………………………………………… 141
任务三　广告促销方案的制定 ……………………………………………… 143
一、广告创作 ……………………………………………………………… 144
二、选择广告媒体 ………………………………………………………… 146
三、评估广告效果 ………………………………………………………… 150

项目九　销售促进策略 ………………………………………………………… 153
任务一　认识销售促进 ……………………………………………………… 153
一、销售促进的概念 ……………………………………………………… 155
二、销售促进的适用性 …………………………………………………… 155
三、销售促进的作用 ……………………………………………………… 155
任务二　销售促进的方法和方案制定 ……………………………………… 157
一、销售促进的主要方法 ………………………………………………… 157
二、销售促进方案的制定 ………………………………………………… 159
任务三　销售促进的实践要点与注意事项 ………………………………… 160
一、销售促进的实践要点 ………………………………………………… 162
二、销售促进的注意事项 ………………………………………………… 162

项目十　客户关系管理 ………………………………………………………… 164
任务一　认识客户关系管理 ………………………………………………… 165
一、客户关系管理的概念和含义 ………………………………………… 167
二、如何将你的客户分等级 ……………………………………………… 168
三、把焦点放在关键的客户上 …………………………………………… 171
任务二　客户投诉处理 ……………………………………………………… 177
一、什么是客户投诉？客户为什么要投诉？ …………………………… 180
二、顾客投诉给企业带来什么？ ………………………………………… 181
三、投诉对服务组织的影响 ……………………………………………… 184
四、对客户投诉的管理 …………………………………………………… 185
五、减少投诉的产生 ……………………………………………………… 187

项目十一　营销新观念 ·· 191
任务一　认识微博营销 ·· 192
　　一、微博营销的概念和优势 ·· 194
　　二、微博营销的几个关键点 ·· 196
　　三、微博营销的特点 ·· 197
任务二　认识微信营销 ·· 202
　　一、什么是微信营销？ ·· 203
　　二、如何进行微信营销的推广？ ··· 207
任务三　走进服务营销 ·· 213
　　一、什么是服务营销？ ·· 215
　　二、企业如何推广服务营销 ·· 220
　　三、科学地开展服务营销的管理 ··· 222
任务四　认识绿色营销 ·· 230
　　一、绿色营销的概念及需求分析 ··· 231
　　二、绿色营销的管理内容 ··· 232
　　三、什么是绿色需求？ ·· 237
　　四、绿色营销之绿色研发、绿色生产、绿色产品 ··································· 238

参考文献 ··· 246

项目一　现代市场营销理念的构建

【项目目标】

知识目标
（1）了解市场的概念及形成；
（2）理解市场的分类、主要构成因素；
（3）了解市场营销及市场营销管理。

能力目标
在深刻理解市场原理的基础上，了解企业基本营销活动，熟悉市场营销及其相关概念。

素质目标
（1）增强学生理解与认知能力；
（2）提高分析概括能力。

【项目导入】

长风公司从事儿童书包的生产和销售近二十年，销售量逐年稳步上升，随着该行业的不断发展及消费者的需求的不断发展变化，长风公司应如何把握市场，开展有效的企业营销？

【项目实施】

任务一　认识市场与市场营销

根据导入项目，首先要正确理解什么是市场与市场营销，然后再着手把握市场。

【导入案例1-1】

丰田进入美国市场

提起丰田汽车，人们很容易想起"皇冠"牌小汽车和"车到山前必有路，有路就有丰田车"的广告用语。这些都是因为丰田公司如今已享有很高的知名度。然而，谁能想到30年前，当丰田首次向美国出口小汽车时，仅销售出

228辆。

丰田首次向美国推出的产品起名叫"丰田宝贝"。它的外形像个方盒子，整个产品存在着严重缺陷，发动机开起来像卡车一样响，内部装修既粗糙又不舒服，灯光也非常暗。"丰田宝贝"失败后，丰田对美国市场进行了大量的调查和研究，主要研究了美国经销商和消费者需要什么，不需要什么等问题。

丰田发现美国人把汽车作为地位和性别象征的传统意识在减弱，其态度变得倾向实用化，汽车在很大程度上被看作是一种交通工具。美国人喜欢腿部活动空间大、容易驾驶且行驶平稳的美国车，但又希望能大幅度地减少拥有汽车的花费。例如，最初的购置费少、耗油少、耐用和维修方便等。丰田还发现消费者也认识到交通拥挤状况的日益恶化，因此他们也希望能有停靠方便和转弯灵活的小型车。丰田还发现大众的成功，在很大程度上是由于该公司建立了一套卓越的服务系统。例如，提供便利的维修服务，这一项就成功地打消了顾客担心外国车买得起，用不起，需要时很难弄到零部件等顾虑。

通过研究分析，丰田制定了一整套打入美国市场的营销战略。其中丰田的产品战略是生产小型的、经过改装的"底特律式"小汽车。这种美国化的做法在于增加产品的可接受性，新推出的"皇冠"牌小汽车满足了各方面的要求，而且比其他主要竞争对手大众公司的"甲壳虫"在发动机功率和性能上都提高了一倍，不但容易操纵、省油，且具备了小型车的各种便利。此种车外部造型优美，侧壁有白圈的轮胎等；内部装备了所有美国人都渴望的配置，如柔软舒适的座椅、柔色的玻璃。这种车仅仅作为一种交通工具，从这个意义上说，它几乎完美无缺，就连扶手的长度和腿部活动空间的大小都是按美国人的身材设计的。丰田公司甚至对一些不大引人注目的细节，如质量、可靠性和可维护性等，也给予充分的重视。无论是在打入美国市场之前还是之后，丰田都在不断进行市场调查和研究，力图使各种问题在没有变得十分严重之前就妥善解决。这样丰田的"皇冠"牌小汽车很快就建立了质量信誉。据调查数据显示，每销售100辆小汽车，顾客不满意的车数从1969年的4.5辆，下降到1973年的1.3辆。

丰田车在美国市场站稳脚以后，就转而采取市场扩张战略，用不断改进产品以满足顾客需要作为其产品策略。1970年和1974年，丰田对皇冠系列产品分别做了两次大的修改，扩大车身，加宽踏板，同时稳定性能也提高了，所有这些都是为了满足美国消费者的偏好。

丰田将质量理解为"适合顾客需要"，产品改革从顾客的角度出发而不是将其看作是产品自身的要求。在广泛的调查研究和收集顾客反馈意见的基础上，丰田综合顾客的要求，尽可能提供与之相适应的产品。丰田将提高产品质量的努力集中在对生产过程质量的控制上，采取了各种质量控制方法。如通过"无缺陷"概念来寻找不合格产品的原因，通过QC（即Quality Control，质量控制）小组鼓励雇员为改进产品和生产过程献计献策，等等。此外，丰田还在高度的相互信任和尊敬的基础上，培养了与其零部件供应商之间强有力的协作关系，从而把住了协作公司供应的零部件质量关。

由产品策略牵头，再配合其他定价、分销、促销策略，丰田占领美国市场的策略取得巨大成功。至2013年12月，丰田在美国年销售量已愈223.6万辆，超过了它的竞争对手——大众汽车公司，在美国进口商中居领先地位，成为当今世界上最大的汽车制造商之一。

一、市场

1. 市场概念

狭义上的市场是指买卖双方进行商品交换的场所。

广义上的市场是指为了买和卖某些商品而与其他厂商和个人相联系的一群厂商和个人。市场的规模即市场的大小，是指购买者的人数。

市场是以商品交换为基本内容的经济联系方式。在商品经济条件下，交换产生和存在的前提是社会分工和商品生产。由于社会分工的不同，生产者分别从事不同产品的生产并未满足自身及他人的需要，从而需要交换各自的产品，使一般劳动产品转化为商品，并使产品生产也转化为商品生产。正是在这一条件下，用来交换商品以满足不同生产者需要的市场应运而生。因此，市场是商品经济条件下社会分工和商品交换的产物。市场与商品经济有着不可分割的内在联系。

随着社会分工和市场经济的发展，市场的概念也在不断发展和深化，并在深化过程中体现出不同层次的多重含义，主要有以下几种：

（1）市场是指商品交换的场所。

（2）市场是各种市场主体之间交换关系乃至全部经济关系的总和。

（3）市场表现为对某种或某类商品的消费需求。

2. 市场构成要素

市场构成要素可以用一个等式来描述：市场 = 人口 + 购买力 + 购买欲望。

（1）人口

人口是构成市场的最基本要素。消费者人口的多少，决定着市场的规模和容量的大小，而人口的构成及其变化则影响着市场需求的构成和变化。因此，人口是市场三要素中最基本的要素。

（2）购买力

购买力是指消费者支付货币以购买商品或服务的能力，是构成现实市场的物质基础。一定时期内，消费者的可支配收入水平决定了购买力水平的高低。购买力是市场三要素中最重要的要素。

（3）购买欲望

购买欲望是指消费者购买商品或服务的动机、愿望和要求，是由消费者心理需求和生理需求引发的。产生购买欲望是消费者将潜在购买力转化为现实购买力的必要条件。

市场的这三个要素是相互制约、缺一不可的，它们共同构成企业的微观市场，而市场营销学研究的正是这种微观市场的消费需求。

二、市场营销

美国市场营销协会（AMA）于1985年将市场营销定义为：市场营销是对构思、产品及劳务进行设计、定价、促销及分销的规划和实施的过程，从而产生满足个人和组织目标的交换。这一概念可以从四个方面理解：

第一，市场营销是一种企业活动，是企业有目的、有意识的行为。

第二，满足和引导消费者的需求是市场营销活动的出发点和中心。企业必须以消费者为中心，面对不断变化的环境，做出正确的反应，以适应消费者不断变化的需求。满足消费者的需求不仅包括现在的需求，还包括未来潜在的需求。现在的需求表现为对已有产品的购买倾向，潜在需求则表现为对尚未问世产品的某种功能的愿望。企业应通过开发产品并运用各种营销手段，刺激和引导消费者产生新的需求。

第三，分析环境，选择目标市场，确定和开发产品，定价、分销、促销和提供服务等。这是营销活动的主要内容。市场营销组合中有四个可以人为控制的基本变数，即产品、价格、销售渠道和促销方法。由于这四个变数的英文均以字母"P"开头，所以又叫"4Ps"。企业市场营销活动所要做的就是密切关注不可控制的外部环境的变化，恰当地组合"4Ps"，千方百计地使企业可控制的变数与外部环境中不可控制的变数相适应，这也是企业经营管理能否成功，企业能否生存和发展的关键。

第四，实现企业目标是市场营销活动的目的。企业有不同的经营环境，处在不同的发展时期，产品所处生命周期的阶段亦不同，因此，企业的目标是多种多样的。利润、产值、产量、销售额、市场份额、生产增长率、社会责任等均可能成为企业的目标，但无论是什么样的目标，都必须通过有效的市场营销活动完成交换，与顾客达成交易方能实现。

三、市场营销管理

市场营销管理的任务，就是为促进企业目标的实现而调节需求的水平、时机和性质，其实质是需求管理。根据需求水平、时间和性质的不同，市场营销管理的任务也有所不同。

市场营销的管理过程，也就是企业为实现企业任务和目标而发现、分析、选择和利用市场机会的管理过程。更具体地说，市场营销管理过程包括如下步骤：

（1）发现和评价市场机会；

（2）细分市场和选择目标市场；
（3）发展市场营销组合和决定市场营销预算；
（4）执行和控制市场营销计划。

技能实训 1-1　市场与市场营销

实训目的

（1）加深对市场营销概念的感性理解；
（2）结合企业的营销实践，认知传统营销与现代营销的区别。

实训内容与组织

（1）以自愿为原则，3～5人为一组，利用课余时间调查当地常见的市场类型或其他你比较熟悉的市场；
（2）结合你平时在社会实践和市场调查过程中的切身感受，对什么是市场和市场营销进行概括总结，为其下定义；
（3）分组讨论现代市场的分类标准及常见类型。

实训考核

（1）标准：能够对市场、市场营销的本质以及传统营销与现代营销的区别进行较为恰当的概括，能够从现实营销的角度说明营销管理的本质是需求管理。
（2）评价：每个人写一份市场概念认知的心得体会，作为一次作业，或在班上组织一次心得交流活动，依每个同学的表现，由教师与各组组长组成的评估小组对同学进行打分。

任务二　现代市场营销理念的构建

【导入案例 1-2】

"秘密武器"为何不能长盛不衰

库尔斯公司是美国一家啤酒酿造公司，地处科罗拉多州的山沟里。1960年阿道夫·库尔斯这个44岁的啤酒王国的老板外出遇难后，公司由其儿子比尔和乔兄弟俩经营。库尔斯公司生产的啤酒是用纯净的落基山泉水酿制，公司只生产一种品质啤酒，且只有一家酿造厂生产这种啤酒，啤酒只在西部11个州销售，其中多数州是美国人烟稀少的地区。它没有设立分厂，22年没有扩大过规模，同时，每一桶酒都要销往900英里以外的地方。啤酒质量很好，除了一些名演员，像保罗·纽曼和伊斯特伍等外，从福特总统到亨利·基辛格，无不对库尔斯啤酒称道叫好。每年大约有30万库尔斯的崇拜者来啤酒厂游玩，人们一直称

库尔斯有"秘密武器"。

到 1970 年，库尔斯公司异常繁荣。1969 年比 1968 年产量增长 19%，在全国啤酒行业中名列第四。在西部 11 个州中，库尔斯的市场占有率达 30%，在加利福尼亚州，到 1973 年为止，它占有了 41% 的市场份额，比啤酒行业产量最大的安休斯-布希公司的 18% 还多。这与来自那些知名的或不知名的人士对库尔斯产品的狂热追求与爱好，与来自环境清洁的形象及味道清淡适口的啤酒品质是分不开的。

到 20 世纪 70 年代中叶，啤酒的消费趋势发生了很大变化。啤酒行业最热门的产品是凉爽型啤酒或低热量啤酒和高级名牌啤酒，这些啤酒的销售量几乎占到啤酒总销量的 10%，而其中全国发展最快的米勒公司的啤酒占到市场份额的 30%，并且这个比例还在上升。其他竞争力较强的还有安休斯-布希的米歇洛布牌啤酒。啤酒销量每年只以 3% 的速度增长，但几乎所有的增长均来自两种产品：凉爽或低热量啤酒和高级名牌啤酒，而这些库尔斯一种也不生产，只是一味地依赖于它的那一种啤酒，因循守旧。此外，研究表明，每 10 个饮用凉爽型啤酒的新消费者中有 4 个是从库尔斯那里转出来的。西部市场也不再只属于库尔斯了，那里满是实力雄厚、根基牢靠的竞争对手，比尔不得不承认："酿造我们能酿造的最好啤酒已经不够了。"1978 年，库尔斯公司的利润下降到 5.48 亿美元，比利润最高的 1976 年减少将近 29%，即使退到 1975 年，利润也比这个数字高。

问题就在于对一个变化不定的和更有扩张性的市场，库尔斯一味采取长期观望的态度，而无所领悟，保守主义政策根深蒂固，错误地认为一种啤酒及一种形象的魅力会长盛不衰，从而否认任何大胆进取的甚至于惯常的市场营销努力的必要性，最终使库尔斯这个历史悠久、令人肃然起敬的啤酒商走到这样一个历史时刻。

一、传统市场营销观念

市场营销观念是指企业进行经营决策，组织管理市场营销活动的基本指导思想，也就是企业的经营哲学。它是一种观念，一种态度，或一种企业思维方式。市场营销观念是一种"以消费者需求为中心，以市场为出发点"的经营指导思想。营销观念认为，实现组织诸目标的关键在于正确确定目标市场的需要与欲望，并比竞争对手更有效、更有利地传送目标市场所期望的东西。

(一) 生产观念 (production concept)

生产观念是一种以生产为中心的古老的市场营销观念。以这种经营观念为指导的企业认为，企业的任务就是生产并向市场提供顾客买得起的产品。提高生产的效率和降低生产的成本是经营者所关心的全部问题。企业主要以提高劳动生产率、扩大生产规模，并以此降低产品价格来吸引顾客，获得自己的市场地位，很少关注除此之外的其他市场因素，甚至不注意对产品的更新和改良。

生产观念是生产力和科学技术都还比较落后，或是生产发展比较缓慢时期的产物。以生产观念为导向的企业基本上是处于三种市场环境条件之下：一是产品明显供不应求。只要企业将产品生产出来，总能销得出去。西方在20世纪20年代以前，中国在20世纪80年代以前的情况基本上都是这样。中国当时许多消费工业品，如手表、自行车、缝纫机都要凭票、凭证供应，所以生产企业只要扩大生产，提高产量即可，根本没有必要去考虑市场销路的问题。二是价格竞争是市场竞争的基本形态。在这种情况下，企业竞争的主要手段是降低产品的价格，而降低价格的前提则是通过生产规模的扩大和生产成本的控制。所以企业必然以主要精力去扩大生产和降低成本。三是实行计划经济体制。在计划经济条件下，企业实际上只是政府计划的附属体，是一个严格按照计划进行生产的工作部门，资源和产品的分配不属于企业的责权范围，所以企业也没有必要去考虑生产之外的其他问题。

（二）产品观念（product concept）

产品观念是在生产观念的基础上发展而来的，但仍属于一种比较陈旧的经营观念。这种观念的特征在于企业经营者不是主要靠降低成本，而是主要靠提高产品的质量来开发和占领市场。经营者认为顾客喜欢品质可靠、性能优良、有特色的产品并且也愿意花较多的钱买这种产品，为此，企业应该致力于不断改进产品，设计和开发优良产品是企业市场竞争的主要手段。的确，产品的品质和特色是企业争取顾客的主要因素，能注重以产品质量的改变和提高去赢得企业的市场地位比只重视产量和成本的"生产观念"是前进了一步。但是问题在于进行产品设计开发的出发点在哪里？是企业还是消费者？产品观念的局限性就在于对产品的设计与开发只是从企业的角度出发，以企业为中心进行，认为"酒香不怕巷子深"，只要企业生产出优质产品，顾客自然会找上门来，而没有认识到顾客所购买的实际上是对于某种需要的满足。

（三）推销观念（selling concept）

推销观念也称为销售导向。推销观念是指以推销现有产品为中心的企业经营思想。随着生产的进一步发展，一方面市场上商品的花色品种增多，供应量不断增加，出现了供大于求的现象，企业间竞争开始加剧；另一方面，人们的生活水平不断提高，需求向多样化发展，顾客购买的选择性增强。为了保证产品的销路，企业不得不考虑产品的销售问题。

持推销观念的企业经营者认为，仅有优良的产品和低廉的价格并不一定能吸引消费者对产品的理解和接受，而是必须努力把产品推销给消费者。这种观念将消费者看成是被动的、迟钝的，认为只有强化刺激才能吸引消费者，顾客只有在企业促销活动的刺激下才会购买产品。企业要销售已生产出来的产品，必须大力开展推销活动，千方百计地吸引顾客对产品产生兴趣，进而使他们购买产品。因此，认为强力推销是企业扩大销售、增加利润的必由之路。

推销观念同生产观念和产品观念相比具有明显的进步，主要表现为企业经营者开始将眼光从生产领域转向流通领域，不仅在产品的设计和开发，并且在产品的销售促进上投入精力和资本。在推销观念的指导下，企业特别关注产品的推销和广告，重视运用推销术或广告术去刺激或诱导消费者购买产品。但是推销观念仍然是以企业为中心，认为"我卖什么，你就买什么"，而并没有将消费者放在企业经营的中心地位。这一点与前面的生产导向和产品导向观念没有本质的区别，都是先有产品后有顾客，归根到底，就是"我生产什么，我就卖给什么，你就买什么"，至于对产品的售后服务和顾客的满意程度则并不重视。

事实上，再好的推销手段也不能使消费者真正接受他所不需要或不喜欢的产品，特别是在市场竞争变得日益激烈的时候，推销的效应就会逐渐递减。奉行推销观念，着力于推销和广告，对企业的销售工作具有积极的促进作用。但如果生产出来的产品需求已饱和或是不能满足人们多变的需求，那么即使大力推销也无济于事。

二、现代市场营销观念

现代市场营销观念是在20世纪50年代中期才正式形成的一种新的企业经营管理哲学，也称为市场营销导向或顾客导向。这种观念的产生和应用是对之前各种经营观念的一种质的变革，它的核心是从以企业的需要为经营出发点变为以满足消费者的需要为经营出发点，简单地说就是顾客需求导向。

（一）市场营销观念（marketing concept）

"二战"后，随着科学技术的迅速发展，以美国为首的各主要资本主义国家的劳动生产率进一步提高，社会物质财富有了较大的增长，商品从供应量到花色品种都比较充裕，为顾客提供了更多的选择；与此同时，消费者收入水平的普遍提高，一方面使消费者的购买力水平有了较大幅度的提高，另一方面也使消费者的需求更为多样化和多变。随着市场上各种产品的供大于求，企业间的竞争进一步激化，到20世纪50年代以美国为首的主要资本主义国家已成为名副其实的买方市场。面对这样的市场环境，许多企业认识到：只有分析和研究市场需求，采用一切手段与方法来满足用户和消费者的需求，企业才能在激烈的市场竞争中求得生存和发展。因此不少大企业开始提出"哪里有消费者的需要，哪里就有我们的机会""顾客至上""一切为了顾客的需要""制造你所能销得出去的产品而不是销售你所能生产出来的产品"等口号，说明企业已开始运用市场营销观念来指导营销活动。

奉行现代市场营销观念的企业必须在战略规划、企业组织、管理方法和决策程序上进行一系列的变革：

（1）不是以生产为中心而是以顾客的需求为中心来确定企业的经营方向。

（2）企业的宗旨是满足目标顾客的需求和欲望。

（3）企业中各部门与营销或销售部门的活动协调一致，开展整体营销活动——生产适销对路的产品；制定适宜的价格；采用适当的促销方式和手段；利用适合的分销渠道，达到在满足顾客需要和利益的基础上，获取企业的合法利润的目的。

（4）企业营销部门已不是单纯地在产品制成后从事销售性事务，而是参与到企业经营管理活动的全过程，是企业经营管理的重要组成部分。

注重长远利益和战略目标是市场营销观念的又一基本特征，它不同于推销观念只注重当前产品的销售和短期利润的获取。持营销观念的经营者认为，不顾及企业的长远发展目标而进行的盲目生产或全力推销，对企业不仅无利而且可能是有害的。

一般来说，营销观念只有在市场经济发展比较成熟、市场竞争十分激烈的市场环境条件下，才容易被企业所接受。这是因为真正采用市场营销观念的企业会在原有的基础上增加很多新的工作和投资，比如搞市场调查和营销策划等，以营利为目的的企业只有在它认为确实有必要的情况下才会接受营销观念并相应地增加这方面的投入，并随着营销必要性的逐步增强而提高营销在企业中的地位。

我国企业的经营指导思想在改革开放后的30多年里，经历了逐渐从生产导向到销售导向，再到现代营销观念导向这样一个发展过程。因为在改革开放初期，市场上许多商品还处在供不应求的状况，企业很难自觉接受消费需求导向观念。而今天，当几乎所有商品都处于供大于求的状况，同时业内竞争日趋激烈时，如果企业还不接受现代营销观念作为企业经营的指导思想，可以预见它连生存都会遇到问题。

（二）社会营销观念（societal marketing concept）

社会营销观念是对市场营销观念的修改和补充。它产生于20世纪70年代西方国家出现能源短缺、环境污染、通货膨胀和失业率提高、消费者保护运动盛行的新形势下。人们发现，市场营销观念摆正了企业与顾客的关系，但在实际执行过程中，有时会出现满足消费者个人需要，却与社会公众整体利益，特别是社会公众长远利益发生矛盾的现象，如"一次性方便筷"，利用氟利昂制冷的冰箱、空调等虽满足了用户生活便利的需要，却造成社会资源的浪费，危害了人类赖以生存的环境，最终影响人类的健康。针对这种状况，人们提出社会营销观念，以突出强调维护社会公共利益。

社会营销观念强调企业在满足顾客需要的同时，必须考虑到社会公众长远的、整体的利益，要考虑到环境的保护和资源的节约，不能人为地鼓励建立在污染环境和过度耗费资源基础上的消费。这就要求企业在进行营销决策时，必须充分考虑消费者的需求和欲望、消费者利益、企业利益以及社会长期利益这四方面的因素，正确地处理好消费者利益、企业利益与社会长期利益这三者之间的关系，以满足消费者需求、保证消费者和社会的长期利益作为企业根本目的与责任。这也是社会营销观念与市场营销观念的区别所在。

社会营销观念也是随着企业经营实践的发展而逐步为企业所接受的。因为如果企业在它的经营活动中不顾社会利益，造成社会利益的损害，就必然会受到社会的压力而影响企业的进一步发展。近年来社会对于环境保护和健康消费的重视，使得各国政府的政策对于有损社会利益的生产行为和消费行为的约束越来越严厉，社会舆论的压力也越来越大，从而迫使企业不得不通过树立良好的社会形象来改善自己的经营环境，社会营销观念也因此而被普遍接受。

三、现代市场营销理念的构建

现代市场营销理念作为支配企业营销行为的一种先进思想，必须融入企业的营销文化，必须成为企业全体员工的自觉行动。为此，企业应从成功的营销案例和失败的营销案例中，深刻领会现代营销理念的精髓，并通过大力宣传，使其成为企业的核心文化价值。企业现代营销理念的构建过程如图1-1所示。

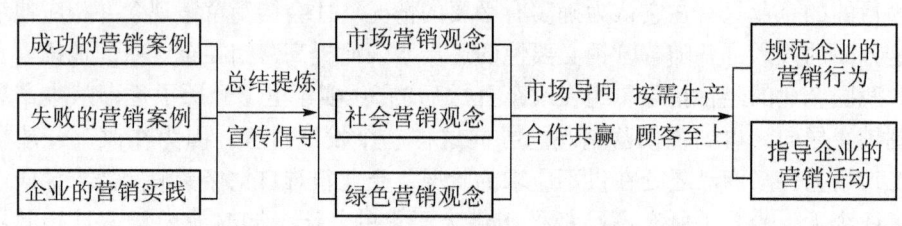

图1-1 企业现代营销理念的构建过程

毋庸置疑，营销是企业营销部门的主要职能和核心任务，但如果片面地认为营销只是企业营销部门的事情，而与企业的其他部门、其他人无关，这种观念肯定是错误的。经过十几年的市场经济实践，企业已深刻认识到：营销不只是企业营销部门的职能，而是企业上下所有部门、所有人员都应有的意识和职责，即使是最好的市场营销部门，也不能弥补因其他部门缺乏对消费者的重视而带来的损失。这就要求企业各职能部门及全体员工都必须树立"顾客至上""诚信为本""按需生产""质量第一"的现代营销观念，从大家的共同目标出发，积极配合营销部门的工作，为争取更多顾客、扩大产品销售、巩固企业地位、提升企业形象发挥应有作用。具体来说，企业各职能部门参与企业营销活动的现代意识与任务重点是：

（1）产品研发部门。企业产品研发部门应树立的现代营销意识和主要工作任务是：经常邀请消费者代表到企业参加产品开发座谈会，广泛征询他们的意见。在每一个新产品、新项目的研发过程中，欢迎市场营销部门、制造部门及其他部门提合理化建议，以竞争者的产品为"水平点"，进行不断改进与创新，努力做到向消费者提供备受青睐的产品。

（2）物资采购部门。企业物资采购部门应树立的现代营销意识和主要工作任务是：主动寻找最好的供应商，并与那些值得信赖的、能够提供物美价廉的原材料、零配件、包装物的供应商建立长期稳定的战略伙伴关系，在企业产品质量提升、成本控制方面做出自己的贡献。

（3）生产制造部门。企业生产制造部门应树立的现代营销意识和主要工作任务是：经常邀请消费者到企业来参观生产流程，消除消费者对产品的质量顾虑，不断寻求提高生产效率、降低生产成本的方法技术，努力降低生产损耗，并根据市场的需求变化，调整产品组合，增加花色品种，致力于无质量缺陷的生产活动。

（4）产品销售部门。企业产品销售部门应树立的现代营销意识和主要工作任务是：要求每个销售人员都具有广泛的社会交际能力和高超的产品推销技巧，要善于把握市场机会，预测消费走势，捕捉市场信息，主动将消费者的需要和意见反馈给负责产品改进的部门，并能为消费者提供满意周到的服务。

（5）售后服务部门。企业售后服务部门应树立的现代营销意识和主要工作任务是：能够围绕企业的营销目标来为消费者提供高标准的人性化服务，并长期不懈地坚持这一标准，能热情友善地处理消费者在产品使用过程中遇到的问题，力争在最短的时间内进行产品的检修、维护与保养，使消费者真正感到买得放心、用得舒心。

（6）财务会计部门。企业财务会计部门应树立的现代营销意识和主要工作任务是：定期提供各种产品的市场销售报告，支持并协助企业营销部门实施市场营销推广计划，根据企业不同时期的营销目标和营销重点安排财务预算，保证企业开展营销活动所需资金的及时到位。同时，应督促有关部门、有关人员及时回笼货款，防止坏账损失的发生。

技能实训1-2　现代营销理念的构建

实训目的

（1）加深对现代市场营销理念的感性理解；

（2）结合企业的营销实践，认知传统营销观念与现代营销观念的区别。

实训内容

利用课余时间到当地市场上观察积压滞销商品与畅销商品的市场销售表现，了解消费者的态度与看法。

实训组织

（1）以自愿为原则，3～5人为一组，结合你平时在社会实践和市场观察过程中的所见所思，对企业营销活动和营销理念的关系进行梳理，提炼总结什么样

的营销理念才是现代的、科学的营销理念；

（2）分组讨论企业的营销部门和营销人员怎样才能建立起正确的营销理念。

实训考核

（1）标准：能够结合企业的典型销售案例，从实践层面对不同市场营销理念与企业营销活动、营销行为的关系进行正确剖析；

（2）评价：每人写一份书面报告，作为一次作业，由教师与各组组长组成的评估小组对同学完成任务的情况进行打分。

项目二　企业市场营销调研

【项目目标】

知识目标

（1）使学生深入理解市场营销调研是企业营销活动的重要内容，也是制定企业营销策略必须要做的基础工作；

（2）掌握进行调查方案设计的方法；

（3）掌握撰写调查报告的方法。

能力目标

详细了解市场调查方案的基本内容与框架结构，熟练掌握制定调查方案的方法技巧。

素质目标

能结合企业的具体调查项目制定相应的调研方案。

【项目导入】

长风公司拟上市一批新款书包，目前正处于产品研发阶段，准备针对目标消费者开展一次市场调查活动，了解消费者的兴趣和偏好。

【项目实施】

任务一　市场调查方案的制定

【导入案例2-1】

可口可乐市场调研策划书

一、前言

可口可乐市场是很早就兴起来的消费品市场之一，而可口可乐遍布世界各地，品种也不断增加。根据预测，该市场需求曲线呈上升趋势。

为了扩大可口可乐在消费者中的需求，同时根据市场环境分析，目前在江西、贵州两省的销售情况日益趋好，为了更好地做好销售工作，就必须进行饮料市场情况的调查。

本次市场调查将围绕策划的三个立足点：消费者、市场、竞争者来进行。

二、调查目的

（1）为可口可乐在湖南、江西、贵州市场进行营销策划提供客观依据。

（2）为该公司（湖南中粮可口可乐有限公司）总体营销提供有关的市场信息，为更好地实行生产、销售管理以及新产品的研发提供客观的依据。

三、市场调查内容

（一）消费者

（1）消费者统计资料（年龄、性别、收入、文化程度、家庭构成等）。

（2）消费者对可口可乐饮料的消费形态（食用方式、花费、习惯、看法等）。

（3）消费者对可口可乐饮料的购买形态（购买过什么、购买地点、选购标准、购买品种等）。

（4）消费者对理想的可口可乐公司的描述。

（5）消费者对可口可乐饮料类产品广告、促销的反映。

（二）市场

（1）湖南、江西、贵州地区的数量，品牌，销售状况。

（2）湖南、江西、贵州地区的消费者需求及购买力状况。

（3）湖南、江西、贵州地区的市场潜力测评。

（4）湖南、江西、贵州地区的可口可乐饮料销售通路状况。

（5）湖南、江西、贵州地区的物流情况。

（三）竞争者

（1）湖南、江西、贵州地区市场上现有哪几类饮料，饮料的品牌、定位、档次等。

（2）市场上现有可口可乐的销售状况。

（3）各品牌、各类型可口可乐的主要购买者描述。

（4）竞争对手的广告策略及销售策略。

四、调查对象及抽样

目前市场上的饮料琳琅满目，但是知名品牌的产品也有很多，所以在确定调查对象时，对目标消费市场，应点面结合，有所侧重。

调查对象组成及抽样如下：

消费者：300户。其中家庭月收入3000元以上占50%；3000元以下占30%；其他占20%。

竞争对手：20家。其中最大的是百事可乐公司。

消费者样本要求：

（1）家庭成员中有或没有人在可口可乐公司或者相关行业工作。

（2）学生（大学生）对品牌的意识。

（3）家庭亲戚有或没有人在做相关的市场营销工作。

（4）学生对广告的印象。

五、市场调查方法

以访谈为主：户访，售点访问，群体访问。

访员要求：

（1）仪表端正、大方。

（2）举止谈吐得体，态度亲切、热情，具有把握谈话气氛的能力。

（3）经过专门的市场调查培训，专业素质较好。

（4）具有市场调查访谈经验。

（5）具有认真负责、积极的工作精神及职业热情。

六、市场调查程序及时间安排

第一阶段：初步市场调查　　（2天）

第二阶段：计划阶段

制订计划　　（2天）　　审定计划　　（2天）

确认修正计划　　（1天）

第三阶段：问卷阶段

问卷设计　　（2天）　　问卷调整、确认　　（2天）

问卷印制　　（3天）

第四阶段：实施阶段

访员培训　　（2天）　　实施执行　　（10天）

第五阶段：研究分析

数据输入处理　　（2天）　　数据研究、分析　　（2天）

第六阶段：报告阶段

报告书写　　（2天）　　报告打印　　（2天）

调查实施自计划、问卷确认后第四天执行

七、经费预算（略）

八、调查问卷和相关表格（略）

一、调查方案的设计

1. 确定调查的目的和任务

调查目的是指特定的调查课题所要解决的问题，即为何要调查、要了解和解决什么问题，调查结果有什么用处。调查任务是指在调查目的既定的条件下，市场调查应获取什么样的信息才能满足调查的要求。明确调查的目的和任务是调查方案设计的首要问题，因为只有调查目的和任务明确，才能确定调查的对象、内容和方法，才能保证市场调查具有针对性。

2. 确定调查对象和调查单位

确定调查对象和调查单位是为了明确向谁调查和由谁来提供资料的问题。调查对象是根据调查目的和任务确定的一定时空范围内的所要调查的总体，是由客观存在的具有某一共同性质的许多个体单位所组成的整体。调查单位就是调查总体中的各个个体单位，是调查项目的承担者或信息源。

3. 确定调查项目

调查项目是将要向调查单位调查的内容。调查项目的确定取决于调查的目的和任务，以及调查对象的特点与数据资料搜集的可能性。

4. 设计调查表或问卷

调查项目确定之后，就可设计调查表或者问卷，作为搜集市场调查资料的工具。调查表或问卷既可作为书面调查的记载工具，亦可作为口头询问的提纲。调查表是用纵横交叉的表格按一定顺序排列调查项目的形式；问卷是根据调查项目设计的对被调查者进行调查、询问、填答的测试试卷，是市场调查搜集资料的常用工具。本项目的任务二将专门介绍调查表或问卷的设计。

5. 确定调查时间和调查期限

调查时间是指调查资料的所属时间，即应搜集调查对象何时的数据。确定调查时间是为了保证数据的统一性，否则，数据无法分类和汇总，导致市场调查失效。调查时期现象（收入、支出、产量、产值、销售额、利润额等流量指标）时，应确定数据或指标项目的起止时间；调查时点现象（期末人口、存货、设备、资产、负债等存量指标）时，应明确规定统一的标准时点（期初、期末或其他时点）。

调查期限是指整个调查工作所占用的时间，即一项调查工作从调查策划到调查结束的时间长度。一般来说，应根据调查课题的难易程度、工作量的大小、时效性等要求来合理确定调查期限，并制定调查进度安排表。

6. 确定调查方式和方法

市场调查方式是指市场调查的组织形式，通常有市场普查、重点市场调查、典型市场调查、抽样市场调查、非概率抽样调查等等。调查方式的选择应根据调查的目的和任务、调查对象的特点、调查费用的多少、调查的精度要求做出选择。

市场调查方法的确定应根据调查资料搜集的难易程度、调查对象的特点、数据取得的源头、数据的质量要求等做出选择。若调查课题涉及面大、内容较多，则应选择多种调查方法获取数据和资料。既要获取现成的资料，又要获取原始资料。

例如，商场顾客流量和购物情况调查，通常采用系统抽样调查的组织方式，即按日历顺序等距抽取若干营业日调查顾客流量和购物情况，而搜集资料的方法主要有顾客流量的人工计数或仪器记数、问卷测试、现场观察、顾客访问、焦点座谈等等。

7. 确定资料整理的方案

资料整理是对调查资料进行加工整理，系统开发的过程，其目的在于为市场分析研究提供系统化、条理化的综合资料。为此，应确定资料整理的方案，对资料的审核、订正、编码、分类、汇总、展示等做出具体的安排。大型的市场调查还应对计算机自动汇总软件开发或购买做出安排。

8. 确定分析研究的方案

市场调查资料的分析研究是对调查数据进行深度加工的过程，其目的在于从数据导向结论，从结论导向对策研究。为此，应制订分析研究的初步方案，对分析的原则、内容、方法、要求、调查报告的编写、成果的发布等做出安排。

9. 确定市场调查的进度安排

进度安排要统筹好问卷的设计、印刷、调查者的挑选和培训、数据的整理、统计分析研究等各方面的工作。

10. 市场调查经费预算

在进行预算时，要将可能需要的费用尽可能考虑全面，以免将来出现一些不必要的麻烦而影响调查的进度。例如，预算中没有鉴定费，但是调查结束后需要对成果做出科学鉴定，否则无法发布或报奖。在这种情况下，课题组将面临十分被动的局面。当然，没有必要的费用就不要列上，必要的费用也应该认真核算出一个合理的估计，切不可随意多报、乱报。不合实际的预算将不利于调研方案的审批或竞标。因此既要全面细致，又要实事求是。

11. 制订调查的组织计划

调查的组织计划，是指为了确保调查工作的实施而制订的具体的人力资源配置的计划，主要包括调查的组织领导、调查机构的设置，调查员的选择与培训，课题负责人及成员，各项调研工作的分工，等等。企业委托外部市场调查机构进行市场调查时，还应对双方的责任人、联系人、联系方式做出规定。

12. 编写市场调查计划书

以上市场调查方案设计的内容确定之后，市场调查策划人员即可撰写市场调查计划书（市场调查总体方案或调查项目建议书），以供企业领导审批，或作为调研项目委托人与承担者之间的合同或协议的主体。市场调查计划书的构成要素包括标题、导语（或摘要）、主体和附录等。其中，主体部分主要包括以上十一个方面的内容，有些内容如调查的组织计划亦可列入附录中。附录主要包括调研项目负责人及主要参加者，抽样方案及技术说明，问卷及有关技术说明，数据处理所用软件，等等。

二、调查报告的撰写

1. 市场调查报告的格式

市场调查报告的格式一般由标题、目录、概述、正文、结论与建议、附件等几部分组成。

(1) 标题和报告日期、委托方、调查方，一般应打印在扉页上。

关于标题，一般把被调查单位、调查内容明确而具体地表示出来，如《关于哈尔滨市家电市场调查报告》。有的调查报告还采用正、副标题形式，一般正标题表达调查的主题，副标题则具体表明调查的单位和问题。

(2) 目录。如果调查报告的内容、页数较多，为了方便读者阅读，应当使用目录或索引形式列出报告所分的主要章节和附录，并注明标题、有关章节号码及页码。一般来说，目录的篇幅不宜超过一页。例如：

目录

①调查设计与组织实施

②调查对象构成情况简介

③调查的主要统计结果简介

④综合分析

⑤数据资料汇总表

⑥附录

(3) 概述。主要阐述课题的基本情况，是按照市场调查课题的顺序将问题展开，并阐述对调查的原始资料进行选择、评价、做出结论、提出建议的原则等。主要包括三方面内容：

第一，简要说明调查目的。即简要地说明调查的由来和委托调查的原因。

第二，简要介绍调查对象和调查内容，包括调查时间、地点、对象、范围、调查要点及所要解答的问题。

第三，简要介绍调查研究的方法。介绍调查研究的方法，有助于使人确信调查结果的可靠性，因此对所用方法要进行简短叙述，并说明选用方法的原因。例如，是用抽样调查法还是用典型调查法，是用实地调查法还是文案调查法。另外，在分析中使用的方法，如指数平滑分析、回归分析、聚类分析等方法都应做简要说明。如果部分内容很多，应有详细的工作技术报告加以说明补充，附在市场调查报告的最后部分的附件中。

(4) 正文。是市场调查分析报告的主体部分。这部分必须准确阐明全部有关论据，包括问题的提出到引出的结论，论证的全部过程，分析研究问题的方法，还应当有可供市场活动的决策者进行独立思考的全部调查结果和必要的市场信息，以及对这些情况和内容的分析评论。

(5) 结论与建议。结论即为调查的结果，一般根据调查的问题、目标和所获得的结果，进行合乎逻辑的叙述。它是一种归纳过程，是对调查目标所提出的问题的回答，或者为调查目标提供支持。而建议则是市场调查人员根据所得的结论，进行理性的分性后提出的见解或解决问题的对策。它是一种演绎过程。

（6）附件。是指调查报告正文包含不了或没有提及，但与正文有关的必须附加说明的部分。它是对正文报告的补充或更详尽的说明，包括数据汇总表及原始资料、背景材料和必要的工作技术报告。例如为调查选定样本的有关细节资料及调查期间所使用的文件副本等。

2. 市场调查报告的主要内容

第一，说明调查目的及所要解决的问题。

第二，介绍市场背景资料。

第三，分析的方法。如样本的抽取，资料的收集、整理、分析技术等。

第四，调研数据及其分析。

第五，提出论点。即摆出自己的观点和看法。

第六，论证所提观点的基本理由。

第七，提出解决问题可供选择的建议、方案和步骤。

第八，预测可能遇到的风险、对策。

技能实训 2–1　企业市场调研方案的制定

实训目的

（1）加深对市场调查的感性理解，掌握市场调研方案的基本框架结构；

（2）结合企业的市场调查项目和调查内容，制定出完整的市场调研方案。

实训组织

（1）以自愿为原则，5～7 人为一组，选择可以实际操作的市场调研项目和调查内容；

（2）讨论确定完成此项调查的调查目的、调查提纲、调查对象、调查范围、调查方法、调查时间、调查经费预算与调查的组织计划；

（3）各组以书面形式提交一份完整的市场调研方案。

实训考核

（1）标准：能够结合具体的调查项目，提交一份完整的市场调研方案，方案中有明确的调查目的、调查对象、调查范围、调查方法、调查时间、调查经费预算与调查的组织计划。

（2）评价：每人提交一份书面形式的调查方案，作为一次作业，由教师与各组组长组成的评估小组对同学完成任务的情况进行打分。

任务二 调查问卷的设计

【导入案例2-2】

可口可乐市场调查问卷

提示：问卷采用提问形式，访问员注意尽量不要将问卷给受访者看。

您好！我是——（访问员读出自己的名字），我现在正在进行一项有关饮料的市场调查。（拿出礼品）这是一点小纪念品，希望您能抽时间和我聊一会。

地　　区：_____
受访者姓名：_____
家 庭 地 址：_____
访问员姓名：_____
访 问 时 间：_____

SECTION H　区分问卷

H1. 请问您家有没有人在以下行业工作？
　　□ 市场调查公司－－－－－停止调查
　　□ 广告公司－－－－－停止调查
　　□ 商场－－－－－停止调查
　　□ 均无－－－－－继续调查

H2. 请问您最近三个月内是否接受过类似的市场调查？
　　□ 是－－－－停止调查
　　□ 否－－－－继续调查

SECTION A　基本资料

A1. 您的性别：
　　□ 男　　　　□ 女

A2. 您的年龄：
　　□ 15～19　　□ 20～24　　□ 25～29
　　□ 30～34　　□ 35～39　　□ 40～44
　　□ 45～49　　□ 50～54　　□ 55 岁以上

A3. 您的文化程度：
　　□ 小学毕业　　□ 初中毕业　　□ 高中/中专/技校/职校
　　□ 大专/本科　　□ 本科以上

A4. 您的家中辈分最大的角色是：
　　□ 爷爷/奶奶　　□ 外公/外婆　　□ 爸爸/妈妈

☐ 丈夫/妻子　　☐ 哥哥/弟弟　　☐ 姐姐/妹妹
☐ 其他（请注明）_____

A5. 您的职业：
☐ 退休　　☐ 机关、事业单位管理人员
☐ 机关、事业单位办事员　　☐ 国有企业管理人员
☐ 国有企业一般职员　　☐ 三资企业一般职员
☐ 个体户　　☐ 学生

A6. 您家庭平均月收入（包括工资/奖金/兼职等所有实际收入）：
☐ 200 元以下　　☐ 800～1199 元
☐ 200～399 元　　☐ 1200～1499 元
☐ 400～599 元　　☐ 1500～3000 元
☐ 600～799 元　　☐ 3000 元以上

SECTION B　购买形态

B1. 您一般什么情况下购买可口可乐？
☐ 过节　　☐ 请客　　☐ 聚会
☐ 很渴时　　☐ 逛街　　☐ 一般不买
☐ 平时

B2. 您家庭或者个人购买可口可乐的数量是：
☐ 一件　　☐ 数件　　☐ 一瓶　　☐ 多瓶

B3. 您一般在什么地方购买该饮料？
☐ 大型商场　　☐ 专门饮料店　　☐ 超市　　☐ 小卖部

B4. 您平时喝不喝饮料？
☐ 经常喝　　☐ 很少喝　　☐ 偶尔喝　　☐ 不喝

B5. 您喜欢的饮料品种是：
☐ 可口可乐　　☐ 雪碧　　☐ 芬达　　☐ 健怡可乐
☐ 醒目（多口味汽水）　　☐ 酷儿（果汁型饮料）
☐ 水森活（纯净水）　　☐ 雀巢茶（茶饮料）

B6. 您认为这种饮料的优点是：
_____

B7. 您认为这种饮料的缺点是：
_____

B8. 您喜欢的饮料品牌是：
☐ 百事可乐　　☐ 统一鲜橙多　　☐ 其他（请注明）

B9. 您买饮料是：
☐ 认准去买　　☐ 以认知的牌子为主，有时候也买其他的牌子
☐ 没一定，想到什么就买什么

☐ 总是尝试新品牌、新品种
☐ 广告做得多的有促销的相对多一些
☐ 看哪个更有知名度

SECTION C　消费形态

C1. 您买该饮料一般是给谁喝？
　　☐ 自己　　☐ 小孩　　☐ 待客　　☐ 自家大人　　☐ 来客小孩
　　☐ 其他（请注明）_____

C2. 您一般什么场合喝饮料？
　　☐ 休闲　　☐ 口渴　　☐ 旅游　　☐ 来客人
　　☐ 其他（请注明）_____

C3. 您是否经常买到过期的饮料？
　　☐ 经常这样　　☐ 很少　　☐ 偶尔　　☐ 没有

C4. 如果您买到过期的饮料，下次还买不买？
　　☐ 买　为什么_____
　　☐ 不买　为什么_____

SECTION D　产品偏好

D1. 您或您家人平时喜欢喝可口可乐吗？
　　☐ 非常喜欢　　☐ 一般　　☐ 不喜欢　　☐ 很不喜欢

D2. 如果您和您家人都不喜欢，为什么？
_____

D3. 如果有人喜欢，谁喜欢？为什么喜欢？
_____

D4. 相对而言，您喜欢哪种品牌、品种？
_____

D5. 您喜欢这种饮料的原因是：
_____

D6. 您选择可口可乐饮料较注重的是：
　　☐ 品牌　　☐ 种类　　☐ 口味　　☐ 价格　　☐ 包装　　☐ 色泽
　　☐ 其他（请注明）_____

D7. 请写出您比较熟悉的几个饮料的品牌：
_____

SECTION E　广告偏好

E1. 您看过哪些饮料的广告（包括电视、报纸、杂志、海报等）？
_____

E2. 您喜欢的广告有：

E3. 您为什么喜欢它们?
_____

E4. 您不喜欢的广告有:
_____

E5. 您为什么不喜欢它们?
_____

E6. 您喜欢的促销方式有:
　　□ 降价　　□ 赠品　　□ 抽奖　　□ 其他（请注明）_____
　　原因是:_____

SECTION F　媒体偏好

F1. 您平均每天看电视的时间一般为:
　　□ <1 小时　　□ 1～2 小时　　□ 2～3 小时　　□ 3～4 小时
　　□ 4～5 小时　　□ 5～6 小时　　□ 6～7 小时　　□ 7～8 小时
　　□ 8～9 小时　　□ 9～10 小时　　□ >10 小时

F2. 您一般是在什么时间看电视?
　　□ 06:00～08:00　　□ 08:00～12:00　　□ 12:00～14:00
　　□ 14:00～16:00　　□ 16:00～18:00　　□ 18:00～19:00
　　□ 19:00～20:00　　□ 20:00～22:00　　□ 22:00～24:00
　　□ 00:00～02:00　　□ 02:00～06:00
　　□ 平时　　　　　　□ 周末　　　　　　□ 周日

F3. 您看得最多的电视节目是:
　　□ 新闻类　　□ 连续剧　　□ 天气预报　　□ 文艺晚会
　　□ 外国影片　　□ 体育类　　□ MTV　　□ 单本剧
　　□ 娱乐新闻　　□ 其他（请注明）_____

F4. 请写出您看得最多的 5 个电视台:
_____

F5. 您平均每天看报纸的时间一般为:
　　□ <1 小时　　□ 1～2 小时　　□ 2～3 小时　　□ 3～4 小时
　　□ 4～5 小时　　□ 5～6 小时　　□ 6～7 小时　　□ 7～8 小时
　　□ 8～9 小时　　□ 9～10 小时　　□ >10 小时

F6. 您一般是在什么时间看报纸:
　　□ 早晨　　□ 中午　　□ 下午　　□ 晚上

F7. 您看得最多的报纸内容是:
　　□ 新闻　　□ 金融类　　□ 股市　　□ 体育类　　□ 文化娱乐
　　□ 休闲旅游　　□ 服装类　　□ 文化信息　　□ 社论　　□ 健康

□ 消费指南　　□ 饮食

F8. 请写出您看得最多的 5 种报纸？
_____

F9. 您平均一个月看几本杂志？
　　□ 0 本　　□ 1～2 本　　□ 3～4 本　　□ 5～6 本　　□ 7～8 本
　　□ 9～10 本　　□ >10 本

F10. 您看得最多的杂志类型是：
　　　□ 文学类　　□ 娱乐类　　□ 综艺类　　□ 家庭生活类
　　　□ 服装类　　□ 保健类　　□ 军事类　　□ 食品类
　　　□ 其他专业类

F11. 请写出您常看的 5 种杂志：
_____

F12. 您的杂志来源是：
　　　□ 家中订阅　　□ 单位订阅　　□ 零售点　　□ 图书馆
　　　□ 朋友相借

一、调查问卷设计

（一）设计原则

（1）有明确的主题。根据主题，从实际出发拟题，问题目的明确，重点突出，没有可有可无的问题。

（2）结构合理、逻辑性强。问题的排列应有一定的逻辑顺序，符合应答者的思维程序。一般是先易后难、先简后繁、先具体后抽象。

（3）通俗易懂。问卷应使应答者一目了然，并愿意如实回答。问卷中语气要亲切，符合应答者的理解能力和认识能力，避免使用专业术语。对敏感性问题采取一定的调查技巧，使问卷具有合理性和可答性，避免主观性和暗示性，以免答案失真。

（4）控制问卷的长度。回答问卷的时间控制在 20 分钟左右，问卷中既不浪费一个问句，也不遗漏一个问句。

（5）便于资料的校验、整理和统计。

（二）设计程序

问卷设计的程序包括下列几个步骤：

1. 把握目的和内容

问卷设计的第一步就是要把握调研的目的和内容，这一步骤的实质就是规定设计问卷所需的信息。这同时也是方案设计的第一步。对于直接参与调研方案设计的设计者来说，他们也可以跳过这一步，而从问卷设计的第二步开始。但是，对那些从未参与过方案设计的设计者来说，着手进行问卷设计时，首要的工作是要充分地了解本项调研的目的和内容。为此需要认真讨论调研的目的、主题和理论假设，并细读研究方案，向方案的其他设计者咨询，与他们进行讨论，将问题具体化、条理化和可操作化，即变成一系列可以测量的变量或指标。

2. 搜集资料

设计不是简单的凭空想象，要想把问卷设计得完善，设计者还需要了解更多的东西。问卷设计是一种需要经验和智慧的技术，它缺乏理论，因为没有什么科学的原则来保证得到一份最佳的或理想的问卷。与其说问卷设计是一门科学，还不如说是一门艺术。虽然也有一些规则可以遵循以避免错误，但好的问卷设计主要来自熟练的调研人员的创造性。

搜集有关资料的目的主要有三个：其一是帮助设计者加深对所调查研究问题的认识；其二是为问题设计提供丰富的素材；其三是形成对目标总体的清晰概念。在搜集资料时对个别调查对象进行访问，可以帮助研究者了解受访者的经历、习惯、文化水平以及其自身对问卷问题知识的丰富程度等。我们很清楚地知道，适用于大学生的问题不一定适合家庭主妇。调查对象的群体差异越大，就越难设计一个适合整个群体的问卷。

3. 确定调查方法

不同类型的调查方式对问卷设计是有影响的。在面访调查中，被调查者可以看到问题并可以与调查人员面对面地交谈，因此可以询问较长的、复杂的和各种类型的问题。在电话访问中，被调查者可以与调查员交谈，但是看不到问卷，这就决定了调查时只能问一些短的和比较简单的问题。邮寄问卷是被调查者自己独自填写的，被调查者与调研者没有直接的交流，因此问题也应简单些并要给出详细的指导语。在计算机辅助访问（CAPI 和 CATI）中，可以实现较复杂的跳答和随机化安排问题，以减小由于顺序造成的偏差。人员面访和电话访问的问卷要以对话的风格来设计。

4. 确定内容

一旦确定了访问方法的类型，下一步就是确定每个问答题的内容，如每个问答题应包括什么，以及由此组成的问卷应该问什么。问题内容要全面与切中要害。

在此，针对每个问题，我们应反问：

（1）这个问题有必要吗？

（2）是需要几个问答题还是只需要一个就行了？

问题的设计原则是，问卷中的每一个问答题都应对所需的信息有所贡献，或服务于某些特定的目的。如果从一个问答题得不到可以使用的满意数据，那么这个问题就应该取消。

当然有些时候，还可以"故意"问一些与所需信息没有直接联系的问答题。

比如说在问卷的开头问一些中性的问答题，可以让被调查者乐于介入并建立友善的关系，特别是当问卷的主题是敏感的或有争议的。有些时候可"填充"一些问题来掩饰调查的目的或项目的资助（或委托）单位。

第一个原则是确定某个问答题的必要性，第二个原则就是必须肯定这个问答题对所获取的信息的充分性。有时候，为了明确地获取所需的信息，需要同时询问几个问答题。

例如，大多数关于商品、节目等的选择方面的"为什么"问题都涉及两方面的内容：①"不好看，但舒适性还可以"；②"不舒适，但好看"；③"既不好看，也不舒适"。

此处为了获取所需的信息，应该询问两个不同的问答题：
（1）"您是否认为××品牌服装好看？"
（2）"您是否认为××品牌服装穿着舒适？"

在确定每个问答题的内容时，设计者不应假设被调查者对所有的问答题都能提供准确或合理的答案，也不应假定他一定会愿意回答每一个知晓的问题。对于被调查者"不能答"或"不愿意答"的问答题，调研者应当想法避免这些情况的发生。

"不能答"情况的发生，可能是被调查者"不知道""回忆不起来"或是"不会表达"。首先，对于"不知道"的情况应在询问前先问一些"过滤问题"，即测量一下过去的经验、熟悉程度，从而将那些不了解情况的被调查者过滤掉。

其次，被调查者可能对有些调查内容回忆不起来。研究的结果表明，回忆一个事件的能力受三个因素的影响：①事件本身；②事件发生的时间跨度；③有无可能帮助记忆的其他事件。问卷中回忆的问题可以是无帮助的，也可以是有帮助的。无帮助的回忆一般会产生对实际情况低估的结果。

例如要被调查者在没有任何提示的情况下回答问答题：
"您上周都看过哪些产品的电视广告？"
这就是无帮助回忆的一个例子。
而如果列出一系列的产品或企业的名称，然后问：
"您上周看了下列哪些企业或产品的广告？"
这就是有帮助的回忆，通过给出一些提示来刺激被调查者的记忆。

对有些类型的问题被调查者是不会表达其答案的。例如，询问他们喜欢到什么气氛的饭店吃饭，被调查者往往很难准确地表达。不过如果给出一些描绘饭店气氛的可供选择的答案，被调查者就可以指出他们最喜欢的那一种。否则如果他们不会表达，他们就可能忽视该问题并拒绝回答问卷的其余部分。因此应当提供一些帮助，如图片、地图、描述性词汇等，来协助他们回答。

被调查者"不愿意答"的问答题，有如下几种情况，其一是答卷人要花大力气来提供资料；其二是调查的某些问题与调查的背景不太符合（如将普通商品的消费与个人隐私问题放在同一问卷中就不合适）；其三是调查的合理目的，被调查者不愿意提供没有合理目的的调查；其四是敏感的问题。

鼓励被调查者提供他们不太情愿提供信息的方法，有如下几种：

（1）将敏感的问题放在问卷的最后。此时，被调查者的戒备心理已大大减弱，多数会愿意提供信息。

（2）给问答题加上一个"序言"，说明有关问题（尤其是敏感问题）的背景和共性，以克服被调查者担心自己行为不符合社会规范的心理。

（3）利用"第三者"技术来提问答题，即从旁人的角度涉入问题。

5. 决定结构

一般来说，调查问卷的问题有两种类型：封闭性问题和开放性问题。

开放性问题，又称为无结构的问答题，被调查者用他们自己的语言自由回答，不具体提供选择答案的问题。例如：

"您为什么喜欢耐克的电视广告？"

"您对我国目前的国有企业体制改革有何看法？"

开放性问题可以让被调查者充分地表达自己的看法和理由，并且比较深入，有时还可获得研究者始料未及的答案。它的缺点有：搜集到的资料中无用信息较多，难以统计分析，面访时调查员的记录直接影响到调查结果，并且由于回答费事，可能遭到拒答。因此，开放性问题在探索性调研中是很有帮助的，但在大规模的抽样调查中，它就弊大于利了。

封闭性问答题，又称有结构的问答题，它规定了一组可供选择的答案和固定的回答格式。例如：

您选择购买住房时考虑的主要因素是什么？

（A）价格　　　（B）面积　　　（C）交通情况　　　（D）周边环境

（E）设计　　　（F）施工质量　　（G）其他_____（请注明）

封闭性问题的优点包括以下几个方面：答案是标准化的，对答案进行编码和分析都比较容易；回答者易于作答，有利于提高问卷的回收率；问题的含义比较清楚。因为所提供的答案有助于理解题意，这样就可以避免回答者由于不理解题意而拒绝回答。

封闭性问题也存在一些缺点：回答者对题目理解不正确的，难以觉察出来；可能产生"顺序偏差"或"位置偏差"，即被调查者选择答案可能与该答案的排列位置有关。研究表明，对陈述性答案，被调查者趋向于选第一个或最后一个答案，特别是第一个答案。而对一组数字，如数量或价格则趋向于取中间位置的。为了减少顺序偏差，可以准备几种形式的问卷，每种形式的问卷答案排列的顺序都不同。

6. 其他

- 拟定问题的措词；

- 安排问题的顺序；
- 确定格式和排版；
- 拟定问卷的初稿和预调查；
- 制成正式问卷。

二、调查问卷编排

调查问卷从结构上来讲主要包括说明词（介绍部分）、调查内容（问卷主体部分）和结束语。因此，调查问卷的逻辑顺序是：标题→说明词→调查内容（问题）→结束语。这里我们主要介绍调查内容，即具体调查问题的编排。

（一）由易到难，由浅到深，由简单到复杂

问卷中涉及的所有问题应按一定逻辑顺序进行编排。开始的问句必须能引起对方的兴趣而且容易回答。一般由一个过滤性的问句开始。如一份洗发水调查的问卷是这样开始的：

在过去的六个星期里，你购买过洗发水吗？

    a. 是   b. 否

首先促使人们开始考虑有关洗发水的问题，然后，再问有关洗发水的购买频率，在过去所购买的品牌，对所购买品牌的满意程度，再问购买的意向，理想洗发水的特点，应答者头发的特点，最后是年龄、性别等人口统计方面的问题。

（二）由一个主题自然过渡到另一个主题

问卷中同一个主题或系列的问题应编排在一起。而从一个主题过渡到另一个主题的问题，应有转折性的安排，以保持问题的流畅，不要打断被调查者的思路。例如：

（1）在过去的六个星期里，你购买过洗发水吗？（　　）

    a. 是   b. 否

（2）你知道的洗发水品牌有哪些？

（3）你经常购买的洗发水品牌是（　　）？

    a. 飘柔   b. 潘婷   c. 海飞丝   d. 风影   e. 其他

（4）你购买洗发水的渠道是（　　）？

    a. 超市   b. 专卖店   c. 其他

（三）敏感性的问题应放在最后

问卷中触及个人隐私的、可能引起对方不愉快或困惑的问句要放在最后提出。这样做可以保证大多数问题在应答者出现防卫心理或中断应答之前得到回答。并且，经过一段时间的问答或交谈，应答者与访问者之间已经建立了比较融洽的关系，双方有了一定的了解，这类问题就比较容易被调查者接受，增加了回答的可能性。

三、调查问卷的评审与制作

一份问卷草稿编排好了之后,为了确保问卷的质量,还应该对问卷进行评审与修正,在各方认可后,将其装订成册,以供调查时使用。

(一)评审问卷

1. 评审问卷中的问题

(1)问题是否全面。必须保证有足够数量和类型的问题包含在问卷中,每个具体的调查目标都应该有相应的提问,不能遗漏。

(2)问题是否必要。与调查目标无关的问题应予以删除。

(3)是否有诱导性的问题。问题中不能包含建议答案或推荐答案以及假设性的问题。如:"目前大多数人认为房价过高,你认为呢?"

(4)是否有含糊不清的问题。所提问题必须意思清晰明确,不能模棱两可,使被调查者回答问题时难以给出准确的答案,同时也避免给统计整理工作带来不便。

2. 评审问卷的长度

街头拦截调查或电话调查的问卷访问长度尽量不要超过20分钟;入户访问长度勿超过45分钟。如果有比较有吸引力的刺激物,问卷可稍长一些。一般的刺激物有钢笔、电影票、现金等,刺激物使用得当通常可以降低调查成本,因为回答率会增加。

3. 评审问卷的外观

由应答者自行填写的问卷,其外观是决定回答率的一个重要因素。邮寄和自填式问卷是由被访者自己填写的,问卷的外观是影响被访者是否填写的一个重要因素。问卷看上去要尽可能规范,应当用高质量的纸印刷,如长度超过4页,必须装订成册。

(二)问卷版面安排

问卷四周应留有足够的空白,行间与列间不应太紧凑,以便访问人员或应答者选择适当的行或列。如果把许多东西挤到同一页上,问卷看上去就会显得繁杂、难度大。拥挤的问卷也会对人们参与调研的意愿产生不利的影响。另外,还要考虑问卷的着色编码、字体等。为了清晰表明哪部分是问题,哪部分是说明,应该用有区别的字体。

(三)问卷的测试与修正

设计人员将问卷草稿设计完成后,应发给相关管理部门和人员以征询意见,他们在审核过程中可能会增加一些新的信息,会促使问卷更加完美。问卷获得管理层的最终认可后,还应进行必要的测试。在没有进行预先测试前,不应当进行正式的询问调查。对于测试取得的数据,研究人员应当考虑编码和制表。数据应当制成表格的形式并尽可能进行一些常规的统计分析,这样研究人员对研究将产

生的结果及是否能回答调研目标就有了一个大概的了解。测试完成后，需要改进的地方应做必要修改。在进行实地调查前应当再一次获得各方的认可。

（四）问卷的印制装订

问卷在印制装订时，调查人员应该将问卷的空间、数字、编码等安排好，并且监督打印、校对，直到装订完成。

技能实训 2-2　调查问卷设计

实训目的

（1）掌握调查问卷设计的方法技巧，明确调查问卷设计时应注意的有关事项；

（2）在此基础上，能够根据调查的问题与项目，独立设计规范的、标准化的调查问卷。

实训组织

（1）以自愿为原则，3～5 人为一组，选择可以实际操作的市场调研项目和调查内容；

（2）讨论确定完成此项调查问卷设计所应采取的技巧及内容的编排，应注意的有关事项；

（3）各组以书面形式提交一份完整的市场调查方案的设计。

实训考核

（1）能够结合具体的调查项目，提交一份完整的市场调查问卷；

（2）由教师与各组组长组成的评估小组对同学完成任务的情况进行打分。

任务三　调查对象的确定与调查方法的选择

一、调查对象的确定

（一）调查对象的概念

调查对象是根据调查目的、调查任务确定的调查范围以及所要调查的总体，调查对象一般由某些性质上相同的调查单位所组成。调查单位则是所要调查的社会经济现象总体中的个体，即调查对象中的一个个具体单位，它是调查中要调查登记的各个调查项目的承包者。

（二）调查对象的确定

在确定调查对象时，首先应划定调查的总体范围。一般情况下，该范围可根据产品种类及其分销渠道和其他一些约束条件来确定。也就是说，产品从生产者到消费者手中经过了哪些环节，那么这几个环节中符合各种约束条件的人或单位就是被调查的对象。比如，某产品的分销渠道为生产者──→零售商──→消费者。则该产品市场调查的对象就包括该产品的零售商和消费者两部分。假设再将调查对象限定在 A 地区以及 30 岁以下，那么此次调查对象的范围就初步确定了，即该产品的零售商以及 A 地区 30 岁以下的消费者。

调查范围确定后，接下来就应确定具体调查单位及其数量。调查单位数量的多少主要受调查精度要求的控制，精度要求越高，调查单位的数量也就越多。调查单位的具体选定，则与采用的调查方式直接相关。

二、调查方法的选择

市场调查的方法主要有观察法、实验法、访问法、问卷法和实地调查法。

（一）观察法（observation）

观察法是社会调查和市场调查研究的最基本的方法。它是由调查人员根据调查研究的对象，利用眼睛、耳朵等感官以直接观察的方式对其进行考察并搜集资料。例如，市场调查人员到被访问者的销售场所去观察商品的品牌及包装情况。

（二）实验法（experimental）

实验法由调查人员根据调查的要求，用实验的方式，对调查的对象控制在特定的环境条件下，对其进行观察以获得相应的信息。控制对象可以是产品的价格、品质、包装等，在可控制的条件下观察市场现象，揭示在自然条件下不易发生的市场规律，这种方法主要用于市场销售实验和消费者使用实验。

（三）访问法（interview）

访问法可以分为结构式访问、无结构式访问和集体访问。

结构式访问是实现设计好的、有一定结构的访问问卷的访问。调查人员要按照事先设计好的调查表或访问提纲进行访问，要以相同的提问方式和记录方式进行访问。提问的语气和态度也要尽可能地保持一致。

无结构式访问没有统一问卷，是由调查人员与被访问者自由交谈的访问。它可以根据调查的内容，进行广泛的交流。如：对商品的价格进行交谈，了解被调查者对价格的看法。

集体访问是通过集体座谈的方式听取被访问者的想法，收集信息资料。可以分为专家集体访问和消费者集体访问。

（四）问卷法（survey）

问卷法是通过设计调查问卷，让被调查者填写调查表的方式获得所调查对象的信息。在调查中将调查的资料设计成问卷后，让接受调查对象将自己的意见或答案，填入问卷中。在一般的实地调查中，以问卷法采用最广；同时问卷调查法在网络市场调查中运用得较为普遍。

（五）实地调查

进行市场实地调查，一般可采用两种方式：市场普查和抽样调查。市场普查是以市场调查总体中所包含的每一个个体单位作为调查对象，无一例外地进行调查。而抽样调查则是在调查总体中抽取一定数量的样本单位进行调查，然后根据样本调查的结果来推断总体的一种调查方式。抽样调查又分为随机抽样调查和非随机抽样调查两类方法。

1. 随机抽样

（1）简单随机抽样

简单随机抽样就是不对被研究对象做任何处理，直接按纯随机原则从中抽取调查单位来构成样本。一般适用于个体差异不大（即均匀总体）或难以分组的调查总体。譬如，对居民家庭肉食消费量的调查，就可以选用这种方法进行调查。

（2）分层随机抽样

分层随机抽样则是先把总体按照某种特征分成若干层（组、类），使层内个体有一致性（同质性），而层间有明显差异，然后在各层中按随机原则抽取调查单位来构成样本。一般适用于个体间差异较大的情况。譬如，由于城乡居民在家电产品消费量上存在明显差异，那么，要调查城乡居民的家电消费量，就可采用这种方法，先将调查对象分为城镇居民和农村居民两组，然后采用简单随机抽样方法，分别从两组中抽取一定数量的单位组成样本进行调查。

（3）等距随机抽样

等距随机抽样就是先按一定顺序将全部总体单位进行排列，并根据总体数目 N 和样本数目 n，将二者相除计算出抽样间距 K（$K=N/n$），并从 $1 \sim N$ 中随机抽出第一个样本单位（记作第 i 号），然后从 i 号起每隔 N/n 个单位抽取一个号入样，即 $i, i+K, i+2K, i+3K, \cdots$，这些号所对应的个体即为调查抽样的对象。这一方法一般适用于大规模调查。譬如，要调查城镇中学生的手机拥有量，就可以采用这种调查方法，按学号对全体学生进行排队，在计算出抽样间距后，从第一个间距内确定第一个调查单位，再按间距大小将所有调查单位逐一选出组成样本进行调查。

（4）整群随机抽样

整群随机抽样就是先把总体按一定的相似性分成若干群（主要是自然形成的行政或地理区域），尽量使不同特性的个体均匀分布在各个群内，同一群内个体有差异而各个整群之间差异不大，然后对各个整群进行随机抽选，对抽出的样本群做全面调查（也可进一步划分成若干个小群，进行多阶段分群抽样）。一般适用于个体分布面广、散乱、差异大、调查难度高的情况。譬如，调查高校学生在校生活费用支出情况，就可将每个班作为一个群，在全部班级中按随机原则抽取若干班级，并对所抽中班级的所有学生进行调查。

在上述四种随机抽样方法中，分层随机抽样的误差最小，整群随机抽样误差最大。因此，在有一定的调查精度要求时，若采用分层抽样，所需样本单位数最少；若采用整群抽样，所需样本单位数最多。

2. 非随机抽样

（1）任意抽样

任意抽样又称方便抽样，是指样本的选定完全根据调查人员最方便的途径来决定。常见的邮寄式调查、杂志问卷调查以及网上调查都属于任意抽样的方式。如果要及时取得所需调查资料，节约时间和费用则应该采用该方法。

（2）判断抽样

判断抽样是在调查者对调查对象有一定了解的情况下，根据自己的主观判断选择有代表性的单位构成样本进行调查。一般适用于样本数量较少的情况。譬如，要调查高档汽车的需求状况，则可选择在高档住宅区的部分居民进行调查。

（3）配额抽样

配额抽样是先把总体按一定特性（即控制特性）进行分类，规定具有一种或几种控制特性的样本数目，并对不同群体分配样本数额，然后在配额内凭调查者主观判断抽选样本。这种方法运用比较广泛。譬如，要调查某城市居民对服装的需求状况，则可以先根据消费者的年龄、性别、职业、收入水平等进行分类，再定出各类群体的样本数目，最后凭调查者的主观判断，从每类群体中抽取规定数目的样本单位。

（4）滚雪球抽样

滚雪球抽样就是根据前一个被调查者的介绍和推荐来抽选样本。一般适用于总体单位数不多、非常分散时使用。其优点是能够快速、准确地确定并找到调查单位，且能大大降低被拒访的概率。譬如，某制药厂要调查某种药品在某地区的需要量，那么，就可通过某关系较为密切的客户（医疗机构）的推荐对该地区的被推荐客户进行调查，依此类推，获得该地区该种药品潜在需求量的调查资料。

技能实训 2-3　调查对象的确定与调查方法的选择

实训目的

（1）通过实训让学生进一步掌握调查对象如何确定；

（2）掌握不同调查方法的特点及如何选择合适的调查方法。

实训组织

（1）把学生分成若干小组，各组选定一个调查项目；

（2）各小组通过集体讨论确定调查对象范围，并商议确定具体调查方法；

（3）各小组深入实际，对所确定的调查对象、调查项目进行测试性调查；

（4）根据测试情况，各小组对其调查方案进行修订完善。

实训考核

由教师与各组组长组成的评估小组对同学完成任务的情况进行打分。

任务四　市场调查的组织与实施

【导入案例2-3】

柯达公司的市场调查

以彩色感光技术先驱著称的柯达公司，目前产品有3万多种，年销售额100多亿美元，纯利润在12亿美元以上，市场遍布全球各地。其成功的关键是重视新产品的研制，而新产品研制的成功又取决于该公司采取的反复市场调查。以碟式相机问世为例，这种相机投产前，经过反复的实地调查。首先由市场开拓部提出新产品的意见，意见来自市场调查，如用户认为最理想的照相机是怎样的，重量和尺码多大最适合，什么样的胶卷最便于安装和携带等。根据调查结果，设计出理想的相机模型，提交生产部门对照设备能力、零件配套、生产成本和技术力量等因素考虑是否投产，如果不行，就要推倒重做或修改。如此反复，直到造出样机。样机出来后，进行第二次市场调查，检查样机与消费者的期望还有何差距，根据消费者意见加以改进，然后进入第三次市场调查。将改进的样机交消费者使用，在得到大多数消费者的肯定和欢迎后，交工厂试产。产品出来后，由市场开拓部门进一步调查新产品有何优缺点，适合哪些人用，市场潜在销售量有多大，定什么样的价格才能符合多数家庭购买力，诸如此类问题调查清楚后，正式打出柯达牌投产。经过反复调查，碟式相机一推向市场便大受欢迎。

一、组建市场调查机构

企业调查机构的组建主要包括两项工作，一是建立调查工作领导小组；二是确定合适的市场调研人员。

（一）建立调查工作领导小组

调查工作领导小组的职责是负责管理控制调查项目的具体实施，并及时向决策层或委托方反馈调查进程和调查工作的有关情况信息。一般性的市场调查项目领导小组可由市场调查业务人员组成，如果调查项目规模较大，涉及多个方面的工作，就由多个部门的业务人员共同组成项目领导小组，以保证调查工作的顺利实施。

(二) 确定市场调查人员

企业在进行市场调查时，通常会招聘一些临时性（阶段性）的市场调查人员。企业选拔招聘调查人员，应主要考虑以下因素：

（1）调查人员的责任感；
（2）调查人员的语言表达能力（包括普通话和调查地区的方言）；
（3）调查人员的思想道德素质及业务能力；
（4）调查人员的身体状况。

二、培训市场调查人员

(一) 选择培训方式

1. 书面训练

书面训练的基本要点在于要求调查人员牢记调查项目的重要性、目的、任务，并通过训练手册，熟悉各项要求，主要包括：

（1）熟悉市场调查项目的内容和目的；
（2）熟悉并掌握按照计划选择被调查对象的方法；
（3）熟悉选择恰当调查时机、地点和访问对象的方法；
（4）熟悉让访问对象合作的有关方法技巧和访问中发生意外情况时的应对措施。

2. 口头训练

口头训练的目的是消除调查人员的恐惧和疑虑，使调查人员能够灵活运用口头调查的沟通技巧。通过这种口头训练，要求受训者能够具备下列素质：

（1）训练态度和蔼、友好、自然；
（2）提出的问题能抓住重点，简单明了，能让调查对象清楚地理解与回答；
（3）善于选择最佳的访问时机；
（4）有较强的分析判断能力，善于明辨是非；
（5）善于完整清楚地记录，并能真实地反映被调查者的本意。

(二) 确定培训内容

1. 责任培训

责任培训的目的是让每位调查人员明白一个合格的访问人员应具有哪些责任，使他们在今后的调查工作中能够更好地完成调查任务。具体职责包括保密、提问、记录、审查和发放礼品（礼金）等。

2. 项目操作培训

项目操作培训具体包括：

（1）向调查人员解释问卷问题；
（2）统一调查问卷的填写方法；
（3）分派任务（制定每个调查人员调查的区域、时间和对象）；

(4）访问准备（告知调查人员访问前应携带的各种工具和物品）；

(5）向调查人员说明调查工作小组的监督措施。

3. 访谈技巧培训

访谈技巧是指调查人员为了获得准确可靠的调查资料，运用科学的访问方法，引导受访对象提供所需信息的各种办法和策略。访谈技巧培训的主要内容有：

(1）如何避免访谈开始被拒访。自我介绍要按规范的形式进行，这是访问人员和被调查者的首次沟通，对是否被拒是一个非常关键的环节。通常在问卷设计中已精心编写了开场白（自我介绍词）。访问人员自我介绍时，应该快乐、自信，如实表明访问的目的，出示身份证明。有效的开场白可增强被调查者的信任感与参与意愿。

(2）如何避免访谈中途被拒访。选择适当的入户访问时间可以减少或避免被拒访，一般工作日访问时间在晚上七点到九点之间，双休日可选择在早上九点到晚上九点之间，但应避开吃饭和午休时间。

假如被调查者以"没有时间"拒访，访问人员要主动提出更方便的时间，如晚上六点行不？而不是问被访者"什么时间合适"。假如被调查者声称自己"不合格"或者"缺乏了解，说不出"，访问人员应该告诉被访者："我们不是访问专家，调查的目的是让每个人有阐明自己看法的机会，所以你的看法对我们很重要"或"你把你知道的说出来就可以了"，等等，以鼓励被访问者。假如被调查者以"不感兴趣"而拒访，访问人员可以解释：这是抽样调查，每一个被抽到的人的意见都很重要，请你协助一下，否则调查结果就会出现偏差。

(3）如何合理控制环境。理想的访问应该在没有第三者的环境下进行，如果在访谈过程中出现了第三者，应礼貌并巧妙地阻止第三者插话或发出其他各种干扰。

(4）保持中立。调查人员在访问过程中，除了表现出礼节性的兴趣以外，不要做出任何赞同或反对的反应，尤其不能说出自己的观点，以避免影响被调查者的真实见解。

(5）如何提问与追问。提问时应按照问卷设计的问题排列顺序及提问措辞进行。对于开放性问题，一般要求充分追问。追问时不能引导，也不要用新的词汇追问。

(6）如何结束访问。当所有希望得到的信息都得到之后就要结束访问了。此时，可能被访者还有进一步的自发陈述，他们也可能有新的问题，访问人员工作的原则是认真记录有关内容，并认真回答被访者提出的有关问题。总之，应该给被访问者留下一个良好的印象。最后，一定要对被访者表示诚挚的感谢。

三、市场调查活动的管理与控制

（一）市场调查项目的控制

1. 监督调查计划的执行

调查工作计划是指为确保调查目的的实现而对调查工作全过程做出的事先安排。调查工作计划能否严格实施，将直接关系到调查作业的质量和效益，因此，项目领导小组应根据调查进度日程表，随时对调查进程进行检查和控制。

2. 审核调查问卷

在问卷初稿完成后，最好进行试验性调查，并对初稿中存在的问题加以修正，直至最终定稿。

3. 审核抽样方法

为了保证数据采集的科学性和可靠性，调查人员应对拟选择的抽样方法进行论证，以选择最为合适的调查方法。

（二）市场调查人员的控制

为了防止少数调查人员不按照调查工作计划要求进行调查而引起问卷质量问题，必须对调查人员进行适当的监控。监控一般利用现场监督、审查问卷、电话回访、实地复访四种手段来判断调查人员访问结果的真实性，然后再根据每个调查人员的任务完成质量，从经济上给予相应的奖励或惩罚。

技能实训 2-4　市场调查的组织与实施

实训目的

（1）初步掌握市场调查资料整理分析的方法技术；

（2）初步掌握市场调研报告的写作范式。

实训组织

（1）以自愿为原则，5～7人为一组，确定××企业××产品的市场销售情况为调查内容，设计调查问卷，制订调查计划；

（2）确定调查小组分工合作；

（3）对调查内容与调查小组成员分工配合进行协商讨论，最终形成一套行之有效的组织方案。

实训考核

由教师与各组组长组成的评估小组对同学完成任务的情况进行打分。

任务五 调查结果的整理、分析

【导入案例 2-4】

尿布和啤酒

在一家超市里，有一个有趣的现象：尿布和啤酒赫然摆在一起出售。但是这个奇怪的举措却使尿布和啤酒的销量双双增加了。这不是一个笑话，而是发生在美国沃尔玛连锁店超市的真实事例，并一直为商家所津津乐道。原来，美国的妇女们经常会嘱咐她们的丈夫下班以后为孩子买尿布。而丈夫在买完尿布之后又会顺手买回自己爱喝的啤酒，因此同时购买两者的机会还是很多的。是什么让沃尔玛发现了尿布和啤酒之间的关系呢？正是商家通过对超市一年多的原始交易数字进行详细的分析，才发现了这对神奇的组合。

一、调查资料的整理

（一）问卷的登记与审核

在资料采集完成之后，所有获得的资料都要汇总在一起，以便进行分类，统计，分析。在汇总过程中，为了避免信息损失以及评价访问人员的工作成绩，有关负责人要对信息资料进行登记分类，如按地区，调查员等分类，分别记录各地区、各调查员交回的问卷数量，交付时间，实发问卷数量，丢失问卷数量等情况。对于收回的问卷，还要进行质量检查，剔除无效的或不合格的问卷。一般来说，出现以下情况之一的问卷为无效问卷：

（1）在同一份问卷中，有相当一部分题目没有作答的问卷；

（2）答案记录含糊不清的问卷。如字迹不清，无法辨认或是把"√"打在两个答案之间等；

（3）不符合作答要求，如不应该回答的问题，问卷中作了回答；

（4）调查对象不符合要求，如一些针对性较强的产品，在调查其使用效果时，无关人员不能成为调查对象，否则此问卷为无效；

（5）问卷中答案之间前后矛盾或有明显错误；

（6）答案选择可疑，如只选第一个答案，或开放式答案均不作答；

（7）问卷残缺，如个别页面丢失，或页面破损，影响到阅读。

（二）调查资料的分组

采用科学的分组方法对所取得的调查资料进行分组，一方面，可以清楚地表明各组中频数的分布情况，从而使研究者对被调查对象的结构情况有一个大体的了解；另一方面，还可使许多普通分组显示不出来的结论明显化，从而为企业寻找目标对策提供基础数据。

对调查资料进行合理分组，必须选择合理的分组标志和确定具体的分组界限。分组标志是对调查资料进行分组的依据和标准。总体内各总体单位有很多标志，究竟选择哪一个标志作为分组标志，要根据调查研究的目的和总体本身的特点来定。确定分组界限是指根据分组标志设定组与组之间的界线，也就是在分组标志变异范围内划定各相邻两组之间的性质界限和数量界限，将总体中的各单位划归各组。在具体分组时应注意以下几点：

（1）按某一标志进行分组，不要遗漏任何原始资料所提供的数据；
（2）组距尽可能取整数，不要取小数；
（3）各组的组距尽可能相等，即尽可能多用等距分组，少用不等距分组；
（4）问卷中回答项目本身就已经分类，今后表格化时就按上述分类进行排列；
（5）对非区间范围的某一具体数字，应设计出分组，使其在分组的间隔中。

二、调查资料的分析

为使调查资料反映的情况更清晰、更明了，分析调查资料时，应尽量采用统计表格和统计图形的方式（如直方图、饼形图、动态图等），然后选择适当的分析方法对调查资料进行分析。分析的方法主要有定性分析和定量分析两种。

定性分析能够指明事物发展的方向及其趋势，但无法表明发展的广度和深度，也无法得到事物数量上的认识。定量分析是利用数理统计手段对所收集的资料进行的量化分析。这恰恰弥补了定性分析的缺陷，它可以深入细致地研究事物内部的构成比例，研究事物规模的大小及水平的高低。这里仅限于定性分析方法的阐述。

定性分析是通过对构成事物的"质"的有关因素进行理论分析和科学阐述的一种方法，这种方法常用来确定市场的发展态势与市场发展的性质。其具体分析方法有：

（一）调查资料的对比分析

对比分析就是将比较的事物和现象进行对比，找出其异同点，从而分清事物和现象的特征及其相互联系。在市场调查中，就是把两个或两类问题的调查资料相对比，确定它们之间的相同点和不同点。市场调查的对象不是孤立存在的，而是都和其他事物存在着或多或少的联系，并且相互影响，对比分析有助于找出调查事物的本质属性和非本质属性。

例如：我们在调查洗衣机的销售情况时，通过对普通洗衣机的销售进行分析，得出结论，来推测全自动洗衣机的销售变化规律及特点。

（二）调查资料的推理分析

市场调查中的推理分析，就是把调查资料的整体分解为若干个因素或方面，形成分类资料，并通过对这些分类资料的研究，分别把握其特征和本质，然后把这些通过分类研究得到的认识连接起来，形成对调查资料整体和综合性认识的逻辑方法。使用时应注意，推理的前提要正确，推理的过程要合理，而且要有创造性思维。

例如：在项目一的任务一的引导案例中，丰田汽车公司采用的分析方法就属于推理分析法。

（三）调查资料的归纳分析

归纳分析就是由具体、个别或特殊的事例推导出一般性规律及特征。在市场调查收集的资料中，应用归纳法可概括出一些理论观点。归纳分析法是市场调查分析中应用得最广泛的一种方法，具体操作可以分为完全归纳、简单枚举和科学归纳。

技能实训 2-5　市场调查资料的整理分析

实训目的

（1）初步掌握市场调查资料整理分析的方法技术；
（2）初步掌握市场调研报告的写作范式。

实训组织

（1）以自愿为原则，3～5人为一组，确定××企业××产品的市场销售情况为调查内容，设计调查问卷，制订调查计划；
（2）确定调查对象，选择调查方法，深入实际对以上调查内容进行实地调查；
（3）对调查取得的情况资料进行整理分析，并以此为依据写出市场调研报告。

实训考核

（1）标准：能够应用统计图表的形式进行调查资料的整理分析，能写出具有一定专业水平的市场调研报告。
（2）评价：每个人提交一份书面形式的市场调研报告，作为一次作业，由教师与各组组长组成的评估小组对同学完成任务的情况进行打分。

项目三　营销环境分析

【项目目标】

知识目标
（1）了解市场营销环境的概念与特点；
（2）掌握什么是宏观营销环境，宏观营销环境包括的范围；
（3）掌握什么是微观营销环境，如何进行微观环境分析；
（4）环境分析与企业决策之间的关系。

能力目标
（1）深刻理解市场环境因素与企业营销的关系；
（2）明确企业的一切生产经营活动都是在特定的市场环境条件下进行的；
（3）市场营销环境的变化既能给企业创造机会，又会给企业造成威胁。企业只有不断适应市场环境的变化，才能在瞬息万变的市场环境中及时调整营销策略，创新取胜，持续发展。

素质目标
市场营销环境分析的学习目的是培养学生或营销工作者审时度势，灵活应变，捕捉市场信息，把握市场机会，规避市场风险的能力。

【项目导入】

长风公司已越来越强烈地感受到电子商务渠道对公司销售的影响，网上销售所占比例每年以不低于5%的比例增加，该公司应如何抓住电子商务发展的契机使公司的销售更上一层楼呢？

【项目实施】

任务一　认识市场营销环境

【导入案例3-1】

麦当劳经营陷入低谷

就在人们欢度圣诞、迎接新年的时候，杰克·格林伯格的心情也许除了欢乐，还有别的。在刚刚过去的2002年里，这个世界最大的快餐企业的首席执行官承受了常人难以想象的压力。

10月，麦当劳股价跌至7年以来的最低点。22日，麦当劳公司宣布其第三季度的经营收入再度大幅下滑11%，这是麦当劳连续8个季度里第7次出现收入负增长。格林伯格无奈地说，2002年的严峻形势远远超乎预料。

近几年，快餐业的境况正在日益恶化。在美国，快餐市场的竞争已经到了白热化的地步，市场容量有限，但经营者的分店却越开越多。在欧洲，疯牛病已经成为当地市场的梦魇，它的影响不是短期内可以结束的。自从英国出现疯牛病后，欧盟其他国家立即实行了对英国牛肉的禁令，而与牛肉关系密切的麦当劳当然受到了重创。直到2002年10月2日，法国才解除了这一持续6年的禁令，是最后一个解除禁令的欧盟国家。在这种情况下，麦当劳不得不改变经营策略，它正在悄悄地改头换面。例如，在巴黎，它的生意不错，但是很少人知道自己经常光顾的法国餐馆原来就是麦当劳，因为人们在店外看不到金色拱形门和麦当劳叔叔的形象，店内的塑料椅也全部撤换了。在英国，麦当劳则购买了一家三明治食品连锁公司，通过它来经营与麦当劳截然不同的产品。然而即便如此，麦当劳在欧洲能否重现以前的风光，仍有待观察。

麦当劳在亚洲、中东以及太平洋地区的市场销售也出现了不同程度的下滑。日本麦当劳为了刺激市场消费，曾通过大降价使8月的收入大大超过了7月。然而此后的经营业绩表明，降价在短期内是有效的，但并不能作为一个长期策略。虽然日本麦当劳是麦当劳总公司在日本的合资公司，其股份只占到50%，但是从分店数量上讲，日本是美国本土以外最大的市场（它拥有将近4000家分店），它的作用不可低估，直接影响到麦当劳的整体业绩。

市场境况不佳，使得麦当劳总部连续两年业绩下滑，而更糟糕的是，它又遇到9·11以来的全球经济放缓，以及安然事件后美国股市的低迷。这种雪上加霜的态势，让投资者对公司2003年的业绩不敢抱有太大的信心。

除了受经济和市场因素方面的影响外，麦当劳还面临着更为复杂的问题。之所以复杂，是因为它们涉及社会道德、法律、宗教、民族文化、生态环境、人权以及国际政治等等。值得注意的是，这些问题远远不是经营管理方法能够解决的。

1. 消费者健康问题

2002年10月，一条新闻让世人惊讶：法国麦当劳在一个杂志广告中称："孩子们在麦当劳就餐，一星期最好不要超过一次。"也就是说，它在提醒顾客要少买自己的产品！消息一出，麦当劳美国总部震怒，发言人立即说明公司并不赞同这一主张。然而，法国麦当劳的说法却得到营养学家和律师的支持。有营养学家表示，汉堡包、薯条、可乐之类的快餐只是方便食品，而不是营养食品。这些食品的共同特点是价钱便宜、热量高，"一吃就饱，一饱就胖"，影响人的健康。

2. 民族与宗教问题

麦当劳是全球最大的跨国快餐连锁企业,它在全球拥有30 000多家连锁店,分布在六大洲121个国家,因此,在收获各地区的利润时,麦当劳也承担着很多风险,比如不同地区、不同民族在文化上的对抗。

2001年5月,约500名示威者分别在印度首都新德里、最大的商业城市孟买的几家麦当劳餐厅前举行抗议活动。示威者包围了麦当劳设在新德里的总部,向麦当劳餐厅投掷牛粪块,并洗劫了孟买一家麦当劳连锁店。他们还要求瓦杰帕伊总理下令关闭印度国内所有的麦当劳连锁店。这件事的起因是麦当劳制作炸薯条的食用油中含有牛肉调味成分,而大多数印度教徒都把牛看成圣物。

3. "反快餐","反麦当劳"

随着经济水平的提高,人们发现,人性关怀、生态环境以及各地区的传统文化等这些曾被人类所忽视的东西,如今对我们越来越重要。尤其是在发达国家,一些有识之士开始反思大工业时代所遗留下来的生产方式和生活方式。以麦当劳为代表的快餐文化,当然成为反思的对象之一。

2002年10月16日,抗议人士在全世界多个地区的一些麦当劳餐厅门前展开统一活动。他们有的拉开写有"垃圾食品"字样的横幅,有的给路人发放抗议麦当劳的传单,有的免费发放蔬菜食品,还有的做出比较极端的抗议行为。当天,还有针对麦当劳的游行、会议和演讲等活动。活动人士称,这一天是"世界反麦当劳日",每年都会有类似的活动在世界范围内出现。

4. 劳工组织的对抗

2002年10月9日,欧洲议会就业与社会事务委员会主席西·包曼先生偕同部分议员在布鲁塞尔会见了来自世界各地的麦当劳员工活动人士,他们就各地麦当劳反对和阻碍员工组织的行为,以及在"人员承诺"背后的真实情况进行了交流和讨论。活动人士还介绍了麦当劳如何在莫斯科摧毁了一个员工联合会,即使当时政府当局已经勒令麦当劳与之签订了集体合同。

很明显,麦当劳在一些地区的劳资关系正在恶化,而随着资讯日渐发达以及全球化的迅速进展,采取强硬手段已经无法解决这些问题。

一、市场营销环境的概念与特点

1. 市场营销环境的概念

市场营销环境是泛指一切影响制约企业营销活动最普遍的因素,是指造成环境威胁和市场机会的主要力量和因素。它可分为宏观市场营销环境和微观市场营销环境。

2. 市场营销环境的特点

（1）客观性

市场营销环境作为一种客观存在，是不以企业的意志为转移的，有着自己的运行规律和发展趋势。对营销环境变化的主观臆断必然会导致营销决策的盲目与失误。营销管理者的任务在于适当安排营销组合，使之与客观存在的外部环境相适应。

（2）关联性

构成营销环境的各种因素和力量是相互联系、相互依赖的。如经济因素不能脱离政治因素而单独存在；同样，政治因素也要通过经济因素来体现。

（3）层次性

从空间上看，营销环境因素是个多层次的集合。第一层次是企业所在的地区环境，例如当地的市场条件和地理位置。第二层次是整个国家的政策法规、社会经济因素，包括国情特点、全国性市场条件等。第三层次是国际环境因素。这几个层次的外界环境因素与企业发生联系的紧密程度是不相同的。

（4）差异性

营销环境的差异主要是企业所处的地理环境、生产经营的性质、政府管理制度等方面存在差异，不仅表现在不同企业受不同环境的影响，而且同样一种环境对不同企业的影响也不尽相同。

（5）动态性

外界环境随着时间的推移经常处于变化之中。例如，外界环境利益主体的行为变化和人均收入的提高均会引起购买行为的变化，影响企业营销活动的内容；外部环境各种因素结合方式的不同也会影响和制约企业营销活动的内容和形式。

（6）不可控性

影响市场营销环境的因素是多方面的，也是复杂的，并表现出企业不可控性。例如，一个国家的政治法律制度、人口增长及一些社会文化习俗等，企业不可能随意改变。

二、分析市场营销环境的意义

首先，市场营销的一切活动都是在市场营销环境下进行的，只有在科学正确地分析、了解了市场营销环境以后，才能为市场营销活动提供决策依据。

其次，市场营销环境总是在制约着市场营销活动的进行。比如，市场营销宏观环境中的经济环境就制约着一个企业对其某项新产品的定价。市场营销微观环境中的企业内部环境，包括企业的自主研发能力和企业人力资源，这两方面会制约着企业的研发活动和产品渠道设计。

最后，市场营销环境为市场营销活动带来环境威胁的同时也给企业带来了市场机会。这点很容易理解，比如：一个国家整体技术水平的提高，也会给企业的产品研发带来动力。

技能实训 3-1　略

任务二　分析宏观营销环境

一、宏观营销环境的构成

宏观营销环境（Macro-Environment），指对企业营销活动造成市场机会和环境威胁的主要社会力量。宏观营销环境的因素包括人口环境、经济环境、政治法律环境、社会文化环境、自然环境、科技环境。分析宏观营销环境的目的在于更好地认识环境，通过企业营销努力来适应社会环境的变化，达到企业营销目标。

（一）人口环境

人口是市场的第一要素。人口数量直接决定市场规模和潜在容量，人口的性别、年龄、民族、婚姻状况、职业、居住分布等也对市场格局产生着深刻影响，从而影响着企业的营销活动。企业应重视对人口环境的研究，密切关注人口特性及其发展动向，及时地调整营销策略以适应人口环境的变化。

1. 人口数量分析

人口数量是决定市场规模的一个基本要素。如果收入水平不变，人口越多，对食物、衣着、日用品的需要量也越多，市场也就越大。企业营销首要关注所在国家或地区的人口数量及其变化。其对人们生活必需品的需求内容和数量影响很大。

2. 人口结构分析

（1）年龄结构。不同年龄的消费者对商品和服务的需求是不一样的。不同年龄结构就形成了具有年龄特色的市场。企业了解不同年龄结构所具有的需求特点，就可以决定企业产品的投向，寻找目标市场。

（2）性别结构。性别差异会给人们的消费需求带来显著的差别，反映到市场上就会出现男性用品市场和女性用品市场。企业可以针对不同性别的不同需求，生产适销对路的产品，制定有效的营销策略，开发更大的市场。

（3）教育与职业结构。人口的教育程度与职业不同，对市场需求表现出不同的倾向。随着高等教育规模的扩大，人口的受教育程度普遍提高，收入也逐步增加。企业应关注人们对报刊、书籍、电脑这类商品的需求的变化。

（4）家庭结构。家庭是商品购买和消费的基本单位。一个国家或地区的家庭单位的多少以及家庭平均人员的多少，可以直接影响到某些消费品的需求数量。同时，不同类型的家庭往往有不同的消费需求。

（5）社会结构。我国绝大部分人口为农业人口，统计数据显示，2012 年农业人口约占总人口的 64.71%。这样的社会结构要求企业营销应充分考虑到农村这个大市场。

(6) 民族结构。我国是一个多民族的国家。民族不同，其文化传统、生活习性也不相同。具体表现在饮食、居住、服饰、礼仪等方面的消费需求都有各民俗自己的风俗习惯。企业营销要重视民族市场的特点，开发适合民族特性、受其欢迎的商品。

3. 人口分布分析

人口有地理分布上的区别，人口在不同地区密集程度是不同的。各地人口的密度不同，则市场大小不同、消费需求特性不同。当前，我国有一个突出的现象就是农村人口向城市或工矿地区流动，内地人口向沿海经济开放地区流动。企业营销应关注这些地区的消费需求不仅是在量上增加，在消费结构上也发生一定的变化，应该提供更多适销对路的产品满足这些流动人口的需求，这是潜力很大的市场。

(二) 经济环境

经济环境是影响企业营销活动的主要环境因素，它包括收入、消费支出、产业结构、经济增长率、货币供应量、银行利率、政府支出等因素，其中收入因素、消费支出因素对企业营销活动影响较大。

1. 消费者收入分析

收入因素是构成市场的重要因素，甚至是更为重要的因素。因为市场规模的大小，归根结底取决于消费者的购买力大小，而消费者的购买力取决于他们收入的多少。企业必须从市场营销的角度来研究消费者收入，通常从以下四个方面进行分析。

(1) 国民生产总值。它是衡量一个国家经济实力与购买力的重要指标。国民生产总值增长越快，对商品的需求和购买力就越大；反之，就越小。

(2) 人均国民收入。这是用国民收入总量除以总人口的比值。这个指标大体反映了一个国家人民生活水平的高低，也在一定程度上决定商品需求的构成。一般来说，人均收入增长，对商品的需求和购买力就大，反之就小。

(3) 个人可支配收入。指在个人收入中扣除消费者个人缴纳的各种税款和交给政府的非商业性开支后剩余的，可用于消费或储蓄的那部分个人收入，它构成实际购买力。个人可支配收入是影响消费者购买生活必需品的决定性因素。

(4) 个人可任意支配收入。指在个人可支配收入中减去消费者用于购买生活必需品的费用支出（如房租、水电、食物、衣着等开支）后剩余的部分。这部分收入是消费需求变化中最活跃的因素，也是企业开展营销活动时所要考虑的主要对象。这部分收入一般用于购买高档耐用消费品、娱乐、教育、旅游等。

(5) 家庭收入。家庭收入的高低会影响很多产品的市场需求。一般来讲，家庭收入高，对消费品需求大，购买力也大；反之，需求小，购买力也小。另外，要注意分析消费者实际收入的变化。注意区分货币收入和实际收入。

2. 消费者支出分析

随着消费者收入的变化，消费者支出会发生相应变化，继而使一个国家或地区的消费结构也会发生变化。

消费结构是德国统计学家恩斯特·恩格尔于1857年发现了消费者收入变化与支出模式，即消费结构变化之间的规律性。恩格尔所揭示的这种消费结构的变化通常用恩格尔系数来表示，即：

$$恩格尔系数 = 食品支出金额/家庭消费支出总金额$$

恩格尔系数越小，食品支出所占比重越小，表明生活富裕，生活质量高；恩格尔系数越大，食品支出所占比重越高，表明生活贫困，生活质量低。恩格尔系数是衡量一个国家、地区、城市、家庭生活水平高低的重要参数。企业从恩格尔系数可以了解当前市场的消费水平，也可以推知今后消费变化的趋势及对企业营销活动的影响。

3. 消费者储蓄分析

消费者的储蓄行为直接制约着市场消费量购买的大小。当收入一定时，如果储蓄增多，现实购买量就减少；反之，如果用于储蓄的收入减少，现实购买量就增加。居民储蓄倾向是受到利率、物价等因素变化所致。人们储蓄目的也是不同的，有的是为了养老，有的是为未来的购买而积累，当然储蓄的最终目的主要也是为了消费。企业应关注居民储蓄的增减变化，了解居民储蓄的不同动机，制定相应的营销策略，获取更多的商机。

4. 消费者信贷分析

消费者信贷，也称信用消费，指消费者凭信用先取得商品的使用权，然后按期归还贷款，完成商品购买的一种方式。

信用消费允许人们购买超过自己现实购买力的商品，创造了更多的消费需求。随着我国商品经济的日益发达，人们的消费观念大为改变，信贷消费方式在我国逐步流行起来，值得企业去研究。

（三）政治法律环境

政治法律环境是影响企业营销的重要宏观环境因素，包括政治环境和法律环境。政治环境引导着企业营销活动的方向，法律环境则为企业规定经营活动的行为准则。政治与法律相互联系，共同对企业的市场营销活动产生影响和发挥作用。

1. 政治环境分析

政治环境是指企业市场营销活动的外部政治形势。一个国家的政局稳定与否，会给企业营销活动带来重大的影响。如果政局稳定，人民安居乐业，就会给企业营销造成良好的环境。相反，政局不稳，社会矛盾尖锐，秩序混乱，就会影响经济发展和市场的稳定。企业在市场营销中，特别是在对外贸易活动中，一定要考虑东道国政局变动和社会稳定情况可能造成的影响。政治环境对企业营销活动的影响主要表现为国家政府所制定的方针政策，如人口政策、能源政策、物价政策、财政政策、货币政策等，都会对企业营销活动带来影响。例如，国家通过降低利率来刺激消费的增长；通过征收个人收入所得税调节消费者收入的差异，从而影响人们的购买；通过增加产品税，对香烟、酒等商品的增税来抑制人们的消费需求。

在国际贸易中，不同的国家也会制定一些相应的政策来干预外国企业在本国的营销活动。主要措施有：①进口限制；②税收政策；③价格管制；④外汇管制；⑤国有化政策。

2. 法律环境分析

法律环境是指国家或地方政府所颁布的各项法规、法令和条例等，它是企业营销活动的准则，企业只有依法进行各种营销活动，才能受到国家法律的有效保护。为适应经济体制改革和对外开放的需要，我国陆续制定和颁布了一系列法律法规，如《中华人民共和国产品质量法》《中华人民共和国经济合同法》《中华人民共和国涉外经济合同法》《中华人民共和国商标法》《中华人民共和国专利法》《中华人民共和国广告法》《中华人民共和国食品卫生法》《中华人民共和国环境保护法》《中华人民共和国反不正当竞争法》《中华人民共和国消费者权益保护法》《中华人民共和国进出口商品检验法》等等。企业的营销管理者必须熟知有关的法律条文，才能保证企业经营的合法性，学会运用法律武器来保护企业与消费者的合法权益。对从事国际营销活动的企业来说，不仅要遵守本国的法律制度，还要了解和遵守国外的法律制度和有关的国际法规、惯例和准则。例如，欧洲国家规定禁止销售不带安全保护装置的打火机，这无疑限制了中国低价打火机的出口市场。日本政府也曾规定，任何外国公司进入日本市场，必须找一个日本公司同它合伙，以此来限制外国资本的进入。只有了解掌握了这些国家的有关贸易政策，才能制定有效的营销对策，在国际营销中争取主动。

（四）文化环境

社会文化环境是指在一种社会形态下已经形成的价值观念、宗教信仰、风俗习惯、道德规范等的总和。任何企业都处于一定的社会文化环境中，企业营销活动必然受到所在社会文化环境的影响和制约。为此，企业应了解和分析社会文化环境，针对不同的文化环境制定不同的营销策略，组织不同的营销活动。企业营销对社会文化环境的研究一般从以下几个方面入手：

1. 教育状况分析

受教育程度的高低，影响到消费者对商品功能、款式、包装和服务要求的差异性。通常文化教育水平高的国家或地区的消费者要求商品包装典雅华贵、对附加功能也有一定的要求。因此企业营销开展的市场开发、产品定价和促销等活动都要考虑到消费者所受教育程度的高低，采取不同的策略。

2. 宗教信仰分析

宗教是构成社会文化的重要因素，宗教对人们消费需求和购买行为的影响很大。不同的宗教有自己独特的对节日礼仪、商品使用的要求和禁忌。某些宗教组织甚至在教徒购买决策中有决定性的影响。为此，企业可以把影响力大的宗教组织作为自己的重要公共关系对象，在营销活动中也要注意到不同的宗教信仰，以避免由于矛盾和冲突给企业营销活动带来的损失。

3. 价值观念分析

价值观念是指人们对社会生活中各种事物的态度和看法。不同文化背景下，人们的价值观念往往有着很大的差异，消费者对商品的色彩、标识、式样以及促销方式都有自己褒贬不同的意见和态度。企业营销必须根据消费者不同的价值观念设计产品，提供服务。

4. 消费习俗分析

消费习俗是指人们在长期经济与社会活动中所形成的一种消费方式与习惯。不同的消费习俗，具有不同的商品要求。研究消费习俗，不但有利于组织好消费用品的生产与销售，而且有利于正确、主动地引导健康的消费。了解目标市场消费者的禁忌、习惯、避讳等是企业进行市场营销的重要前提。

（五）自然环境

自然环境是指自然界提供给人类的各种形式的物质资料，如阳光、空气、水、森林、土地等。随着人类社会进步和科学技术发展，世界各国都加速了工业化进程，这一方面创造了丰富的物质财富，满足了人们日益增长的需求；另一方面，面临着资源短缺、环境污染等问题。从20世纪60年代起，世界各国开始关注经济发展对自然环境的影响，成立了许多环境保护组织，促使国家政府加强环境保护的立法。这些问题都是对企业营销的挑战。对营销管理者来说，应该关注自然环境变化的趋势，并从中分析企业营销的机会和威胁，制定相应的对策。

1. 自然资源日益短缺

自然资源可分为两类，一类为可再生资源，如森林、农作物等，这类资源是有限的，可以被再次生产出来，但必须防止过度采伐森林和侵占耕地。另一类资源是不可再生资源，如石油、煤炭、银、锡、铀等，这种资源蕴藏量有限，随着人类的大量开采，有的矿产已近处于枯竭的边缘。自然资源短缺，使许多企业将面临原材料价格大涨、生产成本大幅度上升的威胁，但另一方面又迫使企业研究更合理地利用资源的方法，开发新的资源和代用品，这些又为企业提供了新的资源和营销机会。

2. 环境污染日趋严重

工业化、城镇化的发展对自然环境造成了很大的影响，尤其是环境污染问题日趋严重，许多地区的污染已经严重影响到人们的身体健康和自然生态平衡。环境污染问题已引起各国政府和公众的密切关注，这对企业的发展是一种压力和约束，要求企业为治理环境污染付出一定的代价，但同时也为企业提供了新的营销机会，促使企业研究控制污染的技术，兴建绿色工程，生产绿色产品，开发环保包装。

3. 政府干预不断加强

自然资源短缺和环境污染加重的问题，使各国政府加强了对环境保护的干预，颁布了一系列有关环保的政策法规，这将制约一些企业的营销活动。有些企业由于治理污染需要投资，影响扩大再生产，但企业必须以大局为重，要对社会负责，对子孙后代负责，加强环保意识，在营销过程中自觉遵守环保法令，担负起环境保护的社会责任。同时，企业也要制定有效的营销策略，既要消化环境保护所支付的必要成本，还要在营销活动中挖掘潜力，保证营销目标的实现。

（六）科技环境

科学技术是社会生产力中最活跃的因素，它影响着人类社会的历史进程和社会生活的方方面面，对企业营销活动的影响更是显而易见。现代科学技术突飞猛进的发展对企业营销活动的影响作用表现在以下几个方面。

1. 科技发展促进社会经济结构的调整

每一种新技术的发现、推广都会给有些企业带来新的市场机会，导致新行业的出现。同时，也会给某些行业、企业造成威胁，使这些行业、企业受到冲击甚至被淘汰。例如，电脑的运用代替了传统的打字机，复印机的发明排挤了复写纸，数码相机的出现将夺走胶卷的市场，等等。

2. 科技发展促使消费者购买行为的改变

随着多媒体和网络技术的发展，出现了"电视购物""网上购物"等新型购买方式。人们还可以在家中通过网络系统订购车票、飞机票、戏票和球票。工商企业也可以利用这种系统进行广告宣传、营销调研和推销商品。随着新技术革命的进展，"在家便捷购买、享受服务"的方式还会继续发展。

3. 科技发展影响企业营销组合策略的创新

科技发展使新产品不断涌现，产品寿命周期明显缩短，要求企业必须关注新产品的开发，加速产品的更新换代。科技发展和运用降低了产品成本，使产品价格下降，并能快速掌握价格信息，要求企业及时做好价格调整工作。科技发展促进流通方式的现代化，要求企业采用顾客自我服务和各种直销方式。科技发展促进广告媒体的多样化，信息传播的快速化，市场范围的广阔性，促销方式的灵活性。为此，要求企业不断分析科技新发展，创新营销组合策略，适应市场营销的新变化。

4. 科技发展促进企业营销管理的现代化

科技发展为企业营销管理现代化提供了必要的装备，如电脑、传真机、电子扫描装置、光纤通信等设备，这些设备的广泛运用，对改善企业营销管理，实现现代化起了重要的作用。同时，科技发展对企业营销管理人员也提出了更高要求。

二、评估宏观营销环境

根据导入的项目，评估市场分析中宏观环境因素的特点及内容，并完成项目宏观环境分析报告。

技能训练 3-2　调查一个真实企业，分析其市场营销宏观环境

实训目的

培养学生认识市场营销宏观环境的各个因素，并结合企业实际情况做出分析。

实训内容

（1）完成一个真实企业的市场调查；

（2）从人口、经济、自然、社会文化、政治与法律、科学技术六个方面做出企业宏观环境分析。

实训组织

该实践训练项目由指导老师与所指导班级利用实践教学时间组织进行。

（1）根据班级成员总人数进行分组，5～6人为一组；

（2）各组选一个组长负责组内工作，要求组员团结协作；

（3）各组讨论并拟定相应调查方案，并撰写宏观环境分析报告。

实训考核

（1）各组完成分析报告，并以PPT形式汇报；

（2）教师讲评。

任务三　分析微观营销环境

一、微观营销环境的构成

微观营销环境是指对企业服务其顾客的能力构成直接影响的各种力量，包括企业本身及其市场营销渠道、市场、竞争者和各种公众。

（一）供应商

1. 供应商的作用

供应商是指对企业进行生产所需而提供特定的原材料、辅助材料、设备、能源、劳务、资金等资源的供货单位。这些资源的变化直接影响到企业产品的产量、质量以及利润，从而影响企业营销计划和营销目标的完成。

2. 供应商对企业营销的影响

（1）供应的及时性和稳定性

原材料、零部件、能源及机器设备等货源的保证供应，是企业营销活动顺利进行的前提。如棉纺厂不仅需要棉花等原料来进行加工，还需要设备、能源作为生产手段与要素，任何一个环节在供应上出现了问题，都会导致企业的生产活动无法正常开展。为此，企业为了在时间上和生产的连续性上保证得到货源的供应，就必须和供应商保持良好的关系，必须及时了解和掌握供应商的情况，分析其状况和变化。

（2）供应的货物价格变化

供应的货物价格变动会直接影响企业产品的成本。如果供应商提高原材料价格，必然会带来企业的产品成本上升。生产企业如提高产品价格，会影响市场销路；如果保持价格不变，则会减少企业的利润。为此，企业必须密切关注和分析供应商的货物价格变动趋势。

（3）供货的质量保证

供应商能否供应质量有保证的生产资料直接影响到企业产品的质量，进一步会影响到销售量、利润及企业信誉。例如，劣质葡萄难以生产质优葡萄酒，劣质建筑材料难以保证建筑物的百年大计。为此，企业必须了解供应商的产品，分析其产品的质量标准，从而保证自己产品的质量，赢得消费者，赢得市场。

（二）企业内部

企业开展营销活动要充分考虑到企业内部的环境力量和因素。企业是组织生产和经营的经济单位，是一个系统组织。企业内部一般设立计划、技术、采购、生产、营销、质检、财务、后勤等部门。企业内部各职能部门的工作及其相互之间的协调关系，直接影响企业的整个营销活动。

营销部门与企业其他部门之间既有多方面的合作，也经常与生产、技术、财务等部门发生矛盾。由于各部门各自的工作重点不同，有些矛盾往往难以协调。如生产部门关注的是长期生产的定型产品，要求品种规格少、批量大、标准订单、较稳定的质量管理，而营销部门注重的是能适应市场变化、满足目标消费者需求的"短、平、快"产品，则要求多品种规格、少批量、个性化订单、特殊的质量管理。所以，企业在制订营销计划，开展营销活动时，必须协调和处理好各部门之间的矛盾和关系。

（三）营销中介

1. 营销中介的作用

营销中介是指为企业营销活动提供各种服务的企业或部门的总称。

营销中介对企业营销产生直接的、重大的影响，只有通过有关营销中介所提供的服务，企业才能把产品顺利地送达目标消费者手中。营销中介的主要功能是帮助企业推广和分销产品。

2. 营销中介的类型

（1）中间商。指把产品从生产商流向消费者的中间环节或渠道，它主要包括批发商和零售商两大类。中间商对企业营销具有极其重要的影响，它能帮助企业寻找目标顾客，为产品打开销路，为顾客创造地点效用、时间效用和持有效用。一般企业都需要与中间商合作，来完成企业营销目标。为此，企业需要选择适合自己营销的合格中间商，必须与中间商建立良好的合作关系，必须了解和分析其经营活动，并采取一些激励性措施来推动其业务活动的开展。

（2）营销服务机构。指企业营销中提供专业服务的机构，包括广告公司、广告媒介经营公司、市场调研公司、营销咨询公司、财务公司等等。这些机构对企业的营销活动会产生直接的影响，它们的主要任务是协助企业确立市场定位，进行市场推广，提供活动方便。一些大企业或公司往往有自己的广告和市场调研部门，但大多数企业则以合同方式委托营销服务机构来办理有关事务。为此，企业需要关注、分析这些服务机构，选择最能为本企业提供有效服务的机构。

（3）物资分销机构。指帮助企业进行保管、储存、运输产品及物资的物流机构，包括仓储公司、运输公司等。物资分销机构的主要任务是协助企业将产品实体运往销售目的地，完成产品空间位置的移动。产品到达目的地之后，还有一段待售时间，物流机构还要协助保管和储存。这些物流机构是否安全、便利、经济，直接影响企业营销效果。因此，在企业营销活动中，必须了解和研究物资分销机构及其业务变化动态。

（4）金融机构。指企业营销活动中进行资金融通的机构，包括银行、信托公司、保险公司等。金融机构的主要功能是为企业营销活动提供融资及保险服务。在现代化社会中，任何企业都要通过金融机构开展经营业务往来。金融机构业务活动的变化还会影响企业的营销活动，比如银行贷款利率上升，会使企业成本增加；信贷资金来源受到限制，会使企业经营陷入困境。

（四）顾客

1. 顾客的作用

顾客是指使用进入消费领域的最终产品或劳务的消费者和生产者，也是企业营销活动的最终目标市场。顾客对企业营销的影响程度远远超过前述的环境因素。顾客是市场的主体，任何企业的产品和服务，只有得到了顾客的认可，才能赢得这个市场。现代营销强调把满足顾客需要作为企业营销管理的核心。

2. 顾客类型

（1）消费者。指为满足个人或家庭消费需求而购买产品或服务的个人和家庭。

（2）生产者。指为生产其他产品或服务，以赚取利润而购买产品或服务的组织。

（3）中间商。指购买产品或服务以转售，从中营利的组织。

（4）政府。指购买产品或服务，以提供公共服务或把这些产品及服务转让给其他需要的人的政府机构。

（5）国际市场。指国外购买产品或服务的个人及组织，包括外国消费者、生产商、中间商及政府。

3. 顾客需求

上述五类市场的顾客需求各不相同，要求企业以不同的方式提供产品或服务，它们的需求、欲望和偏好直接影响企业营销目标的实现。为此，企业要注重对顾客进行研究，分析顾客的需求规模、需求结构、需求心理以及购买特点，这是企业营销活动的起点和前提。

（五）社会公众

1. 社会公众的作用

社会公众是与企业营销活动发生关系的各种群体的总称。公众对企业的态度，会对其营销活动产生巨大的影响，它既可以有助于企业树立良好的形象，也可能妨碍企业的形象。所以企业必须处理好与主要公众的关系，争取公众的支持和偏爱，为自己营造和谐、宽松的社会环境。

2. 社会公众的类型

（1）金融公众。主要包括银行、投资公司、证券公司、股东等，他们对企业的融资能力有重要的影响。

（2）媒介公众。主要包括报纸、杂志、电台、电视台等传播媒介，他们掌握传媒工具，有着广泛的社会联系，能直接影响社会舆论对企业的认识和评价。

（3）政府公众。主要指与企业营销活动有关的各级政府机构部门，他们所制定的方针、政策，对企业营销活动或是限制，或是机遇。

（4）社团公众。主要指与企业营销活动有关的非政府机构，如消费者组织、环境保护组织，以及其他群众团体。企业营销活动涉及社会各方面的利益，来自这些社团公众的意见、建议，往往对企业营销决策有着十分重要的影响。

（5）社区公众。主要指企业所在地附近的居民和社区团体。社区是企业的邻里，企业保持与社区的良好关系，为社区的发展做一定的贡献，会受到社区居民的好评，他们的口碑能帮助企业在社会上树立形象。

（6）内部公众。指企业内部的管理人员及一般员工，企业的营销活动离不开内部公众的支持。应该处理好与广大员工的关系，调动他们开展市场营销活动的积极性和创造性。

（六）竞争者

1. 竞争者的作用

竞争是商品经济的必然现象。在商品经济条件下，任何企业在目标市场进行营销活动时，不可避免地会遇到竞争对手的挑战。即使在某个市场上只有一个企业在提供产品或服务，没有"显在"的对手，也很难断定在这个市场上没有潜在的竞争企业。

企业竞争对手的状况将直接影响企业营销活动。如竞争对手的营销策略及营销活动的变化就会直接影响企业营销，最为明显的是竞争对手的产品价格、广告宣传、促销手段的变化，以及产品的开发、销售服务的加强都将直接对企业造成威胁。为此，企业在制定营销策略前必须先弄清竞争对手，特别是同行业竞争对手的生产经营状况，做到知己知彼，有效地开展营销活动。

2. 竞争者情况

一般来说，企业在营销活动中需要对竞争对手了解的情况有：

（1）竞争企业的数量有多少；

（2）竞争企业的规模和能力的大小强弱；

（3）竞争企业对竞争产品的依赖程度；

（4）竞争企业所采取的营销策略及其对其他企业策略的反应程度；

（5）竞争企业能够获取优势的特殊材料来源及供应渠道。

二、营销环境分析

市场营销环境分析即监测跟踪市场营销环境发展趋势，发现市场机会和环境威胁，从而调整营销策略以适应环境变化。

市场机会：指对企业营销活动富有吸引力的领域，在该领域该企业拥有竞争优势。

环境威胁：指环境中不利于企业营销的因素的发展趋势，对企业形成挑战，对企业市场地位构成威胁。

分析方法主要有：

五力模型：即供应商和购买者的讨价还价能力，潜在进入者的威胁，替代品的威胁，以及来自目前在同一行业的公司间的竞争。

SWOT分析法：指 strengths（优势）、weaknesses（劣势）、opportunities（机会）、threats（威胁）。

SWOT分析法通过对优势、劣势、机会和威胁加以综合评估与分析得出结论，然后再调整企业资源及企业策略，来达成企业的目标。

技能实训 3-3

实训目的

通过课后实训让学生更进一步理解市场营销环境对企业市场判断的重要性及如何展开有效的市场环境分析研究，如何把握企业所存在的机会与威胁。

实训内容

让学生以组为单位，划分区域范围，有选择性地寻找企业，并对企业所处的

宏观、微观环境进行细致分析研究，发现企业的机会与威胁，并写出调研报告。

实训组织

以3～5人为一组，在学校所在地选择一家企业，然后利用课余时间对其所处的营销环境进行调查分析。在此基础上，根据企业面临的市场机会和环境威胁写一份书面调研报告，提出企业消除其环境威胁应采取的应对策略。

实训考核

（1）各组完成调研分析报告，并以PPT形式汇报；
（2）教师课堂讲评。

项目四　市场细分与目标市场的选择

【项目目标】

知识目标
（1）理解市场细分概念与客观基础；
（2）掌握市场细分依据及消费者市场细分依据与产业市场细分依据；
（3）明白市场细分的标准；
（4）理解市场细分的方法与步骤。

能力目标
（1）具有分析及选择市场细分标准的能力；
（2）能进行有效的市场细分；
（3）具备选择目标市场的能力；
（4）具备制定目标策略的能力。

素质目标
（1）树立以顾客为中心，以竞争为导向，以企业能力为基础的营销价值观念；
（2）提高交流沟通的能力。

【项目导入】

长风公司在销售额逐年增长的同时，感受到了发展的压力，打算在现有书包产品的基础上，进入儿童服装市场。公司应该如何选择目标市场，并制定企业的市场战略呢？

【项目实施】

根据导入项目，长风公司首先应进行市场调研，搜集市场上有关童装细分市场的数据，制定出市场细分方案，然后在对整体市场进行细分的基础上，根据自身条件、市场环境、经营宗旨等对不同的细分市场进行评估之后，选择和确定目标市场，明确企业的经营领域，制定企业的市场营销战略。

任务一 市场细分

【导入案例4-1】

2003年底,江中药业股份有限公司(以下简称江中公司)在对儿童助消化药市场进行全面研究分析后,决定实施战略细分,推出儿童装江中牌健胃消食片,以对江中牌健胃消食片(日常助消化药领导品牌)的儿童用药市场进行防御。

2004年中,上市前铺货、电视广告片拍摄等市场准备工作基本完成;

2004年底,销售额过2亿元,并初步完成对儿童市场的防御。

到2010年,儿童装江中牌健胃消食片销售额已达5亿元。

对于一个OTC(非处方药)新品,面市6年,就在全国范围全线飘红,完成超过5亿元的销售额。这样一份成绩,充分证明了实施战略细分的强大威力。

2003年4月,山东省的百年老厂宏济堂,在中央电视台六套等媒体,投放了神方牌小儿消食片的一条新广告片。江中公司对此极为重视,因为神方牌小儿消食片直接细分的儿童市场,是江中牌健胃消食片的核心市场之一,而江中牌健胃消食片又是江中公司最主要的利润来源。何况,作为山东的强势地方品牌,选择央视这样一个全国性媒体,也体现了其欲进军全国市场的企图。不难想象,这条宣战式的广告片在江中公司上下引起怎样的轩然大波。"与其被竞争对手细分,不如自行细分"现今已成为大多数企业的共识。江中公司确定实施"儿童助消化药"细分战略后,就开始调动一切元素来制造细分品类的差异,并让消费者充分地感受到差异,包括产品、包装、口味等,以期尽快从原市场中分化出去,成为一个独立的品类市场。简而言之,更好体现"儿童专属性",从而更好满足该细分市场不断发展的需求是成功的基础。

在产品方面,儿童装江中牌健胃消食片为摆脱"成人药品"的影响,完全针对儿童进行设计。片型采用0.5g(成人则为0.8g),在规格和容量上也更适合儿童。药片上还压出动物卡通图案,口味上则是采用儿童最喜爱的酸甜味道,同时在包装上显眼处标有儿童漫画头像以凸现儿童药品的身份……这些改进使儿童装江中牌健胃消食片的产品从各方面都更好满足儿童的需求,并不断提示家长这是儿童专用产品。

由于儿童装江中牌健胃消食片是江中牌健胃消食片的产品线扩展,为了更好关联江中牌健胃消食片的领导地位,让原有儿童消费者更放心地转移,在突出"儿童专属性"的同时,也与江中牌健胃消食片紧密关联。所以,在包装的设计上,沿用了江中牌健胃消食片的整体风格,而且药片的形状同样为三角形,口味则稍为加重酸甜味。

在渠道方面，由于儿童装的推出，第一步的目标仍是对现有市场防御，即促使原来购买江中牌健胃消食片的儿童家长转为购买儿童装江中牌健胃消食片。因此，在面市早期，江中销售部门与药店经理积极协商，将儿童装江中牌健胃消食片尽量陈列在江中牌健胃消食片旁边；在条件允许的情况下，同时在儿童药品专柜进行陈列。自我细分基本达成后，才可完全只在儿童药品专柜进行陈列。

在价格方面，为了更全面覆盖儿童助消化药市场，避免价格成为购买的障碍，从而给竞争对手创造价格细分的机会，同时考虑到有利于江中牌健胃消食片原有儿童消费者的转移，儿童装江中牌健胃消食片的零售价格不应比江中牌健胃消食片高过多，控制在10元左右，最终江中公司决定将零售价格定在6元，与江中牌健胃消食片基本持平。

在推广方面，江中公司已清楚认识到，无论客观上你是或不是第一个进入新细分市场的品牌，只要成为"消费者心目中的第一个"，它就被认为是原创者。当其他品牌侵犯你的领域时，它们会被消费者普遍认为是仿制品。新细分市场存在于消费者心目中，谁能占据消费者的心，谁将获取市场。相应的，营销过程就是对心智认知发生作用的过程。而广告则是将定位打入消费者头脑（心智）中的重要手段。因此，江中公司为儿童装江中牌健胃消食片的广告传播提供了充裕的资金。

值得一提的是，很多实施市场细分战略的企业，容易忘了推广品类，而直接推广品牌，热衷于诉求自己的独特性，这是个严重的错误。定位理论早已证实，先有热门的品类（细分市场），才有热门的品牌。譬如饮料市场，"可口可乐"只有将可乐做成饮料中最大的品类，其本身才能成为饮料市场第一品牌。

因此，儿童装江中牌健胃消食片的广告首先要做的，就是开拓这个品类，广告需反复告知消费者，"专给儿童用的，解决孩子不吃饭问题"，从而吸引目标消费群不断尝试和购买，使儿童装江中牌健胃消食片成为消费者心目中该品类的第一。为了鲜明地让消费者将儿童型与成人型江中牌健胃消食片区分开，广告片的主角启用了极具亲和力的影视明星肥肥（沈殿霞），而成人装江中牌健胃消食片电视广告仍继续沿用小品明星郭冬临。

儿童装江中牌健胃消食片面市不久，其销量在全国范围都呈现飞速攀升的态势，面市3年，完成超过3.5亿元的销售额。这极大加强了江中公司对儿童装的信心。因此，在随后的几年里，江中公司在资金分配上，将儿童装江中牌健胃消食片作为优先保障产品，拨出巨额推广费用，全力抢占"儿童助消化药"的心智资源。

一、市场细分的概念与客观基础

1. 市场细分的概念

市场细分是指营销者通过市场调研，依据消费者的需要和欲望、购买行为和购买习惯等方面的差异，把某一产品的整体市场划分为若干消费者群的市场分类过程。每一个消费者群就是一个细分市场，每一个细分市场都是具有类似需求倾向的消费者构成的群体。

2. 市场细分的客观基础

产品属性是影响顾客购买行为的重要因素，根据顾客对产品不同属性的重视程度，就会出现三种不同的偏好模式，即同质偏好、分散偏好和集群偏好。这种顾客需求偏好差异的存在便是市场细分的客观基础。如图4-1所示。

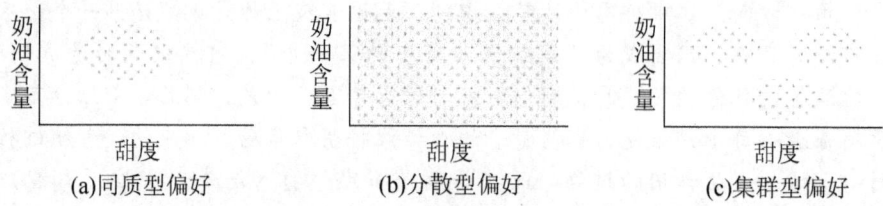

图4-1　不同的消费偏好模式

在同质型偏好下，企业可推出一种产品或服务为消费者群体服务；在分散型偏好下，企业如果只推出一种产品或服务就难以满足所有消费群体的需要；而在集群型偏好下，企业可根据自己的实力和不同消费群体的需要生产销售不同类型的产品或服务。

二、市场细分的基本形式

（一）消费者市场细分的基本形式

一种产品的整体市场之所以可以细分，是由于消费者或用户的需求存在差异。引起消费者需求差异的变量很多，企业一般是组合运用有关变量来细分市场，而不是单一采用某一变量。

细分消费者市场的因素主要有四类，即地理因素、人口因素、心理因素、行为因素。以这些因素为依据来细分市场就产生出地理细分、人口细分、心理细分和行为细分四种市场细分的基本形式。

1. 地理细分

这是按照消费者所处的地理位置、自然环境来细分市场。根据国家、地区、城市规模、气候、人口密度、地形地貌等方面的差异将整体市场分为不同的小市场。地理变数之所以作为市场细分的依据，是因为处在不同地理环境下的消费者往往有不同的需求与偏好，他们对企业采取的营销策略与措施会有不同的反应。比如，在我国南方沿海一些省份，某些海产品被视为上等佳肴，而内地的许多消费者则觉得味道平常。又如，由于居住环境的差异，城市居民与农村消费者在室内装饰用品的需求上大相径庭。

地理因素易于识别，是细分市场应首先考虑的重要因素，但处于同一地理位置的消费者，其需求会有很大差异。比如，在我国的一些大城市，如北京、上海，流动人口逾百万，这些流动人口本身就构成一个很大的市场，很显然，这一市场有许多不同于常住人口市场的需求特点。所以，简单地以某一地理特征区分市场，不一定能真实地反映消费者的需求共性与差异，企业在选择目标市场时，还需结合其他细分因素综合考虑。

2. 人口细分

这是按人口统计因素，如年龄、性别、家庭规模、家庭生命周期、收入、职业、教育程度、宗教、种族、国籍等为基础细分市场。消费者需求、偏好与人口统计因素有着密切的关系，比如，只有收入水平很高的消费者才可能成为高档服装、名贵化妆品、高级珠宝等商品的经常买主。人口统计因素比较容易衡量，有关数据相对容易获取，由此构成了市场细分的依据。

3. 心理细分

根据购买者所处的社会阶层、生活方式、个性特点等心理因素来细分市场叫心理细分。

（1）社会阶层。社会阶层是指在某一社会中具有相对同质性和持久性的群体。处于同一阶层的成员具有类似的价值观、兴趣爱好和行为方式，不同阶层的成员则在上述方面存在较大的差异。很显然，识别不同社会阶层的消费者所具有的特点，对于很多产品的市场细分将提供重要的依据。

（2）生活方式。通俗地讲，生活方式是指一个人怎样生活。人们追求的生活方式各不相同，有的追求新潮时髦，有的追求恬静、简朴，有的追求刺激、冒险，有的追求稳定、安逸。西方的一些服装生产企业，为"简朴的妇女""时髦的妇女"和"有男子气的妇女"分别设计不同服装；烟草公司针对"挑战型吸烟者""随和型吸烟者"及"谨慎型吸烟者"推出不同品牌的香烟，均是依据生活方式去细分市场。

（3）个性。个性是指一个人比较稳定的心理倾向与心理特征，它会导致一个人对其所处环境做出相对一致和持续不断的反应。俗语说："人心不同，各如其面"，每个人的个性都会有所不同。个性会通过自信、自主、支配、顺从、保守、适应等性格特征表现出来。因此，个性可以按这些性格特征进行分类，从而为企业细分市场提供依据。

4. 行为细分

根据购买者对产品的了解程度、态度、使用情况及反映等，将他们划分成不同的群体，叫作行为细分。许多人认为，行为变数能更直接地反映消费者的需求差异，因而成为市场细分的最佳起点。按行为变量来细分市场主要包括：

（1）购买时机。根据消费者提出需要、购买和使用产品的时机，将他们划分成不同的群体。例如，城市公共汽车运输公司可根据上班高峰和非高峰时期乘客的需求特点来细分市场。

（2）追求利益。消费者购买某种产品总是为了解决某类问题，满足某种需要。然而产品提供的利益往往并不是单一的。消费者对这些利益的追求时有侧重，如购买手表，有的追求经济实惠、价格低廉，有的追求耐用可靠和维修的方便，还有的则偏向于显示社会地位。

（3）使用者状况。根据顾客是否使用和使用程度细分市场。通常可分为经常购买者、首次购买者、潜在购买者和非购买者。大公司往往注重将潜在使用者变为实际使用者，较小的公司则注重于保持现有使用者，并设法吸引使用竞争产品的顾客转而使用本公司产品。

（4）使用数量。根据消费者使用某一产品的数量大小细分市场。通常可分为大量使用者、中度使用者和轻度使用者。大量使用者人数可能并不多，但他们的消费量在全部消费量中占很大的比重。美国一家公司发现，美国啤酒的80%是被50%的顾客消费掉的，另外一半的顾客的消耗量只占消耗总量的20%。因此啤酒公司宁愿吸引重度饮用啤酒者，而放弃轻度饮用啤酒者，并把重度饮用啤酒者作为目标市场。公司还进一步了解到大量喝啤酒的人多是工人，年龄在25～50岁之间，喜欢观看体育节目，每天看电视的时间不少于3小时。很显然，根据这些信息，企业可以大大改进其在定价、广告传播等方面的策略。

（5）品牌忠诚程度。有些消费者经常变换品牌，另外一些消费者则在较长时期内专注于某一或少数几个品牌。通过了解消费者品牌忠诚情况和品牌忠诚者与品牌转换者的各种行为与心理特征，不仅可为企业细分市场提供依据，同时也有助于企业了解为什么有些消费者忠诚本企业产品，而另一些消费者则忠诚于竞争企业的产品，从而为企业选择目标市场提供启示。

（6）购买的准备阶段。消费者对各种产品的了解程度往往因人而异。有的消费者可能对某一产品有需要，但并不知道该产品的存在；有的消费者虽已知道产品的存在，但对产品的价值、稳定性等还存在疑虑；另外一些消费者则可能正在考虑购买。针对处于不同购买阶段的消费群体，企业进行市场细分并采用相应的营销策略。

（7）态度。企业可根据顾客对产品的热心程度来细分市场。如有的持肯定态度，有的持否定态度，还有的则是持无所谓态度。针对持不同态度的消费群体进行市场细分，并在广告、促销等方面应当有所不同。

（二）生产者市场细分的基本形式

许多用来细分消费者市场的标准，同样可用于细分生产者市场。如根据地理、追求的利益和使用率等因素加以细分。不过，由于生产者与消费者在购买动机与行为上存在差别，所以，除了运用前述消费者市场细分指标外，还可用一些新的指标来细分生产者市场。

1. 用户规模

在生产者市场中，有的用户购买量很大，另外一些用户购买量很小。以钢材市场为例，建筑公司、造船公司、汽车制造公司对钢材需求量很大，动辄数万吨地购买，而一些小的机械加工企业，一年的购买量也不过几吨或几十吨。企业应当根据用户规模大小来细分市场，并根据用户或客户的规模不同，企业的营销组合方案也应有所不同。比如，对于大客户，宜于直接联系，直接供应，在价格、信用等方面给予更多优惠；而对众多的小客户，则宜于使产品进入商业渠道，由批发商或零售商去组织供应。

2. 产品的最终用途

工业品用户购买产品，一般都是供再加工之用，对所购产品通常都有特定的要求。比如，同是钢材用户，有的需要圆钢，有的需要带钢，有的需要普通钢材，有的需要硅钢、钨钢或其他特种钢。

3. 购买状况

购买的主要方式包括直接重购，修正重购及重新购买。不同的购买方式的采购程度、决策过程等各不相同，因而可将整体市场细分为不同的小市场群。

三、市场细分的有效性标准

并不是所有的市场细分都是有效的。市场细分的有效性标准主要有以下几个方面。

（一）可衡量性

可衡量性是指各细分市场的规模、购买力是可以被测量的。例如，美国"可口可乐"饮料在中国市场上的成功就是得益于对中国市场的有效细分和对中国消费者购买力的准确测量。因此，有效的市场细分应能使各分市场需求规模及其购买力能够得到比较准确的测量。

（二）可接近性

细分市场必须能够接近并提供服务。比如一家香水公司发现，用其香水的人多数是单身，这些人很晚还待在外面，社交很多，除非公司有办法知道这些人住在哪里，在哪里买东西，或者接触哪些媒体广告，否则就很难达到产品促销的目的。

（三）可进入性

可进入性是指企业有能力进入所选定的细分市场。如日本本田公司在向美国消费者推销汽车时，就遵循这一原则，从而成功地进行了市场细分，选择了自己的目标市场。同"奔驰""奥迪""富豪"等高级轿车相比，本田汽车不仅价格较低，技术含量也较高，足以与竞争对手分一杯羹。因此，进入美国市场后，取得了巨大成功。

（四）可营利性

可营利性是指企业进入所选定的细分市场后，这一细分市场的规模足以使企业有利可图，或者能够给企业带来足够的赢利。否则，市场细分就没有实际意义了。

四、市场细分的方法与步骤

（一）市场细分的方法

市场细分的方法通常有以下三种：

（1）单一因素法，即选用一个市场细分标准，对市场进行细分。

（2）综合因素法，即运用两个或两个以上的市场细分标准对市场进行细分。

（3）系列因素法，系列因素法也是运用两个或两个以上的标准来细分市场，但必须依据一定的顺序由粗到细依次细分，下一阶段的细分是在上一阶段选定的子市场中进行的，细分的过程实质上就是一个比较、选择子市场的过程。

（二）市场细分的步骤

1. 选定市场范围

（1）选定产品的市场需求范围

确定经营范围——确定产品市场范围，即潜在的顾客群体（产品的市场范围应以市场的需求而不是产品特性来定，并且产品市场范围应尽可能全面）。

（2）确定市场细分变量

①列举潜在顾客的基本需求

公司的市场营销专家们通过"头脑风暴法"，从地理、人口、行为和心理等几个方面的变量出发，大致估算一下潜在的顾客有哪些基本的需求（还包括刚开始出现或将要出现的消费需求，这里把行为也作为需求来分析）。

②分析潜在顾客的各自需求

a. 对所列举的需求进行总结分类；b. 按照不同变量对顾客进行分类；c. 设计调查问卷；d. 进行市场调查；e. 对问卷进行统计分析。

（3）了解潜在顾客的共同要求

在分析了解潜在顾客的需求的基础上，按照不同变量统计各个顾客群体的共同需求。

2. 形成细分市场

（1）根据差异性需求细分市场

公司找到差异性需求之后，把差异性需求相对应的顾客细分变量和利益细分变量作为市场细分变量，确定了所有的细分变量以后，选择合适的细分方法，然后将市场划分为不同的群体或子市场，并结合各子市场的顾客特点赋予每一子市场一定的名称，在分析中形成一个简明的、容易识别和表述的概念。

运用调查数据或者经验判断，重新按对顾客购买行为影响程度大小对变量进行降序排列，从而找出最合适的变量。

（2）深入认识细分市场的特点

企业还要对每一个分市场的顾客需求及其行为，作更深入的考察。看看各分市场的特点掌握了哪些，还要了解哪些。以便进一步明确，各分市场有没有必要再作细分，或重新合并。比如，经过这一步骤，可以看出，新婚者与老成者的需求差异很大，应当作为两个分市场。同样的公寓设计，也许能同时迎合这两类顾客，但对他们的广告宣传和人员销售的方式都可能不同。企业要善于发现这些差异。要是他们原来被归属于同一个分市场，现在就要把他们区分开来。

3. 放弃较小或无利可图的细分市场

排除重复细分市场。首先弄清非重复细分市场的属性：所提供的产品或服务用途不相同；产品和服务在每一个细分市场中的比重及一切相对价值应各不相同；所提供的产品或服务不会取得相同的利益。

4. 合并较小且与其他需求相似的细分市场

拆分内部需求差异较大的细分市场。应注意：在能取得经济效益的细分市场中，拥有顾客数量的最低界限是什么？企业能够控制的细分市场数量是多少？其限度主要由企业自身的综合实力强弱来决定。

5. 初评细分市场规模

根据产品的潜在购买者和使用者数量以及他们的购买率和使用频率等因素评估细分市场的大小。

五、市场细分应注意的问题

（1）在选择市场细分的标准时，应根据不同企业的自身条件及产品的特点进行切合实际的选择，不能生搬硬套，不讲实效。

（2）市场细分的标准是动态的。

（3）在选择细分市场的方法时，往往选择综合因素法或系列因素法。因为影响消费需求的因素往往是多方面的且是相互关联的。单一因素细分的市场很不具体，缺乏实际意义，一个理想的细分市场往往是由多个因素综合划分来确定的。

技能实训 4 – 1　市场细分

实训内容

挑选自己感兴趣的产品进行产品市场细分。

实训目的

（1）从实践层面进一步加深学生对细分市场的理解；

(2) 培养学生正确选择市场细分方法的能力。

实训组织

(1) 以自愿为原则，5～6人为一组，组建"×××模拟公司"，公司名称自定；

(2) 根据模拟公司产品的特定服务市场（消费者市场还是产业市场），以组为单位讨论选择合理的市场细分变量和细分方法；

(3) 对现实同类企业产品的销售市场进行调查走访，然后根据讨论确定的标准和方法对与公司产品相关的市场进行细分，具体确定出模拟公司产品服务的细分市场。

实训考核

(1) 标准：能够正确选择与模拟公司产品属性相吻合的市场细分变量和细分方法，能够对整体市场进行有效细分；

(2) 评估：每人完成一份××产品的市场细分报告，作为一次作业，然后由教师与各组组长组成的评估小组对其进行评估打分。

任务二 企业目标市场的选择

【导入案例4-2】

海尔的前身是一家生产普通家电产品，濒临倒闭的集体小厂。1985年，海尔股份有限公司成立，引进德国先进技术和设备，生产电冰箱产品。经过十几年的艰苦奋斗，其已发展成以家电为主导产业，涉及房地产开发、商贸金融等多领域的集团公司。15年来，海尔的平均增长速度达到81.6%。1999年海尔实现国内外营业额268亿元，其中工业销售收入215亿元，出口创汇1.38亿美元。1999年12月7日，英国《金融时报》公布全世界最受尊重的企业排名，海尔成为中国唯一入选企业。

(一) 向多元化家电产品扩张

海尔集团认为名牌永远是动态的，要保持名牌永久的生命力，就要不断地开发新产品，不断创新。一个品种就是一个市场，忘掉一个品种就会丧失一片市场，一片消费群体。于是海尔集团利用海尔品牌效应，先后开发了与冰箱相关系数高、技术市场相关性大的其他的"海尔"家电产品，如空调、洗衣机、热水器等家电产品，同时还向黑色家电领域进军，生产数字化彩色电视机。利用消费者对品牌的信任，使产品迅速进入市场。目前，海尔拥有13大门类6000余种规格的名牌产品群。

(二) 细分市场，差异性营销策略

海尔集团根据市场细分原则，在选定产品市场的范围内，确定顾客的需求，有针对性地研制开发了多品种、多规格的家电产品，以满足不同层次消费者的需求。例如，海尔洗衣机是我国洗衣机行业跨度最大、规格最全、品种最多的产品。根据消费者的有效需求，海尔集团开发了"小小王子"伴侣全冷冻小冰箱，解决了消费者的实际需求，产品一上市便脱销。宽电压冰箱新品种的问世，打开了广阔的农村市场，在西北市场上被富裕起来的农民抢购一空。

(三) 采用迎头市场定位策略

海尔集团市场竞争的原则是先不在量上争第一，而是在质上争第一，依靠高科技推出新产品。它所涉足的除冰箱外的其他产品均起步较晚，这些产品的市场竞争激烈。但海尔集团经过认真的市场调查，清醒地估计自己的实力后，认为可以进入这些产品市场中参与竞争。它采用了迎头市场定位的策略，1992年推出空调产品，1995年推出洗衣机产品，由于技术领先，质量可靠，深受消费者的欢迎。这两种产品的市场占有率一直排在前几名。

(四) 不同的市场营销组合策略

为了能在市场竞争中取得优势的地位，海尔集团根据产品的特点和消费者的需求，因地制宜地采取相应的营销组合策略，提高了产品的知名度和市场占有率。在洗衣机市场上，海尔集团根据我国不同地区的环境特点，采用不同的产品策略。如，针对我国江南地区"梅雨"天气较多，洗衣不容易干的情况，海尔集团及时开发了集洗涤、脱水、烘干于一体的海尔"玛格丽特"三合一全自动洗衣机，以其独特的烘干功能，迎合了饱受"梅雨"之苦的消费者。此产品在我国上海、宁波、成都等市场引起轰动。针对我国北方的水质较硬的情况，海尔集团开发了专利产品"爆炸"洗净的气泡式洗衣机，即利用气泡爆炸的破碎软化作用，提高洗净度20%以上，受到消费者的欢迎。

(五) 拓展销售渠道

海尔集团实施三个1/3的经营战略（即最终实现国内生产国内销售占1/3，国内生产海外销售占1/3，海外建厂生产海外销售占1/3），没有销售渠道的保证是不行的。为此，海尔集团不断开辟产品的销售渠道。1997年，海尔集团在国内已拥有8000余个营销点，覆盖了所有一、二、三级市场。在国外120个国家和地区注册了自己的商标，在40多个国家和地区有专营商。目前海尔在海外已经拥有营销网点3.6万个，售后网点1900个。

一、目标市场的概念

著名的市场营销学者麦卡锡提出了应当把消费者看作一个特定的群体，称为目标市场。通过市场细分，有利于明确目标市场，通过市场营销策略的应用，有

利于满足目标市场的需要。即：目标市场就是通过市场细分后，企业准备以相应的产品和服务满足其需要的一个或几个子市场。

所谓目标市场，就是指企业在市场细分之后的若干子市场中，所运用的企业营销活动之"矢"而瞄准的市场方向之"的"。例如，现阶段我国城乡居民对照相机的需求，可分为高档、中档和普通三种不同的消费者群。调查表明，33％的消费者需要物美价廉的普通相机，52％的消费者需要使用质量可靠、价格适中的中档相机，16％的消费者需要美观、轻巧、耐用、高档的全自动或多镜头相机。国内各照相机生产厂家，大都以中档、普通相机为生产营销的目标，因而市场出现供过于求现象，而各大中型商场的高档相机，多为高价进口货。如果某一照相机厂家选定16％的消费者为目标，优先推出质优、价格合理的新型高级相机，就会受到这部分消费者的欢迎，从而迅速提高其市场占有率。

二、选择目标市场应考虑的因素

（一）产品特点

产品的同质性表明了产品在性能、特点等方面的差异性的大小，是企业选择目标市场时不可不考虑的因素之一。一般对于同质性高的产品如食盐等，宜施行无差异市场营销；对于同质性低或异质性产品，差异市场营销或集中市场营销是恰当选择。

此外，产品因所处的生命周期的阶段不同，而表现出的不同特点亦不容忽视。产品处于导入期和成长初期，消费者刚刚接触新产品，对它的了解还停留在较粗浅的层次，竞争尚不激烈，企业这时的营销重点是挖掘市场对产品的基本需求，往往采用无差异市场营销策略。等产品进入成长后期和成熟期时，消费者已经熟悉产品的特性，需求向深层次发展，表现出多样性和不同的个性来，竞争空前激烈，企业应适时地转变策略为差异市场营销或集中市场营销。

（二）市场特点

供与求是市场中的两大基本力量，它们的变化趋势往往是决定市场发展方向的根本原因。供不应求时，企业重在扩大供给，无暇考虑需求差异，所以采用无差异市场营销策略；供过于求时，企业为刺激需求、扩大市场份额殚精竭虑，多采用差异市场营销或集中市场营销策略。

从市场需求的角度来看，如果消费者对某产品的需求偏好、购买行为相似，则称之为同质市场，可采用无差异市场营销策略；反之，为异质市场，采用差异市场营销和集中市场营销策略更合适。

（三）周期阶段

对于处在导入期和成长期的新产品，营销重点是启发和巩固消费者的偏好，最好实行无差异市场营销或针对某一特定子市场实行集中性市场营销；当产品进入成熟期后，市场竞争激烈，消费者需求日益多样化，可改用差异性市场营销策略以开拓新市场，满足新需求，延长产品生命周期。

（四）竞争者的策略

企业可与竞争对手选择不同的目标市场覆盖策略。例如，竞争者采用无差异市场营销策略时，你选用差异市场营销策略或集中市场营销策略更容易发挥优势。

企业的目标市场策略应慎重选择，一旦确定，应该要相对地稳定，不能朝令夕改。但灵活性也不容忽视，没有永恒正确的策略，一定要密切注意市场需求的变化和竞争动态。

三、目标市场的营销策略

选择目标市场一般运用下列三种策略。

（一）无差异性市场营销策略

采用这种市场策略，就是把整体市场当作一个大的目标市场，只向市场推出单一的标准化产品，并以统一的营销方式进行销售。如图4－2所示。

图4－2　无差异性市场营销策略

一般来说，这种策略适用于那些具有广泛需求，从而能够大量生产和大量销售的产品。采用这种策略的企业可以建立单一的大规模生产线，采用广泛的销售渠道，进行大量的、统一的广告宣传和促销活动。

实行无差异性策略的优点：一是企业可以依靠大量的生产、储运和销售来降低单位产品的成本；二是可以利用无差异的广告宣传以及其他促销手段，从而节约大量的营销费用；三是不做市场细分，减少了市场调研、产品开发等方面的费用。因此，如果面对的整体市场中消费者需求无差异，或者即使他们的需求有差异，但差异很小可以忽略不计，而且产品能够大量生产和销售，那么，采用这种策略就是合理的。

（二）差异性市场营销策略

差异性市场营销策略就是把整个市场细分为若干子市场，针对不同的子市场，设计不同的产品，制定不同的营销策略，满足不同的消费需求。如美国有的服装企业，按生活方式把妇女分成三种类型：时髦型、男子气型、朴素型。时髦型妇女喜欢把自己打扮得华贵艳丽，引人注目；男子气型妇女喜欢打扮得超凡脱俗，卓尔不群；朴素型妇女购买服装讲求经济实惠，价格适中。公司根据不同类型妇女的不同偏好，有针对性地设计出不同风格的服装，使产品对各类消费者更具有吸引力。如图4－3所示。

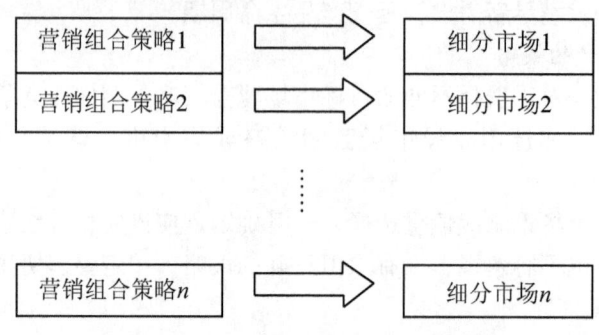

图 4-3　差异性市场营销策略

这种策略的优点是能满足不同消费者的不同要求，有利于扩大销售、占领市场、提高企业声誉。其缺点是由于产品差异化、促销方式差异化，增加了管理难度，提高了生产和销售费用。当前只有实力雄厚的大公司采用这种策略。如青岛双星集团公司，生产多品种、多款式、多型号的鞋，满足国内外市场的多种需求。

（三）集中性市场营销策略

集中性市场营销策略就是在细分后的市场上，选择两个或少数几个细分市场作为目标市场，实行专业化生产和销售；在个别少数市场上发挥优势，提高市场占有率。采用这种策略的企业对目标市场有较深的了解，这是大部分中小型企业应当采用的策略。如图 4-4 所示。

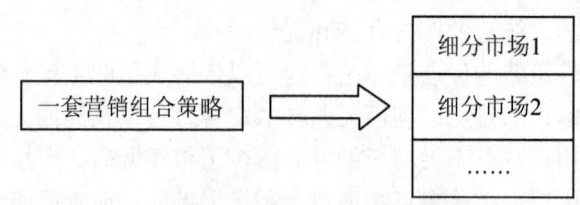

图 4-4　集中性市场营销策略

日本尼西奇起初是一个生产雨衣、尿布、游泳帽、卫生带等多种橡胶制品的小厂，由于订货不足，面临破产。总经理多川博在一个偶然的机会，从一份人口普查表中发现，日本每年约出生 250 万个婴儿，如果每个婴儿用两条尿布，一年需要 500 万条尿布。于是，他们决定放弃尿布以外的产品，实行尿布专业化生产。一炮打响后，又不断研制新材料、开发新品种，不仅垄断了日本尿布市场，还远销世界 70 多个国家和地区，成为闻名于世的"尿布大王"。

采用集中性市场营销策略，能集中优势力量，有利于产品适销对路，降低成本，提高企业和产品的知名度。但有较大的经营风险，因为它的目标市场范围小，品种单一。如果目标市场的消费者需求和爱好发生变化，企业就可能因应变不及时而陷入困境。同时,当强有力的竞争者打入目标市场时,企业就会受到严重影响。因此,许多中小企业为了分散风险,仍应选择一定数量的细分市场为自己的目标市场。

三种目标市场营销策略各有利弊。选择目标市场时,必须考虑企业面临的各种因素和条件,如企业规模和原料的供应、产品类似性、市场类似性、产品寿命周期、竞争的目标市场等。选择适合本企业的目标市场营销策略是一个复杂多变的工作。企业内部条件和外部环境在不断发展变化,经营者要不断通过市场调查和预测,掌握和分析市场变化趋势与竞争对手的条件,扬长避短,发挥优势,把握时机,采取灵活的适应市场态势的策略,去争取较大的利益。

技能实训4-2　企业目标市场选择

实训目的

(1) 从实践层面进一步加深学生对目标市场的理解;
(2) 培养学生利用有利因素正确选择目标市场的能力;
(3) 培养学生根据目标市场特点有针对性地选择营销策略。

实训内容

根据所学知识以及对现实同类企业产品目标市场的分析比对,选择合理目标市场营销策略,并对模拟公司产品进行有针对性的策略选择。

实训组织

(1) 根据班级成员总人数进行分组,5~6人为一组;
(2) 各组选一个组长负责组内工作,要求组员团结协作;
(3) 选择一个企业,详细分析其对目标市场选择的依据。

实训考核

(1) 学生课堂讨论,针对实训课题按组进行前期资料准备;
(2) 由学生点评打分;
(3) 负责老师进行现场点评打分。

项目五　制定产品策略

【项目目标】

知识目标
(1) 理解产品整体概念、明确产品整体的层次；
(2) 理解产品组合策略与产品组合优化策略的一般知识；
(3) 明确产品生命周期各阶段的市场特征及营销策略；
(4) 明确新产品开发的策略；
(5) 理解品牌与包装策略的一般知识。

能力目标
(1) 能分析和制定企业产品组合策略；
(2) 能对企业产品组合策略进行优化调整；
(3) 能分析产品的生命周期与运用产品生命周期策略；
(4) 能根据市场需求策划新产品并设计商标与包装。

素质目标
(1) 增强自主学习的能力；
(2) 具备探索创新的能力。

【项目导入】

天拓公司的产品在市场上面临着激烈的市场竞争，为了寻求新的发展，公司要对其产品进行新的规划。公司应该如何在分析现有产品生命周期的基础上，进行新产品的开发及品牌和包装设计呢？

【项目实施】

根据导入项目，天拓公司首先应该通过市场分析，做出新的产品定位，再做出企业的产品计划方案。

任务一 把握产品整体概念

【导入案例 5–1】

RC 公司新近成功开发了一种家庭自动化及防卫系统,该系统可以通过打电话来控制家里的所有电器,还具有防盗报警的功能。产品可以分为主机和外部设备两部分,主机由公司生产,外部设备需要购买各专业防盗传感器厂家生产的可匹配产品。经过市场调查后,公司选择了一个能被百姓接受的价位准备将产品推向市场,公司的销售人员带着产品参加了几次电子产品博览会后反响也都很好。现有的产品包装中只有主机部分,由于公司不生产外部设备,所以在包装中无外部设备,只是在说明书中写明了可以采用哪一类的外部设备,并由技术人员写了几页如何安装的介绍。产品正式推向市场后,销量并没有公司预测的那么好。主要反映出来的问题有:许多用户买不到外部设备,有的用户买回来后也不会连接或是连接得不对;都接好后还有不少人不会正确使用。这些问题影响了产品的销售。

一、产品的整体概念

产品是指向市场提供的能满足人们某种需要的任何东西,包括有形物品和无形服务。

以菲利普·科特勒为代表的北美学者提出整体产品概念,包括核心产品、形式产品、期望产品、延伸产品和潜在产品五个层次。这样的分层能够更深刻更全面地表达产品整体概念的含义。如图 5–1 所示。

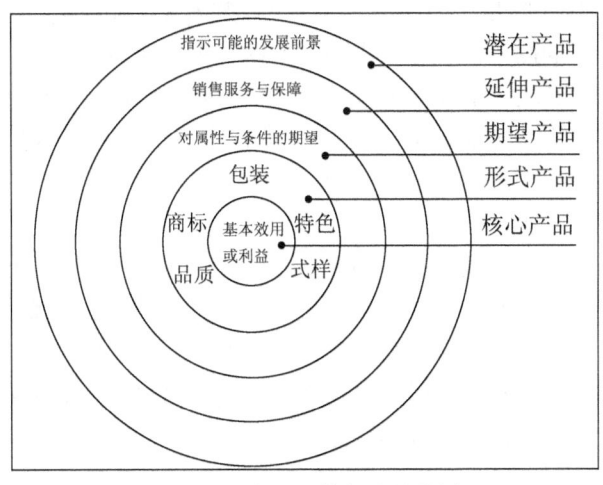

图 5–1 产品整体概念的分层

1. 核心产品

核心产品是指产品提供给顾客的基本效用或利益,是消费者需求的核心内容。比如手机的核心是满足通话与短信的需要;电冰箱的核心是满足制冷、储存食品的需要。

2. 形式产品

形式产品是指产品的具体实体和外观,是核心产品的外在表现形式。一般由产品的品质、式样、特色、商标和包装等五个要素所构成。

3. 期望产品

期望产品是指顾客在购买产品前对所购产品的质量、使用方便程度、特点等方面的期望值。

4. 延伸产品

延伸产品是指由产品的生产者或经营者提供的购买者有需求的产品层次,主要是帮助用户更好地使用核心利益和服务。

5. 潜在产品

潜在产品是指现有产品可能发展成未来状态的一种趋势和前景,如手机可能发展成个人上网终端。

二、产品的分类

(一) 消费品分类

1. 按消费者的购买习惯划分

(1) 便利品

便利品指消费者经常购买或即刻购买,而几乎不做太多购买比较和购买努力的商品,如肥皂、洗衣粉等。便利品可以进一步细分为日用品、冲动品和应急品。日用品是消费者经常购买的商品,如盐、酱油、牙膏、饮料等;冲动品是消费者没有经过计划而购买的商品,如口香糖和杂志等。应急品是当消费者的需求十分紧迫时才购买的商品,如在下大雨时要购买的雨伞等。销售应急品应有方便消费者的销售网点和较长的营业时间,如 24 小时便利店。便利品的特征是价值较低,大众化,销售这类商品的商店多数设在住宅区,并采取广泛分销的渠道模式。

(2) 选购品

选购品指价格比便利品要贵,消费者在购买过程中对产品的适用性、质量、价格和式样等方面要做有针对性比较的产品。对这类产品,消费者购买时愿意花较多时间对多家商品进行比较之后才决定购买,如服装、家电等。选购品的经营必须备有较多的品种、花色,以满足消费者各自的喜好,还必须有良好素质的推销人员,为消费者提供信息和咨询服务。

(3) 特殊品

特殊品指具有独特的品质、风格、造型、工艺等特性，或品牌为消费者特别偏爱，消费者习惯或愿意花较多时间和精力去购买的商品。这类商品不是消费者普遍需要的，如古董、工艺品、名贵字画等。这些商品的出售点不在多，而在高知名度和高服务水平。

(4) 非渴求品

非渴求品是指消费者目前不知道，或者知道也不会轻易购买的产品，如保险、墓地、某些特效新药等。这类产品的销售，需做出大量的市场营销努力。

2. 按商品的耐用程度和使用频率划分

(1) 耐用品

耐用品指能多次使用、寿命较长的商品，如电视机、计算机等。消费者购买这类商品时，决策较为慎重。合适的营销策略是：提供较多的销售保证条件。

(2) 非耐用品

非耐用品指使用次数较少、消费者需经常购买的商品，如食品、清洁用品等。这类商品消费快，购买频率高。合适的营销策略是：在网点设置上使消费者能方便地购买到。

(二) 产业用品分类

1. 材料和部件

材料和部件指完全要转化为制造商所生产的成品的那类产品。它们可分成两类：生产所需的各种原材料以及半制成品和零部件等。原材料又可以分成两个主类：一是农产品，如小麦、棉花；二是天然产品，如木材、铁矿砂等。

2. 资本品

资本品指部分地进入产成品中的商品。它们包括两个部分：装备和附属设备。装备包括建筑物与固定设备，建筑物如厂房和办公室，固定设备如发电机、计算机、电梯等。附属设备包括轻型制造设备和工具以及办公设备，如复印机、办公桌等。

3. 供应品和业务服务

供应品可分成两类：一是操作用品，如润滑油、纸张；二是维修用品，如油漆、钉子等。服务包括维修服务、技术咨询服务等。

三、产品组合及相关概念

【导入案例5-2】

具有百年历史的可口可乐目前正在寻找新的提升力，即致力于扩大饮料的品种，从乌龙茶到新时代风格的混合饮料，高热能的能量饮料，甚至到最古老的饮用水。可口可乐认为业绩增长的最佳机会在健康、健身、水合饮料以及提神饮料领域，即茶、咖啡、橙汁和能量补充饮料等。可口可乐正在向所有饮用水产品领域进军，试图将自己改造成为一家本土化的"全面的饮料公司"。亚洲是其战略的核心基地，中国无疑是市场的重心。可口可乐进入中国市场20年来，从推出单一品牌"可口可乐"，到拥有"可口可乐""雪碧""芬达"等国际品牌和"天与地""醒目""津美乐"等中国本土化品牌，其发展速度迅猛至极。可口可乐虽然在中国市场获得高成长，但并没有实施多元化战略，原因是可口可乐总部有禁令。过去可口可乐在发展饮料之余，也曾做过酒厂、开过种植场，甚至涉足过电影业，但都遭到了失败。因此，可口可乐总部规定，公司可以涉足茶、减肥饮料、八宝粥在内的所有饮料行业，但不能搞多元化。由于专注于饮料业的可口可乐把精力全部投入了主业，才使它可以把主业做得精益求精。它在发展任何一种饮品的时候都可以利用原有的销售渠道，使产品迅速打开市场，同时也大大节省了成本。

消费者的需要是多样化的，从这个角度来说，企业应生产多品种、多规格、多花色的产品以满足消费者的多样化需要。但是，企业又受自身能力等因素的限制，并非生产经营的产品品种越多越好，企业必须根据市场需要和自身条件确定最佳产品组合。

1. 产品组合

产品组合指某个企业生产经营的全部产品之间质的组合和量的比例。产品组合由全部产品线和产品项目构成。

2. 产品线

产品线也称产品系列或产品大类，是指密切相关的满足同类需求的一组产品。一个企业可以生产经营一条或几条生产线。例如汽车制造厂生产的小轿车、大客车和运输卡车。

3. 产品项目

产品项目指产品线中各种不同规格、型号、款式、价格的产品品种，是列入企业产品目录中的每一种具体产品。例如某洗衣机厂生产的5kg立式滚筒洗衣机即为该厂的一个产品项目。

4. 产品组合的宽度、长度、深度和关联度

（1）产品组合的宽度。是指一个企业所拥有的产品线的数目。企业经营的产品线越多则产品组合越宽；反之，则产品组合的宽度越窄。一般来说，企业产品线较多有利于充分利用人力、物力和财力，满足市场多方面需求，降低企业的经营风险。但是产品线过多，对生产技术要求高，管理组织复杂，资源分散；产品线少，表明企业专业化程度高，资源集中使用，有利于改进技术，提高产品质量，降低经营成本，但经营方向狭窄，经营风险较大。

（2）产品组合的长度。是指一个企业产品组合中的产品项目总数。

（3）产品组合的深度。是指一个企业产品线中的每一个产品有多少品种规

格。加深产品组合的深度，可适应市场需求，满足不同顾客的需要，但也会带来加大生产经营成本的问题，企业应权衡利弊，合理决策。

（4）产品组合的关联度。是指各条产品线在最终用途、生产条件、分销渠道或其他方面相关联的程度。

例如，某公司的产品组合策略，如表5-1所示。

表5-1 某公司的产品组合策略

编号	产品线	产品项目	项目数
1	家电	彩电、洗衣机、冰箱、电饭煲、空调、电熨斗、饮水机	7
2	服装	西服、衬衫、羽绒服、皮夹克、大衣、羊毛衫、牛仔裤、裙子	8
3	鞋类	运动鞋、布鞋、皮鞋、凉鞋、雨鞋、旅游鞋、草鞋	7
4	帽子	制服帽、礼帽、女帽、童帽、鸭舌帽	5
5	图书	文学、艺术、经济、教育、法律、计算机、音乐、医药	8

产品组合的宽度：即产品线的数目，本例产品线数为5。
产品组合的长度：即产品项目数，本例产品项目数为35。
产品组合的深度：每一产品项目的花色、品种、规格。
产品组合的关联度：服装与鞋类、帽子在最终用途、生产条件、分销渠道等方面密切相关。

四、产品组合策略

企业应根据市场需求不断对原有的产品组合进行优化和调整，寻求和保持产品组合的最佳化。优化调整产品组合，可依据不同情况选用以下策略。

1. 扩大产品组合策略

扩大产品组合包括拓展产品组合的宽度和加强产品组合的深度，前者指在原产品组合中增加产品线，扩大经营范围；后者是指在原有产品线内增加新的产品项目。当企业预测现有产品线的销售额和盈利率在未来可能下降时，就需考虑在现有产品组合中增加新的产品线，或加强其中有发展潜力的产品线。例如，美的集团走的是扩大产品组合策略的路子，生产经营空调、风扇、电饭煲、微波炉、电暖器等多项产品，都取得不错的业绩。美的空调电机产销量全国第一，美的小家电的生产规模也是全国最大的，近年来还增加了豆浆机的生产。海尔集团在过去18年采用多元化战略,时称"加法理论",从只生产冰箱到综合生产空调、洗衣机、彩电、手机、冷柜等多种类产品,共58个系列9200种产品,销售规模达600亿元。不仅如此,海尔还进入金融、保险、医药等领域,成为跨国企业集团。

2. 缩减产品组合策略

市场繁荣时期,较长较宽的产品组合会为企业带来更多的盈利机会,但是市场不景气或原料、能源供应紧张时期,缩减产品线反而能使总利润上升。因为剔除那些获利小甚至亏损的产品线或产品项目,企业可集中力量发展获利多的产品线或项目。

3. 产品线延伸策略

产品线延伸策略是指在现有产品线的基础上增加新的产品项目,有三种产品线延伸策略:

(1) 向下延伸。是在高档产品线中增加低档产品项目。例如,广州本田在生产"雅阁"后增加了"飞度"这款轿车。实行这一决策需要具备以下市场条件之一:利用高档名牌产品的声誉,吸引购买力水平较低的顾客慕名购买此产品线中的廉价产品;高档产品销售增长缓慢,企业的资源设备没有得到充分利用,为赢得更多的顾客,将产品线向下伸展;企业最初进入高档产品市场的目的是建立厂牌信誉,然后再进入中、低档市场,以扩大市场占有率和销售增长率;补充企业的产品线空白。实行这种策略也有一定风险,如处理不慎,会影响企业原有产品特别是名牌产品的市场形象。

(2) 向上延伸。是在原有的产品线内增加高档产品项目。实行这一策略的主要原因是:高档产品市场具有较大的潜在成长率和较高利润率的吸引;企业的技术设备和营销能力已具备加入高档产品市场的条件;企业在重新进行产品线定位。采用这一策略也要承担一定的风险,要改变产品在顾客心目中的地位是相当困难的,处理不慎,还会影响原有产品的市场信誉。

(3) 双向延伸。即原定位于中档产品市场的企业掌握了市场优势以后,向产品线的上下两个方向延伸。

五、产品组合优化策略

所谓最佳产品组合是指在市场环境和企业资源可以预测到的变动范围内,能始终使企业获得最优利润的产品组合。

较好的产品组合优化的方法是波士顿矩阵法。它是由美国波士顿咨询公司提出的,根据产品市场占有率和销售增长率来对产品进行评价的方法。根据这种方法,可以把一个企业的产品分为四类:

狗类产品:是指销售增长率和相对市场占有率都低的产品。对这类产品应有计划地淘汰,以便腾出更多的资金投入到新的有效益的产品中。

问题产品：销售增长率高，但相对市场占有率低的产品，是大多数产品进入市场的起点。对这类产品需要投入较大的力量，尽快扶持并提高其市场占有率。

明星产品：销售增长率和相对市场占有率都高。对这类产品需要投入大量的精力来维持自己的高市场占有率和高增长率，击败竞争对手。

金牛产品：相对市场占有率高，但销售增长率低，具有规模经济效益。对其不必投入太多的资金，利润率相对较高。

技能实训 5-1　分析企业的产品组合

实训目的

通过实训，提高学生对产品组合的认识，培养学生分析和制定企业的产品组合的能力。

实训内容

【案例】

2003 年，在中国内地市场上，位于河北省邢台市隆尧县的华龙集团以超过 60 亿包的方便面产销量排在方便面行业的第二位，仅次于"康师傅"。同时与"康师傅""统一"形成了三足鼎立的市场格局。"华龙"真正地由一个地方方便面品牌转变为全国性品牌。

作为一个地方性品牌，华龙方便面为什么能够做出在"康师傅"和"统一"这两个巨头面前占有全国产销量第二的成绩，从而成为中国国内方便面行业又一股强大的势力呢？

从市场角度而言，"华龙"的成功与它的市场定位、渠道策略、产品策略、品牌策略、广告策略等都不无关系，而其中产品策略中的产品市场定位和产品组合的作用更是居功至伟。下面我们就来分析华龙是如何运用产品组合策略的。

发展初期的产品市场定位：针对农村市场的高中低产品组合。

在 20 世纪 90 年代初，大的方便面厂家将其目标市场大多定位在中国的城市市场。如"康师傅"和"统一"的销售主要依靠城市市场的消费来实现。而广大的农村市场，则仅仅属于一些质量不稳定、无品牌可言的地方小型方便面生产厂家，并且销量极小。中国的农村方便面市场仍然蕴藏着巨大的市场潜力。

1994 年，"华龙"在创业之初便把产品准确定位在 8 亿农民和 3 亿工薪阶层的消费群上。同时"华龙"依托当地优质的小麦和廉价的劳动力资源，将一袋方便面的零售价定在 0.6 元以下，比一般名牌低 0.8 元左右，售价低廉。

2000 年以前，主推的大众面有"108""甲一麦""华龙小仔"；中档面有"小康家庭""大众三代"；高档面有"红红红""煮着吃"。

凭借此正确的目标市场定位策略，"华龙"一下子在北方广大的农村打开了

市场。

2002年，从销量上看，"华龙"地市级以上经销商（含地市级）销量只占总销量的27%，乡镇占73%，农村市场支撑了"华龙"的发展。

发展中期的区域产品策略：针对不同区域市场高中低的产品组合。

作为一个后起的挑战者，"华龙"推行区域营销策略。它创建了一条研究区域市场、了解区域文化、推行区域营销、运作区域品牌、创作区域广告的思路，在当地市场不断获得消费者的青睐。从2001年开始推行区域品牌战略，针对不同地域的消费者推出不同品味和不同品牌的系列新品。

问题：

（1）华龙方便面为什么能够做出在"康师傅"和"统一"这两个巨头面前占有全国产销量第二的成绩？

（2）华龙面产品的组合策略是怎样的？

实训组织

该实践训练项目由指导老师与所指导班级利用实践教学时间组织进行。

（1）根据班级成员总人数进行分组，5～6人为一组；

（2）各组选一个组长负责组内工作，要求组员团结协作；

（3）各组讨论并分析上述的案例。

实训考核

（1）各组完成分析报告，并以PPT形式汇报；

（2）教师讲评。

任务二　制定产品生命周期策略

根据导入项目，分析天拓公司所经营产品及其市场的特点，确定其产品所处的生命周期阶段，再根据所处生命周期的阶段制定企业市场营销策略。

【导入案例5-3】

1988年娃哈哈儿童营养液投入生产，销量逐年上升，1993年最高销量达10亿支，随后销量逐年下滑，1994年推出娃哈哈益智营养液，但仍无法止住下滑势头，到1998年娃哈哈儿童营养液系列生产基本停止。

娃哈哈儿童营养液生命周期历时10年，似乎这是一个产品完整的生命周期。娃哈哈儿童营养液果真到了生命的尽头？产品有没有起死回生的理由与机会？

行业分析：虽然创造市场神话的太阳神、圣达中华鳖精、沈阳飞龙、巨人脑黄金、三株口服液产品的生命周期仅仅2～5年，但另一方面，金日、万基、康富来洋参丸（含片）、养生堂龟鳖丸、中华乌鸡精、白兰氏鸡精的销售却长盛不衰。从国际上看，由于人们生活水平不断提高，保健意识不断增强，保健品业显然处在行业成长期。中国亦如此，太阳神、沈阳飞龙等例子仅属个别。就儿童保健品细分行业而言，独生子女政策等因素更加促进了这个行业的发展，目前市场上三九童泰、开胃宝之类的营养液销量就很不错。

综合判断，儿童保健品行业仍处于成长期。娃哈哈儿童营养液的衰退并不是受行业生命周期的影响。

竞争分析：娃哈哈儿童营养液曾是市场绝对领导者，此后类似的市场地位，同类产品从未有过。目前儿童营养品行业内无大品牌，业内竞争不甚激烈。娃哈哈营养液并非竞争不力而退出市场。

企业分析：娃哈哈儿童营养液的衰退，根本上是由于企业资源投向发生变化。从1988年到1993年，儿童营养液是娃哈哈主导产品，该公司资源大量投入，市场占有率一直名列儿童营养品首位。但1994年后，该公司资源投向明显转变，经营重心转向饮料业，而对儿童营养液的资源投入较少，行业规模及市场份额双双下滑，导致了1994年后产品的迅速衰退。

一、产品生命周期的概念

产品生命周期指一种产品在市场上出现、发展到最后被淘汰的过程，它是产品的一种更新换代的经济现象。产品生命周期是指产品的市场寿命，而非使用寿命。产品生命周期反映了产品在市场上销售能力的变化规律，是制定产品策略和营销策略的重要依据。典型的产品生命周期可以分为投入期、成长期、成熟期、衰退期四个阶段，一般可以使用产品生命周期曲线来表示产品销售量随时间的推移而变化的规律。

二、产品生命周期各阶段的特点

产品处在产品生命周期的不同阶段，在销量及其增长、成本、利润以及竞争情况等方面具有不同的特征。如图5-2所示。

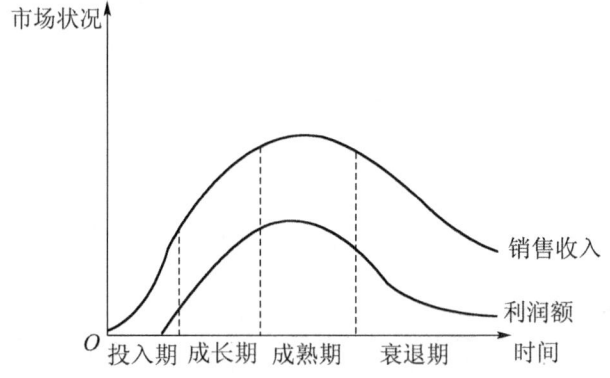

图5-2　产品生命周期

1. 投入期的特点

投入期又叫介绍期或导入期，一般指刚投入市场的新产品。由于新产品刚投入市场，不为消费者所了解和接受，因此销量很少，增长缓慢；生产批量小，制造成本高，价格一般也较高，需要多做广告宣传，大力促销，所以销售费用也高，利润往往为负值；市场上一般没有或只有很少竞争者；购买者往往是高收入者或爱好新奇者。

2. 成长期的特点

成长期是指新产品试销获得成功，消费者对该产品已接受并熟悉，企业转入成批生产扩大市场销售的阶段。主要特征是销售量迅速增长，生产规模扩大，产品成本下降，用户已经熟悉产品，广告费用减少，销售成本下降，企业的利润迅速上升，竞争者看到有利可图，纷纷进入该产品领域进行生产，出现竞争趋势。

3. 成熟期的特点

成熟期是指产品进入大量生产时期。这一时期表现为两高一低，即生产量和销售量很高，但销售量增长幅度变慢，价格开始下降，利润开始下降，很多同类产品进入市场，市场竞争十分激烈。

4. 衰退期的特点

衰退期是产品销售每况愈下的阶段，企业利润很低。仅有落后的采用者继续购买该产品，大部分消费者购买行为发生转移，新产品进入市场逐渐取代老产品，大量竞争者退出市场。

三、产品生命周期各阶段的营销策略

针对产品生命周期四个阶段的不同特点，企业应有的放矢地制定市场营销策略，以取得最佳经济效益。

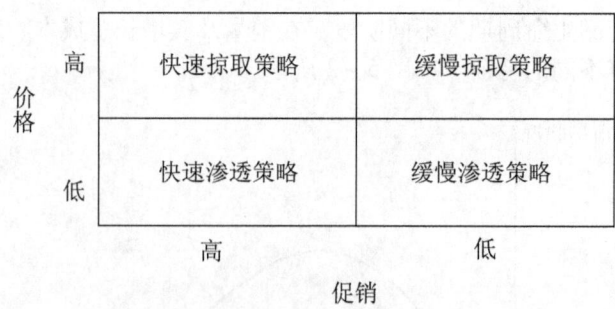

图 5-3　投入期的四种营销策略

1. 投入期的营销策略

投入期的营销重点主要集中在"促销－价格"策略方面，如图 5-3 所示。

即以价格和促销活动作为主要考虑的策略，有以下四种组合方式：

（1）快速掠取策略。即以"高价格－高促销费用"的方式推出新产品的策略。高价的目的在于尽可能多地获取销售利润，高促销目的在于快速打开销路，占领市场。这种策略适用的条件是：绝大部分的消费者还没意识到该产品的潜在市场，顾客了解该产品后愿意支付高价，产品十分新颖，具有老产品所不具备的特色，企业面临着潜在的竞争。

（2）缓慢掠取策略。即以"高价格－低促销费用"的方式推出新产品的策略。高价可以迅速收回成本，低促销费用又是减少营销成本的保证。例如，高档进口化妆品大都采取这种策略。采用这种策略的市场条件是：市场容量较小，消费者大多已知晓这种产品，购买者愿意出高价，竞争的潜在威胁不大。

（3）快速渗透策略。即以"低价格－高促销费用"的方式推出新产品的策略。花费大量的广告宣传费，以低价格吸引更多消费者的认可，迅速打开和占领市场。实施这种策略的市场条件是：市场容量大，消费者对此产品不了解且对价格反应十分敏感，竞争对手多，市场竞争比较激烈。

（4）缓慢渗透策略。即以"低价格－低促销费用"的方式推出新产品的策略。价格低使产品容易被消费者所接受，低促销可以尽量降低成本。实施这种策略的市场条件是：市场容量大，消费者对此产品有了解且对价格反应十分敏感，促销的弹性低，而价格的弹性高，有相当多的竞争对手。

2. 成长期的营销策略

产品进入成长期，销量大涨，利润增大。企业要确保质量，争创名牌。具体的策略有：

（1）在生产方面，随着销路打开、销量大增，要积极组织人力、财力、物力，迅速扩大生产批量；同时，改进和提高产品质量，增加款式、功能，吸引更多消费者。

（2）在广告宣传方面，突出品牌宣传，树立产品和企业形象，提高本企业产品在市场上的知名度。

（3）在分销渠道方面，寻求新的细分市场，针对不同目标市场上消费者的需求，在完善产品的同时，创造新的分销渠道以开拓更广阔的市场。

（4）在价格上，适当降价，适应多数消费者的承受能力，又能防止同业竞争者的介入。

3. 成熟期的营销策略

成熟期的主要特征是"两大一长"，即产品生产量大、销售量大、阶段持续时间长。成熟期市场竞争非常激烈，为此，企业总的营销策略要采取积极进攻的策略，尽量延长这一阶段。主要的策略有：

（1）产品改进策略。可以通过对产品的特性、质量、功能等方面做某些改进而吸引新的消费者，使停滞不前的销售量得以提高。

（2）市场改进策略。为产品开拓更广泛的市场，使产品销量得以扩大。即开发新市场，寻找新用户。具体做法：一是开发产品的新用途，寻求新的细分市场，把产品引入尚未使用过这种产品的市场；二是刺激现有的顾客，使其增加使用频率；三是重新为产品定位，寻找新的顾客。

（3）市场营销组合改进。通过改变定价、促销与分销等市场营销组合因素来刺激销售量的回升，以延长产品的成熟期。例如，采取降价、开辟多种销售渠道、增强广告频率、有奖销售等手段来刺激消费者购买。

4. 衰退期的营销策略

产品进入衰退期后，产品需求量、销售量每况愈下。对进入衰退期的老产品，企业的营销策略应突出一个"转"字。具体应当区别情况，分别采取维持、收缩或彻底淘汰策略，向市场推出早已研制成功的新产品，进入一个新的产品生命周期。

技能实训 5-2　分析产品的不同生命周期的营销策略

实训目的

通过实训，提高学生对产品生命周期理论的认知，掌握企业对产品生命周期各阶段的营销策略。

实训内容

【案例】

某洗涤用品公司经过多年的研究，开发出一种新的洗涤配方，并利用这种配方开发出了一种高效节能洗衣粉。为了能够吸引更多的消费者采用这种新型洗衣粉，提高市场占有率，该公司决定为该产品制定一个比较低的价格。但具体应该定为多少呢？在综合考虑当前市场上所销售同类产品价格的基础上，认为350克包装袋的洗衣粉价格应该定为2元比较合适，让其能够在消费者心目中形成一个物美价廉的印象，从而刺激消费者的购买欲望。但在最终确定时，该公司把价格调整为1.9元。

在确定了具体的价格之后，该公司还为该产品的推广提供了大量的配套促销措施，并为促销措施的顺利实施提供了大量的资金支持。该公司认为洗衣粉属于日常生活用品，要想以最快的速度打入市场，取得尽可能大的市场占有率，公司就应该有效地激发中间商的潜能，控制中间商的行为。因为中间商才是开发市场的主力军，日常生活用品必须真正能够到达市场，而企业与市场的连接点就是中间商，只有中间商才能扩大企业的市场接触面。

为了加速资金周转，减少收账费用和坏账，公司制定了3/2/1的信用政策，要求中间商必须在30天内付清货款，如果在10天内付清货款，中间商可以获取

2%的折扣，当超过10天但在20天内付清，中间商可以获取1%的折扣，这是公司为中间商提前付清货款所提供的一种减价。

此外，对于那些销售该产品数量比较多的中间商，公司也给予一种激励，因为该公司认为大量购买能使企业降低生产、销售、储运、记账等环节的费用。公司规定购买350克包装1000袋以上的单价为1.5元，而1000袋以下的单价则为1.6元。

对于那些可以协助公司进行促销活动的中间商，该公司又提供更加优惠的政策。对于那些可以在店铺内张贴公司宣传广告的中间商，公司会提供0.1%的折扣，如果能进行更深入的合作还可以提供更加优惠的条件。

这些措施的实施极大地提高了中间商销售该公司产品的积极性，从而使得该产品在极短的时间内就在市场上广泛地推广开来。

在激励中间商的同时，该公司还推出了一系列的促销活动，该公司在生产的其他洗涤用品的包装中附带了单据，持有该单据的消费者在购买该洗衣粉时可以获取2%的优惠。

在各种有效政策的配合下，该公司所生产的这种新式高效节能洗衣粉很快获得了广大消费者的认可，获取了80%的市场占有率。

问题：

（1）该公司在这种洗衣粉的投入期所采用的策略是什么？

（2）这种策略适用于什么市场条件？

实训组织

该实践训练项目由指导老师与所指导班级利用实践教学时间组织进行。

（1）根据班级成员总人数进行分组，5～6人为一组；

（2）各组选一个组长负责组内工作，要求组员团结协作；

（3）各组讨论并分析上述的案例。

实训考核

（1）各组完成分析报告，并以PPT形式汇报；

（2）教师讲评。

任务三　新产品的开发与推广

【导入案例5-4】

索尼公司的创始人盛田昭夫曾在其自传《索尼与我》一书中讲述了袖珍式立体声录放机的创新故事。他说，井深酷爱高尔夫球和音乐。一次，井深提着公

司生产的便携式录音机,头戴一副耳机,走进盛田的房间,他对盛田说:"我想欣赏音乐,但又怕妨碍别人,所以就戴上耳机,可以边走边听。不过这家伙太重,实在受不了。"井深的烦恼让盛田思索良久,一股创新的冲动在他的脑海里激起,一幅未来的憧憬在他心中升起。他马上邀请技师着手研究袖珍式立体声录放机。盛田对这一绝妙的创意倾注了极大的热情。样品出来后,不但体积小,音质也极佳。他不顾一些人的反对,毅然将其命名为"WALKMAN"。不出他所料,新产品投放市场后,空前好卖,在世界各地引起轰动。盛田不无欣喜地说:"正是这一不起眼的小小产品,改变了世界几百万人、几千万人的音乐欣赏方式。"

一、新产品的概念及类型

市场营销学中的新产品含义广泛,对企业而言,只要是产品整体概念中任何一部分的创新、变革或变动,都可以理解为一种新产品。它能够给消费者带来某种新的利益、新的享受。新产品可以分为以下四类。

1. 全新新产品

全新新产品指采用新的科学原理、新材料、新技术制成的新产品。一项科技成果从科学发明到研发出产品,需要花费巨大的人力、财力、物力和时间,这种新产品日常是不常见的,它们的出现往往会改变人们的生产和生活方式,如计算机的出现、蒸汽机的出现等。绝大多数企业很难开发全新产品。

2. 换代新产品

换代新产品又称革新产品或部分新产品。指采用新材料、新技术、新元件,对原有产品进行较大的革新,性能上有显著提升,给顾客带来了新的利益的产品。新技术革命促使产品更新换代速度加快,如电视机经历了从黑白到彩色、平面直角、等离子、液晶彩电等多次换代,电子计算机等数码类产品的换代速度更是惊人。

3. 改进新产品

改进新产品指对现有产品在结构、材料、款式、花色等方面做出改进的产品。这类新产品与原有的产品的差别不大,是在原有产品的基础上派生出来的变性产品,如 GPS 导航手机等。改进新产品与换代新产品是市场上大量出现的新产品的主要来源,都是企业开发新产品的重点。由于改进新产品的研发更为容易,也比较容易被消费者接受,因而竞争也比较激烈。

4. 仿制新产品

仿制新产品指市场上已有,本企业加以模仿或稍加改变而生产出来的产品。仿制必须注意专利权问题,避免侵权违法行为。

在新产品的四种类型中,市场上涌现的大部分是换代新产品和改进新产品。

二、新产品的开发方式

采用什么样的方式开发新产品也是企业进行新产品开发时需要解决的问题，一般有以下四种方式供企业选择。

1. 独立研制

企业依靠自己的科研、技术力量开发新产品。这种方式可以密切结合企业的特点，容易形成本企业的核心技术和系列产品，使企业在某一个方面具有领先地位，提升核心竞争力。但独立研制需要企业具有较强的研发力量和较多的费用。目前，国内外许多大公司，如微软、海尔集团、联想集团等都有自己的研究院、研发中心和实验室，进行新产品的独立研制。

2. 技术引进

利用已经成熟的技术，购买或借鉴别人的技术专利、技术诀窍或成功经验开发新产品。采用这种方式不仅可以缩短开发新产品的时间，节约研发费用，而且可以促进本企业技术水平的提高。采用这种方式应注意结合国情、厂情，引进适用的先进技术，还要注意学习、消化、吸收，形成自己的特点。

3. 独立研制与技术引进相结合

在新产品开发上采取两条腿走路，既重视独立研制，又重视技术引进，两者有机结合，相互补充，运用得当，会产生更好的效果。这种方式为国内外企业所普遍使用。

4. 技术协作

企业与企业、科研单位、大专院校之间开展科技合作开发新产品。这种方式有利于充分利用社会科研力量和企业资源，优势互补，把科研成果迅速转化为生产力。

三、新产品的开发程序

企业新产品的开发过程，是一个充满了矛盾、风险和创新的工作过程，也可以说是一项十分复杂的社会工程。从新产品的构思、筛选、计划书编制、设计、试制、评定、试销直到全面上市投产，工作内容和环节相当多，涉及面也很广。因此，新产品的开发，一般总是要按照一定的阶段和程序展开。

1. 新产品构思

构思不是凭空瞎想，而是有创造性的思维活动。新产品构思实际上包括了两方面的思维活动：一是根据得到的各种信息，发挥人的想象力，提出初步的设想；二是考虑到市场需要什么样的产品及其发展趋势，提出具体的产品设想方案。可以说，产品构思是把信息与人的创造力结合起来的结果。

新产品构思，可以来源于企业内外的各个方面，顾客则是其中一个十分重要的来源。据美国6家大公司调查，成功的新产品设想，有60%到80%来自用户

的建议。一种新产品的设想，可以提出许多的方案，但一个好的构思，必须同时兼备两条：一是构思要非常奇特，创造性的思维，就需要有点异想天开。富有想象力的构思，才会形成具有生命力的新产品。二是构思要尽可能接近于可行，包括技术和经济上的可行性。根本不能实现的设想，只能是一种空想。

2. 新产品筛选

从各种新产品设想的方案中，挑选出一部分有价值的方案进行分析、论证，这一过程就叫筛选。筛选阶段的目的不是接受或拒绝这一设想，而是在于说明这一设想是否与企业目标的表述相一致，是否具有足够的实现性和合理性，以保证有必要进行可行性分析。筛选要努力避免两种偏差：其一，不能把有开发前途的产品设想放弃了，失去了成功的机会；其二，不能把没有开发价值的产品设想误选了，以致仓促投产，招致失败。

筛选时要根据一定的标准对各种产品的设想方案逐项进行审核。审核的程序可以是严密组织和详细规定的，也可以是随机的。筛选是新产品设想方案实现的第一关。国外有一家重要的咨询公司指出，一般企业只有1/4的设想方案可以通过筛选阶段，大约只有7%的设想方案在经过筛选后形成了新产品，并获得成功。

3. 编制新产品计划书

这是在已经选定的新产品设想方案的基础上，具体确定产品开发的各项经济指标、技术性能，以及各种必要的参数。它包括产品开发的投资规模、利润分析及市场目标，产品设计的各项技术规范与原则要求，产品开发的方式和实施方案，等等。这是制定新产品开发计划的决定性工作，是关系全局的工作，需要企业的领导者与各有关方面的专业技术人员、管理人员通力合作，共同完成。这一步工作做好了，就为新产品的实际开发铺平了道路。

4. 新产品设计

这是从技术及经济上把新产品设想变成现实的一个重要的阶段，是实现社会或用户对产品的特定性能要求的创造性劳动。新产品的设计，直接影响到产品的质量、功能、成本、效益，影响到产品的竞争力。以往的统计资料表明，产品的成功与否、质量好坏，60%～70%取决于产品的设计工作。因而，产品设计在新产品开发的程序中占有十分重要的地位。

设计要有明确的目的，要为用户考虑，要从掌握竞争优势来考虑。现在，许多企业为了搞好新产品的设计，都十分重视采用现代化的设计方法，如价值工程、可靠性设计、优化设计、计算机辅助设计、正交设计法等。产品设计的科学性，是与科学的设计方法分不开的。

5. 新产品试制

这是按照一定的技术模式实现产品的具体化或样品化的过程。它包括新产品试制的工艺准备、样品试制和小批试制等几方面的工作。新产品试制是为实现产品大批量投产的一种准备或实验性的工作,因而无论是工艺准备、技术设施、生产组织,都要考虑实行大批量生产的可能性,否则,产品试制出来了,也只能成为样品、展品,只会延误新产品的开发。同时,新产品试制也是对设计方案可行性的检验,一定要避免设计是一回事,而试制出来的产品又是另一回事。不然,就会与新产品开发的目标背道而驰,导致最终的失败。

6. 新产品评定

新产品试制出来以后,从技术经济上对产品进行全面的试验、检测和鉴定,这是一次重要的评定工作。对产品的技术性能的试验和测试分析是不可缺少的,主要内容包括:系统模拟实验、主要零部件功能的试验,以及环境适应性、可靠性与使用寿命的试验测试,操作、振动、噪音的试验测试等。对产品经济效益的评定,主要是通过对产品功能、成本的分析,对产品投资和利润目标的分析,以及对产品社会效益的评价,来确定产品全面投产的价值和发展前途。对新产品的评价,实际上贯穿开发过程的始终。这一阶段的评定工作是非常重要的,它不仅有利于进一步完善产品的设计,消除可能存在的隐患,而且可以避免产品大批量投产后可能带来的巨大损失。

7. 新产品试销

试销,实际上是在限定的市场范围内,对新产品的一次市场实验。通过试销,可以实地测试新产品正式投放市场以后,消费者是否愿意购买,以制定在市场变化的条件下,新产品进入市场应该采取的决策或措施。一次必要和可行的试销,对新产品开发的作用是很明显的:(1)可以比较可靠地测试或掌握新产品销路的各种数据资料,从而对新产品的经营目标做出适当的修正;(2)可以根据不同地区进行不同销售因素组合的比较,根据市场变化趋势,选择最佳的组合模式或销售策略;(3)可以根据新产品的市场"试购率"和"再购率",对新产品正式投产的批量和发展规模做出进一步的决策;等等。

8. 商业性投产

这包括新产品的正式批量投产和销售工作。在决定产品的商业性投产以前,除了要对实现投产的生产技术条件、资源条件进行充分准备以外,还必须对新产品投放市场的时间、地区、销售渠道、销售对象、销售策略的配合以及销售服务进行全面规划和准备。这些是实现新产品商业性投产的必要条件。不具备这些必要的条件,商品性投产就不可能实现,新产品的开发就难以获得最后的成功。

技能实训 5-3　新产品上市策划

实训目的

通过实训,熟悉新产品概念的提出与可行性评估;掌握新产品上市策划。

实训内容

(1)学生搜集不同企业有关新产品上市的案例;

（2）对所搜集的案例进行分析、讨论，总结新产品上市需要做的工作。

实训组织

该实践训练项目由指导老师与所指导班级利用实践教学时间组织进行。

（1）根据班级成员总人数进行分组，5～6人为一组；

（2）各组选一个组长负责组内工作，要求组员团结协作；

（3）各组搜集、讨论并分析所搜集的案例。

实训考核

（1）各组完成分析报告，并以PPT形式汇报；

（2）教师讲评。

任务四 制定产品的品牌和包装策略

【导入案例5-5】

"海尔"在开始时只是一个商标，人们一般认为它代表的只是一个高质量冰箱的生产厂家。现在"海尔"已成为一个有着丰富内涵的整体品牌。

"海尔"产品不仅质量高、能给人们带来一定的利益，而且通过创造的神秘冒险卡通系列片"海尔兄弟"——两个男孩，一个代表中国人，一个代表德国人，代表了"海尔"的业务始于德国一家名叫利勃海尔公司的技术投资。他们两个人手持一支冰淇淋，代表了海尔业务始于冰箱制造。现在，"海尔"向欧盟国家出口产品。那些看过海尔卡通片的法国女性消费者要求把"海尔"兄弟的标签贴在室外机的电风扇架上，因为它标志着这是"海尔"的产品。

更为重要的是，海尔公司有一条标语——"真诚到永远"，它浓缩了海尔品牌的内涵。这条标语告诉消费者：每个海尔公司的员工、每个与外界联系的"海尔"人、每件"海尔"产品都被消费者和用户认为是诚实或真诚的。"真诚到永远"这一观念，开辟了沟通的渠道，构建起与消费者情感联系的桥梁。

一、品牌的概念、构成和作用

品牌是构成产品整体的一个重要组成部分，在现代市场营销中的作用越来越大，品牌决策成为企业市场营销策略的重要内容，实施名牌战略也成为众多企业的战略选择。

1. 品牌

品牌就是产品的牌子，它是一个名称、名词、标志、符号或设计及其组合。

其目的是识别某个生产者或销售者的产品或劳务，并使之同竞争对手的产品或劳务区别开来。

2. 品牌名称和标志

品牌名称是品牌中可以用语言称呼或念出来的部分，如海尔空调机；品牌标志是品牌可以被识别但是不能读出声音的部分，常常为某种符号、图案或其他专门的设计，如海尔空调机的图案。

3. 商标

商标是一个专门的法律术语，品牌或品牌的一部分经有关部门依法注册并取得专用权后，称为商标。商标一经核准，商标持有人便享有专用权，这是一项重要的工业产权和知识产权。他人未经许可不准使用，如果私自使用他人商标，便构成商标侵权。在市场经济条件下，商标依照其知名度高低和获利大小，具有不同的价值，是企业的一项重要的无形资产，其产权和使用权可以依法转让和买卖。

二、品牌策略

1. 无品牌策略

无品牌策略即不使用生产者或经销商的标志，不给产品定品牌，以节省销售费用。不使用品牌的商品有以下情况：

（1）产品本身不具有因制造者不同而形成不同的质量特色，如电力、煤炭、矿石等。

（2）消费者购买习惯上不认品牌购买的小商品产品，如食盐、白糖等。

（3）生产工艺简单，没有一定技术标准，选择性不大的产品，如小农具、针线等。

（4）临时性或者一次性生产的产品，如一次性的纪念品等。

2. 品牌归属策略

一旦决定对产品使用品牌，企业对品牌归属就面临四种选择：一是制造商品牌，也称生产品牌或全国品牌，这是制造商用自己的品牌；二是经销商品牌，也称中间商品牌或自有品牌，即中间商向制造商大量购进产品或加工订货，用中间商的品牌把产品卖出去；三是上述两种品牌同时存在，即一部分产品用制造商品牌，一部分用中间商品牌；四是借用他人品牌，也称贴牌。

一般来说，如果制造商的市场信誉好，企业实力强，产品市场占有率高，宜采用制造商品牌；在制造商资金紧张，市场营销能力差的情况下，则不宜采用制造商品牌，而应以中间商品牌为主或全部采用中间商品牌。

3. 家族品牌策略

家族品牌策略是决定企业所生产的各种不同种类、质量、规格的产品全部使用一个品牌，还是分别使用不同的品牌。一般来说，有以下四种选择。

（1）统一品牌。即企业所有的产品，都统一使用同一个品牌。如美国的通用电气公司产品繁多，但都是用"GE"这个品牌。

统一品牌的优点：可以减少品牌设计和广告费用；利用品牌已有的良好声誉和影响，可以很容易地推出新产品；可以壮大声势，显示实力，提高知名度，塑造企业形象，有利于创立名牌。

采用这种策略应具备的条件：首先，企业和产品必须在市场上保持领先地位，品牌在市场上获得一定信誉，受到消费者的喜爱；其次，采用统一品牌的各种产品具有相同的质量水平，否则，任何一种产品的失败，都会使整个家族品牌蒙受损失。

（2）个别品牌。即企业对不同的产品分别使用不同的品牌。例如，美国可口可乐公司生产的饮料分别使用可口可乐、雪碧、芬达等品牌。

个别品牌的优点：把个别产品的成败同企业形象分开，不至于因个别产品出了问题而败坏整个企业形象。不足的是要对每个品牌分别做广告宣传，费用开支加大，且较难树立企业整体形象。

（3）分类家族品牌。即对不同类型的产品使用不同的品牌。如果企业生产用途截然不同的产品，就不宜采用统一品牌策略。例如，食品和化肥、衣服和药品应使用不同的品牌，以免互相混淆。有时企业虽然生产经营同一类产品，但是存在明显的质量差异，往往也需要使用不同的品牌。

（4）企业名称加个别品牌。即一种产品同一个牌子，同时在每一个品牌之前均冠以公司名称，以公司名称表明产品出处，以品牌表明产品的特点。汽车、药品等制造商常用这种策略。例如，通用汽车公司对它所生产的各类汽车前面都加上"GM"字母，作为通用产品同一品牌，后面再分别加上凯迪拉克、别克、雪佛兰等不同品牌。

企业名称加个别品牌的优点是：既可以利用公司声誉推出新产品，节省广告宣传费用，又可使各个品牌保持自己相对的独立性。

4. 品牌延伸策略

品牌延伸策略指企业利用在市场已有一定声誉的品牌，推出改进产品或新产品。例如，"海尔"最早被使用于电冰箱品牌，后来逐步扩展到洗衣机、空调机、彩电、手机、计算机等众多产品。采用这种策略可以节省促销费用，又能迅速打开新产品销路。但是如果新产品失败，或延伸不当，则会影响甚至损害原有品牌的形象。

三、品牌的设计

品牌设计一般要遵循以下原则：

（1）品牌设计要能体现出产品的特点。例如，"联想"计算机、"康师傅"方便面、"李宁"运动服装等的品牌设计，都恰当而巧妙地反映出了产品的特点，让人一看品牌便知其为何物。

（2）简明醒目。品牌设计要有艺术感染力、文字易读、易认、易记。例如，麦当劳的大"M"字母拱形标志，人在很远处就可看到。这样便于广告宣传，使品牌能在短时间内为广大消费者认识、接收、牢记。

（3）创意新颖、美观大方、底蕴深厚。品牌应构思巧妙，耐人寻味，有丰富的文化内涵，给人以美的享受和快感，如"同仁堂""六必居"都有其深刻的内涵。

（4）品牌设计要适应消费者心理。品牌名称和标志要特别注意各地区、各民族的风俗习惯、心理要求，要与主销市场的文化背景相适应，切勿触犯禁忌，尤其是出口商品，其品牌要注意避免使用当地忌讳的图案、符号、色彩以及令顾客产生异议的文字内容。

（5）品牌设计要符合国家有关法规。品牌只有符合《商标法》等法律规定，才能向有关部门申请注册，取得商标专用权。同时，也要符合道德规范，符合精神文明建设的要求。

四、包装的概念、种类及作用

（1）包装的概念。包装是产品的容器或包扎物。

（2）包装的种类。产品包装一般分为三个层次，即内包装、中包装和外包装。内包装即使用包装，是盛装产品的直接容器或包扎物，如酒瓶、方便面袋等；中包装为销售包装，如牙膏外的纸盒、每条香烟的纸盒等；外包装是运输包装，一般以纸板箱为主。三层包装各有不同功能。此外，包装上的装潢、标签、标志及其他信息也属于包装的范畴。

（3）包装的作用。

①保护产品。这是包装最基本的作用。如食品的真空包装、充气包装、无菌包装等；如日用小商品的泡罩包装、贴体包装；电子仪器产品的防震包装、防尘包装等。

②促进销售。精美的包装装潢设计可以美化产品，给产品增色不少，让人赏心悦目，爱不释手，能起到很好的广告和促销作用。因此，包装被称为"无声的推销员"。

③使产品增值。优良的包装可以提高产品身价，令顾客愿意支付较高价格购买，从而使企业增加利润。例如，出口的熊猫玩具改进包装后，售价大大提高。

④便于使用。包装上的使用说明、注意事项等，对消费者使用、保养、保存产品具有重要的指导意义。

五、包装策略

常见的包装策略有以下几种：

（1）系列包装策略。即企业生产的各种品质接近、用途相似的系列产品，在包装上都采用相同的图案、相近的颜色，以体现企业产品共同的特点。这种包装策略能把产品与企业形象紧密联系在一起，大大节约设计和印刷成本，树立企业整体形象，提高企业声誉。

（2）等级包装策略。包装同产品的内在质量与价值相适应，对高档优质产品采用优质包装，一般产品采用普通包装，这样能恰如其分地烘托产品内在质量，有效地树立产品形象并促进销售。

（3）差别包装策略。根据不同层次消费者的需要，对产品采用不同等级的差别包装策略，以吸引更多的消费者。

（4）配套包装策略。即把多种有关联的产品，或不同规格和花色品种配套放置在统一包装物中。这种配置包装可以方便消费者购买和使用，有利于带动多种产品销售，同时为消费者提供了一种消费模式，培养新的消费习惯。

（5）复用包装策略。又叫多用途包装策略，即包装内的产品经消费者使用后，其包装物可以再次使用或移作他用。这种包装策略是通过形式产品给消费者某种额外利益而扩大产品销量，但不要令包装的功能超过用户的需要而成为过分包装。

（6）馈赠包装策略。为了刺激顾客的购买欲望，包装物内附有图片、实物、奖券等其他东西赠送给消费者。

（7）绿色包装策略。又叫生态包装策略，指包装使用可再生、再循环，包装废物容易处理及对生态环境有益的材料。采用这种包装策略易于被消费者认同，有利于环境保护和与国际包装接轨，从而产生促销效果。

六、包装的设计原则

包装设计应符合以下基本要求：

（1）造型美观大方，图案新颖别致。采用新材料、新图案、新形状，引人注目。

（2）包装应与产品的价值或质量水平相配合。贵重产品、艺术品等的包装要烘托出产品的典雅和艺术性。

（3）包装要能显示产品的特点和风格。对于以外形和色彩表现其特点或风格的产品，如服装、装饰品等，应考虑采用透明包装或在包装上印刷彩色图案。

（4）包装的造型和结构应考虑销售、使用、保管和携带的方便。

（5）包装上的文字应增加消费者的信任感并指导消费。

（6）包装装潢的色彩、图案要符合消费者的心理要求。不与产品主销地民族习惯、宗教信仰相抵触。

技能实训 5-4　宝洁公司品牌策略分析

实训目的

通过实训，提高学生对企业品牌及品牌策略的理解，树立创新意识。

实训内容

(1) 学生搜集宝洁公司品牌方面的资料；
(2) 对所搜集的资料进行分析、讨论，总结宝洁公司的品牌策略。

实训组织

该实践训练项目由指导老师与所指导班级利用实践教学时间组织进行。
(1) 根据班级成员总人数进行分组，5~6人为一组；
(2) 各组选一个组长负责组内工作，要求组员团结协作；
(3) 各组搜集、讨论并分析所搜集的案例。

实训考核

(1) 各组完成分析报告，并以PPT形式汇报；
(2) 教师讲评。

项目六　制定价格策略

【项目目标】

知识目标
（1）理解企业定价的目标与影响产品定价的因素；
（2）掌握产品定价的各种方法；
（3）掌握产品定价的各种策略。

能力目标
（1）能够根据企业的不同情况核算企业产品的定价；
（2）能够在综合分析各种影响价格因素的基础上确定企业的定价策略。

素质目标
（1）提高统筹运作的能力；
（2）提高分析能力。

【项目导入】

小米公司最近新推出一种电视机，面对众多的竞争者，要想在市场上占有一席之地，该公司应该怎样制定价格来达到公司的总体目标？

【项目实施】

任务一　掌握影响企业定价的因素

根据导入项目，小米公司首先要明确掌握有哪些因素影响企业产品的定价，并对这些影响因素进行分析，为企业产品的定价奠定基础。

【导入案例 6-1】

爱多集团，一家主营 VCD 机的民营企业，成立于 1995 年，当时只有 80 万元的启动资金，到 1996 年，产值就达到 2 个亿；到了 1997 年，其销售额更是一跃骤增至 16 个亿，产品居全国城市市场占有率第一，赫然出现在中国电子 50 强的排行榜上。能取得如此快速的增长，除了当时 VCD 产品在中国处于快速成长期及爱多的广告影响以外，与爱多的价格策略是密不可分的。在 1996 年底，即元旦来临之际，爱多突然宣布将 VCD 机的价格首次拉下 2000 元大关，定价为 1997 元。加上广告宣传将此价位与即将到来的新年和"香港回归"巧妙地联系起来进行炒作，造成了巨大的影响力，促使了爱多 VCD 机销量的骤然增长。到 1997 年 5 月，爱多推出"阳光行动 A 计划"，掀起降价狂潮，将爱多 VCD 机再次降价，定价为 1300 元。此时市场掀起 VCD 机的购买热潮，爱多产品很快便供不应求，出现了断货现象。

爱多有关决策人认为旺季已到，设想如果每台 VCD 机涨价 250 元，那么 5 个月就可卖出 100 万台 VCD 机，净赚 2.5 亿元。但是到底该不该涨价，他一时踌躇难决。由于当时缺乏有效的信息反馈体系，而各地代理商反馈回来的信息又差别很大，有关决策人只能靠感觉来判断和决策——涨！于是爱多将 VCD 机每台提价 250 元。当时爱多品牌在 VCD 机市场占领霸主地位，可谓："登高一呼，应者云集"。爱多领导人天真地以为其他 VCD 机生产厂家也会跟着提价，但结果却出乎意料，绝大部分厂家并没有提价，爱多 VCD 机因过高的提价很快便出现了滞销局面：当年 9 月份销量下降了一半，10 月份销量再下降一半，月销量从 20 万台一下子降到 2 万台，且回款也出现了重大问题。正是此因，导致爱多集团开始在资金链方面出现问题，也是爱多由兴盛转向衰落的关键转折点。真可谓：成也定价，败也定价。由此可见，价格策略的好坏关系到一个企业的盛衰。

一、影响企业产品定价的因素

1. 产品的成本

产品的价格是按成本、利润和税金三部分来制定的。成本是产品价格的最低界限，也就是说，产品的价格必须能补偿产品生产、分销、促销过程中发生的所有支出，并且要有所盈利。例如，格兰仕微波炉之所以能在市场上以价格为利器，大打价格战，树立自己的领导品牌地位，是因为格兰仕公司的成本领先战略。格兰仕公司通过自己产品技术的提升，降低单位产品的成本，同时定价也相应地降低。这就让市场的潜在进入者知难而退。成本可以说是格兰仕公司定价要考虑的一个重要因素。

2. 市场需求

产品价格除受成本影响外，还受市场需求的影响，即受商品供给与需求的相互关系的影响。当商品的市场需求大于供给时，价格可定得高一些；当商品的市场需求小于供给时，价格应定得低一些。反过来，价格的变动也影响市场需求总量，从而影响销售量，进而影响企业目标的实现。

3. 竞争因素

企业的产品定价，要受到竞争状况的影响。首先，企业要了解竞争的强度。竞争的强度主要取决于产品制作技术的难易，是否有专利保护，以及具体的竞争格局。其次，要了解竞争对手的价格策略及竞争对手的实力。企业产品的最高价格取决于该产品的市场需求，最低价格取决于该产品的成本费用。在这种最高价格和最低价格的幅度内，企业能把产品价格定多高，取决于竞争对手同种产品的价格水平。企业必须采取适当措施，了解竞争者的同种产品的质量和价格及价格变动情况，企业就可以据此准确地制定本企业产品的价格。

4. 产品特点

产品特点指产品的市场生命周期、产品的时尚性等。产品生命周期的长短对定价有很大的影响，有些生命周期短的产品，如时装等时尚产品，由于市场变化快，需求增长快，消退也快，其需求量的高峰一般出现于生命周期的前期，所以企业要抓住时机，尽快收回成本和利润。时尚性强的产品价格变化较显著。一般新潮的高峰阶段，价格要定高一些。新潮高峰过后，应及时采取适当的措施调整策略。

5. 货币价值

价格是价值的货币表现，商品价格不仅取决于商品价值量的大小，而且取决于货币的价值量的大小。商品价格与货币价值量成反比关系。在分析货币价值量对定价的影响时，主要分析通货膨胀的情况，一般是根据社会通货膨胀率的大小对价格进行调整。

6. 政府的政策和法规

政府对企业产品价格的干预包括规定毛利率，规定最高、最低限价，限制价格的浮动幅度，规定价格变动的审批手续，以及实行价格补贴等。政府的经济政策和法规对企业定价有一定的约束作用，因此，企业在定价前一定要了解政府对商品定价方面的有关政策和法规。

二、产品定价的目标

企业的定价目标是指企业通过制定一定水平的产品价格所要达到的预期目的。即企业在定价前，先要考虑一个与企业经营目标、市场营销目标紧密配合的定价目标，作为确定价格策略和定价方法的依据。

一般来说，企业可供选择的定价目标有以下六大类：

（一）利润目标

利润目标是企业定价目标的重要组成部分，获取利润是企业生存和发展的必要条件，是企业经营的直接动力和最终目的。

1. 追求当期利润最大化

一般而言，企业追求的应该是长期的最大利润，但对于一些中小企业、产品生命周期较短的企业及产品在市场上供不应求的企业等，也可以谋求当期利润最大化。追求当期利润最大化指的是企业将几种不同价格与其相应的需求量，并结合产品成本进行比较综合考虑，从中选择获取最大限度的销售利润的方案。

追求利润最大化并不是追求最高价格。当一个企业的产品在市场尚处于绝对优势地位时,如有专卖或垄断等,固然可以定较高价格,以获得超额利润。然而由于市场竞争的结果,任何企业想要长时期内维持一个过高的价格几乎是不可能的,必然会遭到各方面的抵制。

2. 获取适度利润

以预期的利润作为定价目标,就是企业把某项产品或投资的预期利润水平,规定为销售额或投资额的一个百分比,即销售利润率或投资利润率。产品定价是在成本的基础上加上目标利润,根据实现目标利润的要求,企业要估算产品按什么价格销售、销售多少才能达到利润目标。一般来说,预期销售利润率或投资利润率要高于银行存款利率。例如,按成本加成方法来决定价格,就可以使企业投资得到适当的收益。

由于以适度利润为目标确定的价格不仅使企业可以避免不必要的竞争,又能获得长期利润,而且由于价格适中,消费者愿意接受,因此这种价格目标是兼顾企业利益和社会利益、兼顾企业长期利益的定价目标。要注意的是,适度利润的实现,必须充分考虑企业产销量、投资成本、竞争格局和市场接受情况等因素。例如,前几年中国房地产十强之一的广州恒大集团,在国内房地产价格持续走高,广州房价平均超过5000元时,对其新开发的几个楼盘打出"开盘必特价,特价必升值"的广告词,用每平方米仅3000～4000元的惊人价格销售,迅速占领广州房地产的中高端市场。

(二) 保持或扩大市场占有率

市场占有率又称市场份额,是指企业销售额占整个行业销售额的百分比,或是指某企业的某产品在某市场上的销量占同类产品在该市场上销售总量的比重。市场占有率是企业经营状况和企业产品在市场上的竞争能力的直接反映,一个企业只有在产品市场逐渐扩大和销售额逐渐增加的情况下,才有可能生存和发展。因此,保持或提高市场占有率是一个十分重要的目标。

保持市场占有率的定价目标是根据竞争对手的价格水平不断调整价格,以防止竞争对手占有自己的市场份额;扩大市场占有率的定价目标就是从竞争对手那里夺取市场份额,以达到扩大企业销售市场乃至控制整个市场的目的。例如,长虹彩电的彩电降价就达到了扩大企业销售市场,提高市场占有率的目的。

(三) 抑制或应付竞争

在市场竞争中,大多数竞争对手对价格都很敏感,在定价以前,一般要广泛收集信息,将自己的产品的质量、特点和成本与竞争者的产品进行比较,然后制定本企业的产品价格。有些企业为了阻止竞争者进入自己的目标市场,故意将产品价格定得很低,使其认为无利可图。

(四) 保持最优产品质量

有些领先企业的目标是以高质量的产品占领市场,这就需要实行优质优价策

略，以高价来保证高质量产品的研究、开发成本和生产成本。采取这种定价目标的企业，其产品一般都在消费者心目中享有一定的声誉，利用消费者的求名心理，制定一个较高的价格。

（五）维持企业生存

当企业由于经营管理不善，或由于市场竞争激烈、消费者需求偏好突然变化而造成产品销路不畅、大量积压、资金周转不灵，甚至濒临破产时，企业应为其积压产品定低价，只要能收回变动成本或部分固定成本即可，以求迅速出清存货，减少积压，收回资金。有时为了避免更大损失，甚至可以使售价低于成本。这种定价目标只能是企业面临困难时的短期目标。

企业应根据自身的性质和特点，具体情况具体分析，权衡各种定价目标的利弊，灵活确定自己的定价目标。

技能实训 6-1　定价影响因素分析

实训目的

通过调查分析同类产品的不同生产厂家在确定价格时的不一致现象，把握企业产品定价的影响因素。

实训内容与组织

该实践训练项目由指导老师与所指导班级利用实践教学时间组织进行。

（1）根据班级成员总人数进行分组，5～6人为一组；

（2）各组选一个组长负责组内工作，要求组员团结协作；

（3）各组选择不同的生产厂家的产品进行市场调查，详细了解该公司产品的特点、消费者对产品价格的认识、竞争产品的价格状况等方面的信息；

（4）各组分析调查结果、讨论影响企业产品定价的因素。

实训考核

（1）各组完成分析报告，并以PPT形式汇报；

（2）教师讲评。

任务二　选择定价方法

根据导入项目，小米公司明确了影响企业产品的定价因素后，还必须选择恰当的定价方法，制定出该产品的基本价格。

【导入案例 6-2】

价格战是长虹彩电多年来的营销战略主线，也是倪润峰称雄途中一把难舍的利剑。但这把"双刃剑"既让长虹一度辉煌过，也曾使长虹陷入进退两难的境地。

1996年3月，长虹突然宣布降价，国内其他彩电企业如康佳、TCL、熊猫等竞相降价，降幅为50～200元。1998年4月，价格大战狼烟又起，不过此番领头的是康佳、TCL和创维，长虹却保持了沉默。

直到7个月后，倪润峰突然宣布：长虹已垄断下半年国内彩管市场。但是由于各方原因，长虹整体囤积计划落空，长虹不得不承受着彩管大量积压的痛苦。

1999年4月，长虹又一次宣布全面降低彩电价格，涉及所有的产品规格。但是，长虹并没有达到抢占市场份额的目的。2000年5月，倪润峰下课，职位由赵勇接任，长虹开始强化研发力度。随后，长虹又宣布全面大幅降价，最大降幅达20%，但此次价格战的目的是清理库存。

2001年2月，倪润峰又以CEO身份重掌大权。同年，长虹再掀彩电降价狂潮。此后，TCL、厦华等开始跟进，然而这次降价并没有引起购买热潮。随着彩电行业微利时代来临，全行业的平均利润已降至2%～3%。彩电业面临整体亏损。

2003年4月，倪润峰掀起背投普及计划，背投电视最高降幅达40%。但是，国内竞争对手却用等离子彩电与之抗衡，进行差异化竞争。一个月后，长虹在海外被以倾销罪名起诉，其低价策略在国际上受到了质疑。

2004年4月，美国宣布反倾销裁定，美国向几乎所有的中国彩电生产商关上大门。

定价方法，是指企业为了在目标市场上实现定价目标，而给产品制定一个基本价格或浮动范围的方法。由于影响定价的三个最基本的因素是产品成本、市场需求和竞争情况，因此，企业的定价基本方法也主要有三种导向定价法：成本导向定价法、需求导向定价法和竞争导向定价法。

一、成本导向定价法

成本导向定价法是以企业成本为基础的定价方法，包括盈亏平衡定价法、成本加成定价法和目标利润定价法。其主要理论依据是：在定价时，首先要考虑收回企业在生产经营中投入的全部成本，然后再考虑获得一定的利润。产品的成本包括企业在生产经营过程中所产生的一切费用。

（一）成本的概念

（1）变动成本。指在一定时期，随着产销量的变动而变化的成本。例如直接材料、直接人工等。

（2）固定成本。指在一定时期内，不随产销量变动而变化的成本。例如折旧费、保险费、企业管理人员的工资等。

(3) 单位变动成本。指单位产品的变动成本。
(4) 单位固定成本。指单位产品的固定成本。
(5) 总成本。指变动成本和固定成本之和。
(6) 平均成本。指单位产品的总成本，也就是单位产品的变动成本与固定成本之和。
(7) 边际成本。指每增加或减少一个单位生产量所引起总成本的变化量。

（二）成本导向定价的基本方法

1. 成本加成定价法

成本加成定价法是指在其产品单位成本的基础上，加上一定百分比的加成来制定其产品的单价。其计算公式如下：

$$产品单价 = 产品单位成本 \times (1 + 加成率)$$

其中加成率为预期利润占产品单位成本的百分比，即成本利润率。

例如：某生日蛋糕加工店的生产成本和成本加成率如下：

单位可变成本：10元；固定成本：30000元；订货量：5000个；成本加成率：30%。

$$\begin{aligned} 产品单价 &= 产品单位成本 \times (1 + 加成率) \\ &= (30000 \div 5000 + 10) \times (1 + 30\%) \\ &= 20.8（元） \end{aligned}$$

在不同时间、地点、市场环境及行业，成本加成率一般不相同。成本加成定价法计算简单，便于操作，通常情况下保证了企业获得预期利润。但没有考虑市场需求，缺乏竞争力。

2. 售价加成定价法

售价加成定价法即毛利率法，这种方法与成本加成定价法类似，实际上就是成本加成定价法变通的一种形式。其以产品的最后销售价为基数，再按销售价的一定百分率计算加成率，得出产品售价，即对销售价做一折扣后才是单位成本。加成率就是商业毛利率。其计算公式如下：

$$价格 \times (1 - 加成率) = 单位成本$$

或

$$价格 = 单位成本 \div (1 - 加成率)$$

此方法的加成率因不同商品而异。一般来说，销售企业特别是零售企业较广泛地采用售价加成定价法。

3. 盈亏平衡定价法

盈亏平衡定价法即保本定价法。是企业按照产品成本来制定价格的方法。企业暂时放弃了对利润的追求，只求保本。它主要适用于企业市场销售状况欠佳，谋求市场占有率和保证一定销售量目标的情况。因为，保本经营总比停业的损失要小。其计算公式如下：

$$单位成本 = 总成本 \div 保本销售量$$

保本销售量 = 固定成本 ÷（市场可行价格 − 单位变动成本）

例如，某企业的年固定成本为 20 万元，每件商品的单位变动成本为 40 元，订货量为 5000 件，其单价（即市场可行价格）是：

$$产品单价 = 单位固定成本 + 单位可变成本$$
$$= 200000 \div 5000 + 40$$
$$= 80（元）$$

注意：这种方法较多应用于工业企业定价，商贸企业一般不采用这种定价方法。

4. 投资收益定价法

投资收益定价法是根据企业的总成本和预计销售量，加上按投资收益率来确定的投资收益额作为定价基础的定价方法。其计算公式如下：

$$单位价格 =（总成本 + 投资收益额）\div 预计销售量$$

例如，某公司总投资 1600 万元，预计 8 年收回全部资本，每年产品总成本 1000 万元，每年计划产量为 100 万件，求单位产品的价格（预计销售量为计划产量的 80%）。

计算方法为：

$$投资收益率 = 1 \div 预期投资回收年限 \times 100\% = 1 \div 8 \times 100\% = 12.5\%$$
$$每年投资收益额 = 总投资额 \times 投资收益率 = 1600 \times 12.5\% = 200 万元$$
$$单位价格 =（总成本 + 投资收益额）\div 预计销售量$$
$$=（1000 + 200）\div 预计销售量$$
$$=（1000 + 200）\div（100 \times 80\%）$$
$$= 15（元/件）$$

与收支平衡定价法相比较，投资收益定价法在保本的基础上考虑了目标利润，进而实现了既定的投资收益率。但它忽视了竞争者和需求的实际情况，并且是通过预计的销售量计算出价格的，一旦竞争激烈，需求锐减，尤其是对于需求弹性大的产品，销售量就不一定能实现。

二、需求导向定价法

需求导向定价法是依据消费者对产品价值的感受和需求强度来定价，而不是依据卖方的成本定价。这种定价方法主要包括理解价值定价法和需求差异定价法。

1. 理解价值定价法

消费者基于自身需要的迫切程度、支付能力及对市场供给状况的认识等，对于自己所想购买的商品一般有一个价值判断，这个价值判断就是消费者对商品的理解价值，而不是商品的实际价值。营销人员根据消费者对商品价值的理解程度制定价格的方法称为理解价值定价法。例如，一小瓶法国香水，其成本不过十几法郎,而售价高达几百法郎,就因为它是名牌货,使消费者愿意支付那么高的价格。

2. 需求差别定价法

需求差别定价法指营销人员将同种产品以不同价格销售给同一市场上的不同顾客。这时的价格差别是销售者根据顾客的不同需求特征,实行差别定价引起的。一般差别定价有四种类型:

(1)以顾客本身特征为基础的差别定价。如电影院对大人和小孩规定不同票价。这种定价方法考虑到顾客的支付能力和需求弹性的差异。

(2)以产品形式为基础的差别定价。如化妆品,袋装售价为9元,而经过特别宣传的瓶装售价可高达20元。

(3)以消费地点为基础的差别定价。如剧院不同座位的成本费用是一样的,但是不同座位的票价有所不同,这是因为消费者对剧院的不同座位的偏好有所不同。

(4)以消费时间为基础的差别定价。如旅游在高峰期的收费较高,春运期间汽车票价较高等。

采用需求差别定价法必须具备以下条件:市场必须可以细分,而且各个市场部分必须表现出不同的需求程度;以较低价格购买某种产品的消费者不可能以较高价格转卖出去;竞争者没有可能在企业以较高价格销售产品的市场上以较低价格竞销,企业不会得不偿失;价格歧视不致引起消费者反感而放弃购买。

3. 反向定价法

反向定价法也称为价格倒推法,这种定价的方法是依据消费者能够接受的最终销售价格,计算企业生产经营的成本和利润后,逆向推算产品的批发价和零售价的定价方法。因其定价程序与一般成本定价法相反,故称反向定价法。案例6-3为此定价法之体现。

【导入案例6-3】

卡特匹勒公司为其拖拉机定价10万美元,尽管其竞争对手同类的拖拉机售价只有9万美元,卡特匹勒公司的销售量居然超过了其竞争者。一位潜在顾客问卡特匹勒公司的经销商,购买卡特匹勒的拖拉机为什么要多付1万美元,经销商回答说:

90000美元是拖拉机的价格,与竞争者的拖拉机价格相比:

+7000美元是最佳耐用性的价格加成;

+6000美元是最佳可用性的价格加成;

+5000美元是最佳服务的价格加成;

+2000美元是零件较长保用期的价格加成;

11万美元是总价值的价格;

-1万美元是折扣；

10万美元是最终价格。

顾客惊奇地发现尽管他购买卡特匹勒公司的拖拉机需多付1万美元，但实际上他却得到了1万美元的折扣。结果，他选择了卡特匹勒公司的拖拉机，因为他相信卡特匹勒拖拉机的全部使用寿命操作成本较低。

三、竞争导向定价法

竞争导向定价法是根据竞争者的售价作为定价依据的一种定价方法。主要包括随行就市定价法、竞争投标定价法和拍卖定价法。

1. 随行就市定价法

随行就市定价法是以本行业平均现行价格水平为本企业的定价标准的定价方法，或是按市场当时的一般价格定价，即别人定多高的价格，本企业也定多高的价格。这种方法适用于竞争较激烈，多家企业生产同质产品的情况。例如，在2003年8月上市的别克凯越LE–MT豪华版（1.6升手动挡）售价为14.98万元；而别克凯越LS–AT顶级版（1.8升自动挡）售价为17.98万元；宝来1.6升手动基本型汽车的售价是15.5万元，而宝来1.8升舒适型汽车的售价是18.5万元。在性能相近的情况下，别克凯越的售价比同档次的宝来低。因此，对以中级车为主力目标的宝来形成了巨大的冲击。在竞争激烈的同一商品市场上，采用这种定价方法风险比较小。

2. 竞争投标定价法

这是由招标者对两个以上相互竞争投标人的出价择优成交的定价方法。常用于经济技术承包合同、租赁、艺术品拍卖等情况。例如，某房地产公司为其销售的商品房安装橱柜，对橱柜进行公开招标，橱柜生产厂家或销售企业就在自己的成本等多方面因素考虑的基础上，着重考虑可能的竞争对手的报价，部分厂家甚至不惜派出"商业间谍"刺探对手的报价，然后再制作投标书进行投标。

3. 拍卖定价法

由卖方预先发表公告，租赁展场拍卖物品，买方预先看货，在规定时间公开拍卖，由买方公开竞争叫价，不再有人竞争的最高价格即为成交价格，卖方按此价格成交。

竞争投标定价法与拍卖定价法的价格形成不同，其区别在于前者是卖方密封递价，在同等条件下取最低价，后者是买方的公开竞价，取最高价。

技能实训6–2　不同公司定价方法分析

实训目的

通过调查不同生产厂家采取的不同的定价方法，加深理解成本导向定价法、

需求导向定价法和竞争导向定价法。

实训内容与组织

该实践训练项目由指导老师与所指导班级利用实践教学时间组织进行。

(1) 根据班级成员总人数进行分组，5～6 人为一组；

(2) 各组选一个组长负责组内工作，要求组员团结协作；

(3) 各组选择不同的生产厂家的产品价格进行市场调查，详细了解该公司采取的是哪种定价方法。

(4) 各组分析调查结果、讨论不同的定价方法分别适用于何种情况。

实训考核

(1) 各组完成分析报告，并以 PPT 形式汇报；

(2) 教师讲评。

任务三　选择定价策略

根据导入项目，小米公司还要在产品基本价格的基础上选择合适的价格策略，确定出该产品的最终价格，并根据竞争对手的反应来对产品市场价格进行调整。

在激烈的市场竞争中，定价策略是企业争夺市场的重要武器，是企业营销组合策略的重要组成部分。企业必须善于根据市场环境、产品特点、产品生命周期、消费心理和需求特点等因素，正确选择定价策略。常用的产品价格制定的策略有以下几种。

一、新产品定价策略

在激烈的市场竞争中，企业开发的新产品能否及时打开销路、占领市场和获得满意的利润，不仅取决于企业适宜的产品策略，而且还取决于其他市场营销手段和策略的协调配合。其中新产品定价策略就是一种必不可少的营销策略。新产品定价主要有以下三种策略。

1. 撇脂定价策略

撇脂定价策略是一种高价策略，是指在新产品上市初期，价格定得很高，争取在短时间内收回投资，并赚取高额利润。高价格维持一段时间后，随着竞争者的进入，企业再把产品价格降下来。

撇脂定价策略的优点是：①新产品初上市，竞争者还没有进入，利用顾客求新心理，以较高价格刺激消费，开拓早期市场。②由于价格较高，因而在短时间内可以获得较高利润。③定价较高，在竞争者大量进入市场时，便于主动降价，增加竞争力，同时也符合消费者对价格由高到低的心理。

撇脂定价策略的缺点是：在新产品尚未建立起声誉时，高价不利于打开市场，有时甚至会无人问津。如果高价投放市场，销路旺盛，很容易引来竞争者，加速本行业竞争的白热化，容易导致价格下跌、经营不长就会转产的局面。因此，在采用高价策略时，要注意这种方法的适应条件。

撇脂定价法一般适用于以下几种情况：①竞争者在短期内很难进入该产品市场，企业拥有专利或技术诀窍，研制这种新产品难度较大。②要有足够多的消费者能接受这种高价并愿意购买。③企业生产能力有限，难以应付市场需求，可以用高价限制市场需求。④产品的质量功能与高价格相符。高价可以使新产品一投入市场就树立高价、质优的形象。

2. 渗透定价策略

渗透定价策略是一种低价格策略，即在新产品投入市场时，价格定得很低，以吸引消费者，很快打开和占领市场。

渗透定价策略的优点是：①利用低价迅速打开产品销路，占领市场，从多销中增加利润。②由于低价，获利不高，可以阻止竞争者进入，有利于控制市场。因此，渗透定价策略又称为"别进来"策略。

渗透定价策略的缺点是：①投资的回报周期长，见效慢，风险大，一旦渗透失利，企业就会一败涂地。②低价会影响产品的品牌形象和企业的声誉。

渗透定价策略的适用条件是：①市场规模较大，存在较大的潜在竞争者。②产品无明显特色，需求弹性较大，低价会刺激需求增长。

例如，胶鞋大王陈嘉庚先生开发的胶鞋，刚投放市场时就采用渗透定价策略，迅速占领了市场，取得很好的效益。

3. 满意定价策略

满意定价策略是一种介于撇脂定价策略和渗透定价策略之间的价格策略。所定的价格比撇脂价格低，而比渗透价格要高，是一种中间价格。这种定价策略由于能使生产者和消费者都比较满意而得名，所以又称为"温和价格"。

由于这种价格介于高价和低价之间，因而比前两种策略的风险小，一般会使企业收回成本和取得适当利润。

二、心理定价策略

心理定价策略，是指企业根据消费者不同的心理需要和对不同价格的感受，有意识地采取多种价格形式，以促进销售和获取利润。具体策略包括以下六种：

1. 整数定价策略

在定价时，把商品的价格定成整数，不带尾数。整数定价策略适应了消费者求名、求方便的心理。整数定价策略适用于需求价格弹性小、价格高低不会对需求产生较大影响的产品，如方便产品、流行品、时尚品、礼品等。

2. 尾数定价策略

在给商品定价时保留小数点后的尾数。例如，把可定为100元的产品定为99.98元；可定为10元的定为9.98元。尾数定价策略使消费者购买时在心理上产生价格较为便宜及给消费者以数字合意的感觉。例如，某地一个数字为"9050168"的电话号码，拍卖价竟达十几万元，就是因为其谐音为"90年底我一定一路发"。

在实践中，采用整数定价还是尾数定价，必须根据企业商品的主销地域而加以考虑。比如，美国、加拿大等国的消费者普遍欢迎奇数，而日本消费者则多数喜欢偶数，认为偶数体现着对称、和谐、吉祥、平衡和圆满。另外，要迎合主销地方消费者对数字的喜好，避开他们忌讳的数字，如东南亚地区多数消费者喜好2，3，6，8，9等数字，忌讳4，7等数字。

3. 分级定价策略

在定价时，把同类商品分为几个等级，不同等级的商品，其价格有所不同。这种定价策略能使消费者产生货真价实、按质论价的感觉，因而容易被消费者所接受。

4. 声望定价策略

声望定价策略是根据产品在消费者心中的声望、信任度和社会地位来确定价格的定价策略。把在消费者心中有声望的商店、有声望的品牌的商品价格定得比一般的商品要高，以显示其品牌或企业的声望。这一定价策略适用于一些传统的名优产品，以及知名度高的、有较大的市场影响力、深受消费者欢迎的驰名商标。例如，劳力士手表、我国的景泰蓝瓷器、广州白天鹅大酒店的消费产品等价格就定得较高。

为了使声望价格得以维持，需要适当控制市场拥有量。例如，名车劳斯莱斯的价格是非常高的，除了其优越的性能、精细的做工外，严格控制产量也是一个重要因素。在过去50年中，该公司只生产了15 000辆轿车。

5. 招徕定价策略

招徕定价策略又称特价商品定价，是指将某几种商品价格定得很低，低于正常价甚至低于成本以吸引顾客，目的是招徕顾客购买低价商品时，也购买其他商品，从而带动其他商品的销售。这一定价策略常被超市、餐饮店所采用。

6. 习惯定价策略

有些商品在顾客心目中形成了一个习惯价格。如豆腐1块钱三块，馒头5角一个等，这些商品的价格稍有变动，就会引起顾客不满。提价时，顾客容易产生抵触心理，降价会被认为降低了质量。因此，企业应当按照这种习惯价格定价，对于这类商品，如果企业要提价，最好不要改变原标价，可在商品的内容、包装、容量等方面进行调整。

7. 统一定价策略

统一定价策略是指企业出售的所有产品的价格是统一的。其优点是价格单一，方便了买卖双方，且符合了消费者的好奇心理，有利于扩大商品的销售。例如，广州花城广场的吉之岛超市旁边有间十元商店，此店主要经营日常用品，所有产品不管是毛巾、杯子、鞋子都是十元一件，生意非常好。

三、产品组合定价策略

产品组合是一个企业所生产经营的全部产品大类和产品项目的组合。对于多品种生产经营的企业来说，各种产品定价受需求和成本之间的内在相互关系及不同程度竞争的影响。如何从企业总体利益出发，为每一种产品定价，发挥每一种产品的有关作用，是这类企业定价过程中经常遇到的问题。例如，某计算机公司销售其计算机时打出"买计算机送打印机"的广告，采用的就是互补商品价格策略，因为打印机需要墨盒，而该打印机只能使用原装的墨盒，这种墨盒的售价在150元左右，只要购买者使用两个这种墨盒，该计算机公司就能将打印机的差价赚回。看起来是赠送消费者一台打印机，而实际上却在其互补产品上赚钱。

具体可采取以下几种策略：

1. 产品大类定价策略

产品大类是一组相互关联的产品，产品大类中每个产品都有不同的特色。确定这类商品的价格差额，一般要分析各种产品成本之间的差额、顾客对商品的评价、竞争者的价格等。如果产品大类中前后两个相关联产品的价格差额较小，顾客就会更多地购买性能较先进的产品。此时，若这两个产品的成本差异小于价格差额，企业的利润就会增加。

2. 任选品定价策略

任选品是指那些与主要产品密切关联的可任意选择的产品。例如，顾客去饭店吃饭，除了消费饭菜外，还可以是酒、饮料、烟等。这里，饭菜是主要商品，其他是任选品。企业为任选品定价有两种策略：一种是可以为任选品定高价，靠它来盈利；另一种是定低价，把它作为招徕顾客的方法之一。

3. 连带产品定价策略

连带产品，又称为受制约产品，是指必须与主要产品一同使用的产品。例如，剃须刀架和刀片。大多数企业采用这种策略时，把主要产品定价较低，而连带产品定价较高。以高价的连带产品获取高利，来补偿主要产品因低价造成的损失。

4. 副产品定价策略

在生产加工肉类、石油产品和其他化学产品时，常常会有副产品。如果副产品没有价值而且事实上在处理它们时花费很大，这样会影响主要产品的定价。制造厂商为这些副产品寻找市场，并接受比存储和利用这些副产品的费用更高些的任何价格。

四、差别定价策略

差别定价策略是指企业根据不同顾客、不同时间和场所来调整产品价格，实行差别定价，即对同一产品定出两种或两种以上的价格。主要有以下几种形式：

1. 顾客差别定价

顾客差别定价即企业按照不同的价格把同一种产品卖给不同的顾客。例如，电影院的门票对某些顾客群（学生、团体等）给予优惠价；自助餐馆对成年人、小孩实行不同的价格；等等。

2. 产品形式差别定价

产品形式差别定价是指企业对同一质量和成本的不同花色、不同品种、不同款式的产品定不同的价格。例如，不同花色的布匹、不同款式的衣服等，都可定不同的价格。

3. 产品部位差别定价

产品部位差别定价是指企业对于处在不同位置的产品或服务分别制定不同的价格。例如，观看演唱会、剧院戏剧演出、体育项目比赛等，不同座位的票价是不同的；飞机分头等舱、商务舱定价，火车卧铺上下铺票价不同；同一条鱼不同部位售价不同，等等。

4. 销售时间差别定价

销售时间差别定价是指企业对不同季节、不同时期甚至不同钟点的产品或服务制定不同的价格。例如旅游业在淡旺季定价不同；自助餐馆对午餐和晚餐定价不同，等等。

五、折扣定价策略

折扣定价策略是指企业为了更有效地吸引顾客，扩大销售，在价格方面给顾客优惠。包括以下几种方式：

1. 现金折扣

企业为了加速资金周转，减少坏账损失或收账费用，给予现金支付或提前付款的顾客在价格上一定优惠。其目的是鼓励顾客尽早付款。如付款期限是 30 天，立即付清可享折扣 5%，10 天内付清可享折扣 3%，20 天内付清可享折扣 2%，最后 10 天内付清无折扣。

2. 数量折扣

企业给大量购买的顾客在价格方面的优惠。购买量越大，折扣越大。数量折扣又分为以下两种：

（1）累计数量折扣。在一定时期内，购买商品累计达到一定数量所给予的价格折扣。目的是鼓励顾客经常购买本企业的商品，稳定顾客，建立与顾客的长期关系。

（2）非累计数量折扣。这是规定每次购买到一定数量或一定金额所给予的价格折扣。这种折扣策略目的是鼓励顾客大量购买。如买一箱牛奶比只买几盒牛奶的单位价格要便宜。

3. 功能折扣

功能折扣又称交易折扣。这是生产企业根据中间商的不同类型和不同分销渠道所提供的服务不同而给予不同的折扣。实际中，给批发商的折扣较大，给零售商的折扣较少，这是因为批发商和零售商的功能不同。

4. 季节折扣

季节折扣也称季节差价，是指生产季节性产品的企业对销售淡季来购买或是购买过季产品的买主给予的一种折扣。其目的是鼓励购买者提早进货或淡季采购，尤其是鼓励中间商、零售商提早进货。例如，饮料公司对在冬季进货的企业给予较大幅度的让利，棉被、羽绒服生产企业则给夏季购买其产品的经营企业较大幅度的让利。

这种策略是为了减少企业的仓储费用，加速资金周转，实现企业均衡生产和经营。

5. 推广津贴

为扩大产品销路，生产企业向中间商提供促销津贴。如中间商为企业产品在广告宣传、展销等推广方面做出了努力，生产企业除负担部分广告费外，还在产品价格方面给予一定比例的优惠。

技能实训 6-3 新产品定价策略

实训目的

通过调查分析不同公司在新产品上市时制定的不同产品价格策略，加深理解撇脂定价和渗透定价。

实训内容与组织

该实践训练项目由指导老师与所指导班级利用实践教学时间组织进行。

（1）根据班级成员总人数进行分组，5~6人为一组；

（2）各组选一个组长负责组内工作，要求组员团结协作；

（3）分别分析苹果公司和小米公司在手机新产品上市时采取的不同定价策略；

（4）各组根据分析结果、讨论撇脂定价和渗透定价的优缺点。

实训考核

（1）各组完成分析报告，并以PPT形式汇报；

（2）教师讲评。

项目七　分销策略的制定

【项目目标】

知识目标
(1) 了解分销渠道的基本模式与类型；
(2) 掌握分销渠道的选择、设计；
(3) 理解分销渠道的管理；
(4) 了解中间商的概念和类型。

能力目标
(1) 具有选择分析渠道模式的能力；
(2) 具有设计分销渠道的能力。

素质目标
(1) 增强交流沟通的能力；
(2) 提高创新的能力。

【项目导入】

河北龙丰公司是一家新成立的生产方便面的公司，现准备开拓广东市场。为此，该企业的销售部门应该如何根据产品的特点、市场情况等因素，设计出新的适合企业产品的分销渠道并对其进行管理呢？

【项目实施】

根据导入项目，龙丰公司需要了解同行业的分销渠道模式、类型和特点，认识各种分销渠道并比较其优劣势，为企业分销渠道的设计打下基础。

任务一　认识产品分销渠道

【导入案例 7-1】

国美与格力的渠道较量

2004 年 3 月，正是空调行业为备战销售旺季而全面启动的季节，一场来自空调行业与流通行业两大巨头的纷争在此时引爆，一方是空调行业的巨头格力电器，另一方是家电流通行业的巨头国美连锁。此次纷争迷雾重重，但从中却可让业内人士窥知渠道营销的奥秘。

2004年3月中旬，国美总部向各地分公司下发了一份"关于清理格力空调库存的紧急通知"，要求其各地分公司把格力空调的库存和业务清理完毕后，暂停销售格力产品，理由是格力的代理销售模式和价格均不能满足国美的市场经营要求。

国美对此举的解释是：目前国美销售的家电产品主要以厂商直接供货方式为主，这样做的目的是为了节省中间成本，降低产品价格。但格力空调一直通过各地的销售公司向国美供货，在价格上不能满足国美的要求，国美因此无法实现其"薄利多销"的原则。

业内人士分析，国美希望利用自己的渠道优势迫使格力作出价格让步，但格力空调的新闻发言人在一次媒体采访时表示，格力空调对待所有经销商都是一视同仁的，不会给国美搞"特殊化"，因为那样做对其他经销商不公平。格力并不在乎国美的渠道优势，因为格力在全国有1万多个经销商，而国美不过是其中的一个，而且格力空调的经销商、消费者对格力空调的认同度都很高，因此，靠市场说话的格力空调并不畏惧国美的"威胁"。

该发言人还表示，事情既然是由国美挑起来的，格力就不会主动与国美讲和，格力的原则是：如果国美可以接受格力的销售模式与价格，双方就继续合作，否则就没有合作余地。

矛盾根源在何处？专业人士从不同角度给予了解说。在国美、苏宁等家电连锁大卖场出现之前，中国家电销售的主要渠道是各地的百货商场和厂商自己建立的各级销售公司。随着家电连锁大卖场的快速发展，百货商场这条流通渠道逐步被家电连锁商所取代，而家电连锁商制胜的法宝是通过直接从厂家大批量采购，从而取得比较低的进货价，再以较低的零售价销售给顾客，从而赢得市场。而各家电厂商对国美家电连锁销售商的态度也有一个转变过程。开始，很多家电厂商都把这种连锁销售渠道视为"异端"，认为这种模式搅乱了其价格体系和代理机制。

但现在，很多厂商的态度发生了180°的大转变，如海尔等企业开始从组织结构上进行调整，成立了新的直接对接国美等连锁企业的大客户部，开始与国美等连锁企业展开紧密、大规模的合作，这些连锁企业的业务也越做越大。

而格力显然属于"不合群"的少数厂商。格力空调2003年的销售量有500万台，销量和市场占有率均为全国第一。从1993年开始，格力空调就开始构建自己的代理经销体系，与各地的主要经销商组建了股份制的销售公司。也正是这个遍布全国各地的销售公司，帮助格力取得了今天这样的成绩。

现在，这种代理模式与国美这样新崛起的连锁模式发生了严重的冲突，而格力一直还在"坚持"自己的模式。格力相关人士表示，不仅仅是对国美，包括

对苏宁、永乐等其他连锁经销商，格力都是坚持由当地的销售公司来供货。格力的说法是，自己不排斥连锁经营的模式，不过，前提是他们要接受格力的代理销售模式。

但这两种模式有着不可调和的矛盾，这个矛盾现在由国美正式揭开了，说到底，这不是格力和国美两家企业的矛盾，而是以格力为代表的传统的代理销售渠道模式与以国美为代表的连锁销售渠道模式的矛盾。

谁是最后的胜利者？这是个大大的疑问。在这次纷争中，国美与格力双方均不让步，而且态度都比较强硬。抛开两种模式的矛盾和冲突不论，从另一个角度讲，国美算不算格力的大客户，是不是应该享受一点大客户的价格政策和待遇呢？对此，格力的回答出人意料，他说在格力公司没有所谓的大客户，对待所有的经销商都是一视同仁。而且，国美算不上自己的大客户，以北京为例，国美的销售量只占其北京销量的5%左右。

但有咨询专家提出，无论从哪个角度讲，遍布全国大中城市的国美连锁都应该算得上是格力的大客户，即使现在从销量上看不那么明显，但以国美的发展速度和市场的影响力看，格力抛弃国美是不明智的选择。

一、分销渠道的概念和特征

（一）分销渠道的概念

分销渠道可以看作是一个大型通道或管道，产品、产品的所有权、沟通、贷款和支付以及伴随的风险会通过营销渠道转移给消费者。更正式地讲，分销渠道是以把产品转移到最终消费目的地为目的，在产品从生产者流向消费者过程中所涉及的互相依存的组织的一种业务结构。分销渠道通过供应链为商品的实体转移提供便利，它代表着营销组合（产品、价格、促销、地点）中的"地点"或者"分销"，反映了在合适的时间、合适的地点提供合适的产品的整个过程。

（二）分销渠道的特征

（1）分销渠道反映某一特定商品价值实现的过程和商品实体的转移过程。分销渠道一端连接生产，另一端连接消费，是从生产领域到消费领域完整的商品流通过程。在这个过程中，主要包含两种运动：一是商品价值形式的运动（商品所有权的转移，即商流），二是商品实体的运动（即物流）。

（2）分销渠道的主体是参与商品流通过程的商人中间商和代理中间商。

（3）商品从生产者流向消费者的过程中，商品所有权至少转移一次。大多数情况下，生产者必须经过一系列中介机构转卖或代理转卖产品。所有权转移的次数越多，商品的分销渠道越长；反之，亦然。

（4）在分销渠道中，与商品所有权转移直接或间接相关的，还有一系列流通辅助形式，如物流、信息流、资金流等，它们发挥着相当重要的协调和辅助作用。

二、分销渠道的功能和作用

（一）分销渠道的功能

分销渠道对产品从生产者转移到消费者所必须完成的工作加以组织，其目的在于消除产品或服务与消费者之间在时间、地点和所有权上的分离。因而，其职能主要有如下几种：

（1）研究市场：中间商专业能力较强，比较了解市场需求变化及其消费者心理，因而，中间商不仅销售产品，还要研究市场，收集制定营销策略所必需的信息。

（2）促销：中间商的主要任务之一是策划创意营销方案并执行之，将所销售的产品或服务对消费者进行说服性沟通，以促进产品尽快销售出去。

（3）接洽：中间商在研究、了解市场的基础上，寻找消费者，当客户咨询时进行接待并沟通。

（4）配合：中间商要配合生产商，使所提供的产品或服务符合消费者的要求，同时还要配合生产商做好营销管理工作。

（5）谈判：为了销售并转移产品或服务的所有权或使用权，与客户就其价格及其有关事项进行谈判并达成最后协议，以达到锁定消费者成交的目的。

（6）融资：获得和使用资金，补偿分销渠道的成本。

（7）风险承担：承担与从事渠道工作有关的全部风险。

（8）实体分销：从事商品的运输、储存工作。

（二）分销渠道的作用

在商品经济发达的社会中，绝大多数商品不是由制造商直接提供给消费者的，而是要经过一个或几个中间商的分销，才能到达消费者手里。中间商的存在，执行着集聚（有计划地采购目标市场所需的商品物资）、平衡（组织商品在品种、数量、时间等方面的供需平衡）和扩散（采取适当的方式把商品扩散到用户手中实现销售）的功能。因此，中间商的存在不单是社会上一部分人追逐利润的结果，而是市场经济发展的必然要求。商品的流通量越大，中间商的必要性和作用就越大。中间商的作用主要体现在以下几个方面。

1. 节约社会劳动，提高流通效率

生产者通过中间商将产品卖给消费者，不仅减少了生产者在销售工作方面的时间和费用，减轻了生产者的营销负担，而且使销售职能专业化、集约化、社会化，速度更快，费用更省，效率更高。如图7-1所示。

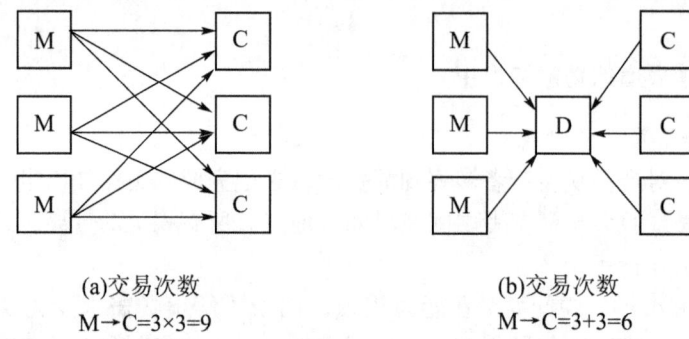

(a)交易次数
M→C=3×3=9

(b)交易次数
M→C=3+3=6

图7-1 中间商节约社会劳动示意图

图7-1表明,使用中间商有利于节约社会劳动,提高商品流转的经济效益。图7-1a表示3个生产者直接将产品售予3个顾客,需要进行9次交易;图7-1b表示在同样条件下,通过一个中间商,则交易次数降到6次。交易次数的减少,使得产品流通的效率大大提高。中间商的介入帮助减少了工作量。依此类推,卖者和买者的数量越多,中间商介入后所减少的交易次数及节约的社会劳动就越多,这是中间商最重要的贡献。

2. 调节生产与消费之间的矛盾

中间商最直接和最主要的作用就是将产品从制造商那里集中起来,再根据客户的具体要求将其进行重新包装、组合和分配,从产品的品种、数量、质量和时间上来调节市场供应,平衡供求。所以,中间商起着社会生产"蓄水池"的作用。一方面,中间商的存在可以缓和供需之间在时间、地点和商品数量、种类等方面的矛盾;另一方面,中间商的存在能为生产者和消费者带来方便。对消费者而言,中间商充当了他们的采购代理,中间商可以在合适的时间和地点提供消费者所需要的产品、灵活的付款方式和条件以及周到的售后服务。而对于生产者或贸易企业来说,中间商的存在使企业的销路有了保证,降低了流通成本。

3. 有效分担企业的市场营销职能

大多数生产者缺乏将产品直接销售给最终顾客所必需的资源与能力,而这些正是中间商所擅长的。中间商由从事市场营销的专业人员组成,他们更了解市场,更熟悉消费者,对各种营销技巧掌握得更熟练,更富有营销实践经验,并拥有更多的营销信息和交易关系。因此,由他们来为制造商承担市场调研、新市场开拓、商品储运、销售推广和售后服务的营销职能,工作将更有成效,营销费用相对更低。尤其是企业打算进入某个陌生的地区市场时,中间商的帮助就显得更加重要。

三、分销渠道模式

（一）消费品分销渠道模式

消费品分销渠道模式如图 7-2 所示。

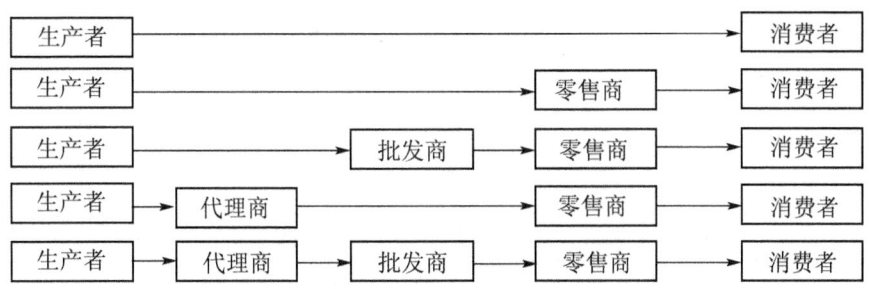

图 7-2　消费品分销渠道模式示意图

消费品也叫生活资料商品，其分销渠道模式有以下五种基本形式：

①零级渠道模式。这种模式的产品转移方式不通过任何中间商，企业直接面向消费者，如推销员上门直销、邮售、企业展销等。

②一级渠道模式。这种方式中间环节少，产品转移不经过批发环节，由零售企业直接从生产企业进货，只通过一级中间商。这类零售企业一般规模较大，有能力大批量进货。由于消费品市场竞争很激烈，零售企业降低营运成本的压力很大，逐步趋于大型化、连锁化，这种产品转移方式有逐渐增多的趋势。

③二级渠道模式。这是消费品转移中最常用的方式，产品转移通过两级中间商。它能适应消费品市场广阔而分散的特点，对中小企业尤为适用。

④三级渠道模式。这种方式的中间环节较多，一般通过三级中间商。在国内市场营销时较少用，多用于国际市场的营销活动中。生产企业的产品转移之所以需要在批发商之前先通过代理商，主要原因是对目标市场比较陌生，无法直接寻找、选择合适的客户，需要借助对当地市场情况熟悉的代理商。

（二）工业品分销渠道模式

工业品分销渠道模式如图 7-3 所示。

①零级渠道模式。这种方式在生产资料产品销售时极为常见，如生产企业派人员上门联系业务、召开业务订货会等。特别适用于经销关系固定、产品技术服务要求高、用户相对集中等情况。

②一级渠道模式。这种模式又可分为以批发商为中间商的方式和以代理商为中间商的方式。以批发商为中间商的方式主要用于产品通用化强，用户相对分散时的销售；以代理商为中间商的方式主要运用于生产企业为了更有效地控制产品的目标市场，但对该市场又不熟悉时的销售。

③二级渠道模式。当生产企业对目标市场陌生，用户也比较分散，企业直接开拓有较大风险时，可用这种方式。一般常用于国际市场的销售。

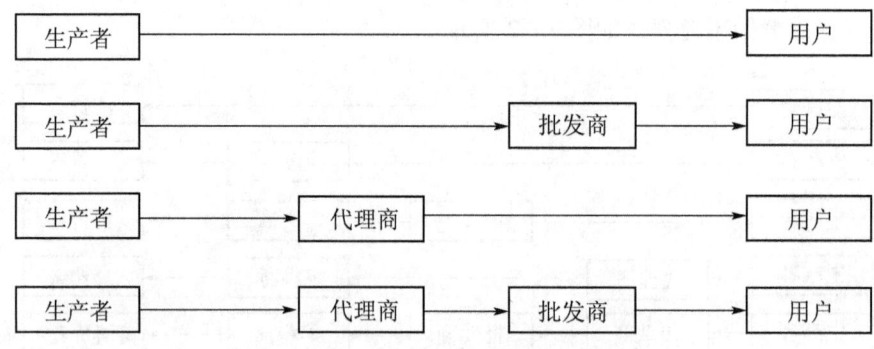

图7-3　工业品分销渠道模式示意图

技能实训7-1　分析企业分销渠道模式

实训目的

通过市场调查，了解企业分销渠道模式，明确不同分销渠道模式的优劣势。

实训内容

（1）学生搜集不同企业有关分销渠道的案例；

（2）对所搜集的案例进行分析、讨论，总结各分销渠道模式的优劣势；

（3）完成企业分销渠道模式的分析报告。

实训组织

该实践训练项目由指导老师与所指导班级利用实践教学时间组织进行。

（1）根据班级成员总人数进行分组，5～6人为一组；

（2）各组选一个组长负责组内工作，要求组员团结协作；

（3）各组搜集、讨论并分析所搜集的关于企业分销渠道的案例。

实训考核

（1）各组完成分析报告，并以PPT形式汇报；

（2）教师讲评。

任务二　设计和管理分销渠道

根据导入项目，龙丰公司在了解了同行业的分销渠道模式、类型和特点，认识并比较了各种分销渠道后，制定企业分销渠道方案，并对渠道实施管理。

一、分销渠道的选择

影响分销渠道选择的因素很多。生产企业在选择分销渠道时，必须对下列几方面的因素进行系统的分析和判断，才能做出合理的选择。

（一）商品因素

不同的商品适合采用什么样的分销渠道，这是企业选择分销渠道时必须要首先考虑的。商品因素通常包括以下几个方面。

1. 商品的体积和重量

由于实体移动因素的影响，商品的体积与重量和销售渠道的长度成反方向变动关系。像机床设备、大型变电设施、起重机等体积大、笨重的商品要求采用短渠道销售；而绝大多数商品体积小，也不重，适合采用较长的销售渠道。

2. 商品的技术特征以及对特殊服务的要求

商品的技术特征涉及专有技术的使用和保护，通常也关系到特殊服务的提供和质量保证。因此，对于高新技术含量高、结构复杂、需要特殊服务的商品，如专用汽车、飞机、专用轮船、精密仪器、刚投放市场的技术密集型新产品，应采用短且窄的渠道销售；对于那些通用性强、服务技术含量低、标准化的产品，可采用较长、较宽的销售渠道。

3. 商品的价格

商品质量、品牌声誉和收藏价值都可以通过商品的价格反映出来，而质量、品牌声誉或收藏价值越高，则对销售渠道的控制要越严格。因此，价格高的商品多采用直接渠道或一级渠道销售；而价格相对较低的商品可多采用二级或二级以上的、较宽的渠道来分销。例如，对于彩电、空调等高档耐用消费品，生产者大多是将产品直接交给大型零售商或家电商场销售；对于牙膏、香皂等日用品，生产者无法直接满足众多消费者少量、频繁购买的需要，只有经过批发商和零售商等中间环节间接销售。

4. 商品的耐损性

这里所谓的耐损性是指处于流通领域的商品在一定力的作用下，或者在一定的外界条件下，保持外形完整或者质量不变的能力。耐损性好的商品即使经历多次中转运输，也不会损坏、流失或腐烂变质，可以采用较长的渠道销售。对于那些易破（如玻璃制品、瓷器和塑料制品）、易坏（如电视机、录音机和录像机）、易腐烂变质（如水果、蔬菜和食品）的商品，应当采用较短但是较宽的渠道，保证商品能够快速、大量地销售出去。

5. 商品的生命周期阶段

随着商品生命周期的演进，销售渠道要经历从短到长、从窄到宽的变化过程。在投入期，企业通常采用较短和较窄的销售渠道，有些情况下生产厂家只能是自己销售产品。进入成长期和成熟期后，商品被越来越多的顾客认识和喜欢，因此企业需要使用越来越多的批发商和零售商来实现分销，因而销售渠道就变得长且宽了。

6. 产品的技术服务要求

对于技术复杂、售后服务要求高的产品，宜采用短渠道，由企业自销或由专业代理商销售，以便提供周到的服务。相反，对于技术服务要求低的产品，则可选择长渠道。

（二）市场因素

市场状况直接影响产品销售，因此，它是影响分销渠道策略选择的又一重要因素。市场目前的形势、竞争的激烈程度和目标市场的特征等因素对企业销售渠道政策以及渠道模式的选择是有影响的。

1. 目标市场的范围

市场范围大的产品，消费者地区分布较广泛，企业不可能直接销售，因而渠道较长较宽，若目标市场范围较小，则可采用短渠道。

2. 竞争商品的销售渠道

一般认为，采用与竞争性商品相同的销售渠道，有利于利用竞争商品已经"创造"的市场空间和商家信誉。所谓"大树底下好乘凉"，对于销售渠道的选择来说也是适用的。但是这种策略要求企业的商品与竞争商品在质量、外观、包装和价格等方面大体相当或者更有优势。如果企业在这些方面没有相应的竞争优势，就不如另辟销售渠道，避免与强手正面争夺市场。

3. 目标市场的特征

如果目标市场的顾客消费地点比较集中，生产厂家可以在消费地点设立门市部或者派出销售代表上门推销，建立直接渠道面向消费者销售产品。即使消费者分布较为分散，如果目标顾客数量不多，也可以采用邮寄产品目录、电话推销或者短而窄的间接渠道销售产品。如果目标市场的顾客数量较多而且消费地点分散，则需要采用较长而且较宽的销售渠道。

针对青年人和高收入阶层愿意到名店购买名牌商品的特点，对名牌产品尤其像名牌服装和名牌家电的销售，可以采用设立专卖店，或者由名店销售的方式，销售渠道呈现短而窄的特征；针对那些对品牌不在意、讲求购买方便和物有所值的消费者，可以利用较多的批发商和零售商，即采用较长、较宽的销售渠道来销售商品。

顾客的购买批量和频率也会影响销售渠道模式的选择。如果顾客购买批量大且频数低，采用直接销售渠道所需投资较少，能明显减少中间环节的费用；如果顾客购买批量大且频数高，适合于采用短的间接销售渠道；如果顾客购买批量小，适合于采用间接销售渠道；如果顾客购买频数高，间接销售渠道可宽一些；如果购买频数低，间接销售渠道应窄一些。

4. 公共政策因素

在市场经济中，政府已经放开对绝大多数商品的管制，商品的销售渠道决策完全由企业决定。只有极少数商品的销售还受到政府管制，如香烟和药品，企业需要根据有关政策的规定选用相应的销售渠道。

5. 市场的集中程度与销售量

对于市场比较集中的产品，可采用短渠道；若顾客比较分散，则需要更多地发挥中间商的分销功能，采用较宽较长的渠道。对于每次销售批量大的产品，可采用短渠道；对于批量小及零星购买的产品，交易次数频繁，则需要采用较长较宽的渠道。

6. 市场形势

在经济景气、商品畅销的市场背景下，生产厂家可能愿意直接销售，不少批发商和零售商都会乐意经销生产厂家的商品，因而销售渠道呈现长而宽、短而宽、多渠道共存的特征。如果经济不景气，商品滞销，经营者为了避免或减少市场风险，要么拒绝销售，要么采用代理销售方式，生产厂家通常只能采用短而宽的销售渠道。

（三）企业因素

企业本身的资本实力、承担经营风险的意愿和经营目标都是影响商品销售渠道模式选择的重要因素。影响渠道策略选择的企业因素主要有以下四个方面。

1. 企业的规模和声誉

企业规模大，声誉高，资金雄厚，销售力量强，具备管理销售业务的经验和能力，在渠道选择上的主动权就大，甚至可以建立自己的销售机构，渠道就短一些。反之就要更多地依靠中间商进行销售。

2. 企业的营销经验及能力

一般而言，生产者拥有足够的具有销售经验和开拓精神的销售人员，则可考虑较短的分销渠道。反之，缺乏营销管理能力及经验的企业就只有依靠中间商来销售。

3. 企业的服务能力

如果生产企业有能力为最终消费者提供各项服务，如安装、调试、维修及操作服务等，则可取消一些中间环节，采用短渠道。如果服务能力有限，则应充分发挥中间商的作用。

4. 企业控制渠道的愿望

企业控制分销渠道的愿望各不相同：有的企业希望控制分销渠道，以便有效地控制产品价格和进行宣传促销，因而倾向于选择短渠道。有些企业则无意控制分销渠道，因此采用宽而长的渠道。

（四）中间商特性

选择营销渠道时，还必须考虑执行不同任务的市场营销中间机构的优缺点。

例如，由制造商代表与顾客接触，花在每个顾客身上的成本比较低，因为总成本由若干个顾客共同分摊。但制造商代表对顾客所付出的努力则不如中间商的推销人员。一般来说，中间商在执行运输、广告、储存及接纳顾客等职能方面，以及在信用条件、退货特权、人员训练和送货频率方面，都有不同的特点和要求。

（五）竞争特性

生产者的分销渠道设计还受到竞争者使用的分销渠道策略影响，因为某些行业的生产者希望在与竞争者相同或相近的经销处与竞争者的产品抗衡。例如，食品生产者就希望其品牌和竞争品牌摆在一起销售。有时，竞争者使用的分销渠道反倒成为生产者避免使用的渠道。

（六）环境特性

企业分销渠道的选择，受到宏观环境的影响。国家的政策法律、经济环境的变化都会影响到企业的分销渠道设计。例如，当经济萧条时，生产者都希望采用能使顾客以廉价购买的方式将其产品送到市场上的渠道。这也意味着使用较短的渠道，并免除那些会提高产品最终销售量但并不必要的服务。

二、分销渠道的设计

分销渠道的设计是整个渠道决策的核心。企业的分销渠道一旦确定便很难轻易改变，因此分销渠道的设计必须十分谨慎。分销渠道设计一般包括确定渠道目标、确定渠道结构方案和评估主要渠道方案三个方面。

（一）确定渠道目标

设计分销渠道是为了更好地达到分销的目的。企业应该仔细审核企业的分销目标，判断是否需要添加新的内容。同时，也要判断该分销目标是否与营销组合中其他领域的分销目标相一致，是否与企业的整体目标和策略相一致。

（二）确定渠道结构方案

企业应该结合渠道目标，选择最佳的渠道结构。这一结构应该能在最低成本的基础上，有效地完成各项分销任务。如果企业的目标是获得最大的长期效益，那么企业的渠道结构就应该与此目标完全一致。企业可以通过分析影响渠道结构的各种因素来初步判断渠道结构是否合理。

企业在市场上的成功需要有强有力的渠道成员支持，所以在渠道方案中要严格地挑选渠道成员。

1. 确定渠道成员的条件

企业在确定中间商时，首先要明确所选的中间商必须满足的条件。一般中间商不太可能各方面都做得很好，所以企业必须对所要求的条件按照重要性进行排序，只要中间商所具备的条件能保证企业营销活动正常开展即可。

2. 确定渠道成员的类型

渠道成员有：密集性分销、选择性分销和独家代理。

3. 确定渠道成员的交易条件和职责

渠道成员的交易条件和职责是在分销渠道结构、中间商类型和数量决定以后，需要决策的另一方面的问题。交易条件主要包括价格政策、销售条件、区域权利等内容。

制定渠道成员的职责必须十分明确，要明确地规定企业为中间商提供哪些方面的服务，承担哪些职责；中间商要为企业提供哪些方面的服务，承担哪些职责。

（三）评估主要渠道方案

渠道方案的评估从经济性、控制性及适应性三方面进行。

（1）经济性：各分销渠道都将产生不同的销售量和销售成本，因此企业在对分销渠道进行评价时，必须对各种分销渠道方式可能的销售量和销售成本进行比较。比如和长渠道相比，短渠道的分销量会比较小，但是销售成本会比较高。

（2）控制性：企业也要考虑分销渠道的控制程度，如短渠道比长渠道更容易控制，直接分销渠道比间接分销渠道更容易控制。

（3）适应性：在对分销渠道方式进行选择时，必须考虑各种分销渠道类型适应企业销售渠道目标的程度，或者说对企业维持义务的程度。当产品的市场容量较大，销售正处在迅速增长的时期时，企业就希望建立能获得最大控制、有长期稳定关系的分销渠道。

三、分销渠道的管理

企业进行分销渠道设计之后，还必须对中间商进行选择、激励和定期评估。

（一）选择渠道成员

选择中间商时，企业应主要考虑以下因素：服务对象，地理位置，经营范围，销售能力，中间商的信誉与财务状况，以及中间商与公众和政府的关系等。

1. 中间商的地理位置

作为销售渠道的成员，所选择的中间商应当处于最接近目标顾客，或者是顾客最方便光顾的地方。从运输角度上看，所选择的中间商最好处于生产厂家与目标顾客之间的直线上，这样商品运输就不会出现迂回路线或回流情况，可以把商品运输量降到最小水平。对于终端顾客来说，销售渠道的终端最好位于顾客集中的地方或商业中心。

2. 中间商的信誉

对许多企业来说，中间商的经营信誉在某种程度上已成为选择渠道成员的重要因素。在产品流通中，可能由于购买者或者代理商不讲信誉，恣意截留货款投入不合理用途，造成资金流失，甚至使企业无力维持再生产。因此，在选择中间商时，要认真审查中间商的商业信誉，尤其要警惕不法分子的诈骗行为。

3. 中间商的资本实力

中间商的资本实力一方面可以作为一种货款支付能力的象征。资本实力强的中间商通常不必等到货物全部销售出去以后才返还货款，他们可以买断商品，在他们认为最佳的时机出手销售。而资本实力弱的中间商则很难买断商品，通常只能等到全部商品销售出去以后才有资金支付货款。另一方面，中间商的资本实力也是其经营实力的标志之一。资本较多的企业通常能够采用先进的商业技术和销售方式，能够聘用高层次的商业和技术人才，市场营销能力也会较强。

4. 中间商的经营能力

中间商在长期的营销实践中，在吸引顾客、开拓市场方面的经营能力存在着很大的差异，这同样成为选择有效中间商的重要因素。对中间商经营能力强弱的判断，可通过考察该中间商目前的经营景气程度和知名度等资料而获得。能够保持经营景气或具有一定知名度的中间商，通常都是对市场具有较强适应能力、具有较强营销管理能力的。

5. 合作的意愿

作为分销渠道成员的中间商，是否具有强烈的与生产厂家和其他中间商合作的愿望和动机，也是影响其渠道分销能力的一个重要因素。有些中间商受到自己经营方向和货品来源等因素的影响，可能不愿意经营（经销或代销）某些生产厂家的商品；也有一些中间商财大气粗，店大欺客，缺乏同中小生产厂家和中小商业机构合作的意愿和诚意。如果勉强争取缺乏合作意愿的中间商担任销售渠道成员，有可能需要付出昂贵的激励成本，或者导致分销效果不太如意。

（二）激励渠道成员

激励渠道成员是渠道管理中不可缺少的一环。激励渠道成员是指制造商激发渠道成员的动机，使其产生内在动力，朝着所期望的目标前进的活动过程。目的是调动渠道成员的积极性。

对于制造商而言，激励的目的无非就是希望中间商多提货、早回款，希望现有的渠道增加抵御风险的能力等。因此，了解中间商需求只是激励的第一步，然后应该做的是采取有效的激励措施。

激励中间商的形式多种多样，但大体上可以分为两种：直接激励和间接激励。

1. 直接激励

直接激励指的是通过给予中间商物质、金钱的奖励来激发中间商的积极性，从而实现公司销售目标。为了应战格兰仕掀起的新一轮微波炉价格大战，美的一改往常的做法，将眼睛盯在了中间商身上。美的一掷千金，投资 3000 万元，购买了奔驰、宝马、奥迪 A6 等 83 辆奖励车，并承诺送 120 家优秀中间商出国深造。投入 3000 万元奖励中间商，其力度连中间商自己也颇感意外。一位奥迪 A6 的中间商得主说，"谁也没想到会有这份奖励，当初的合同中并没有这个说法。不用说，美的的销量还会攀升。"

直接激励主要有以下几种形式：

（1）返利政策

在制定返利政策时一定要考虑到如下因素：

①返利的标准。一定要分清品种、数量、坎级、返利额度。制定时，一要参考竞争对手的情况，二要考虑现实性，三要防止抛售、倒货等。

②返利的形式。是现价返利，还是以货物返利，还是二者结合？一定要注明；货物返利能否作为下月任务数，也要注明。

③返利的时间。是月返、季返还是年返？应根据产品特性、货物流转周期而定。返利兑现的时间内完成返利的结算，否则时间一长，搞成一笔糊涂账，对双方都不利。

④返利的附属条件。为了能使返利这种形式促进销售，而不是相反（如倒货），一定要加上一些附属条件，比如严禁跨区域销售、严禁擅自降价、严禁拖欠货款等，一经发现，取消返利。

现实中会遇到这种情况：返利标准制定得比较宽松，达不到返利刺激销售的目的，或者返利太大造成价格下滑或倒货，等等。因而在执行中，一是在政策的制定上就要考虑周全；二是执行起来要严格，不可拖泥带水。

（2）价格折扣

价格折扣包括以下几种形式：数量折扣、等级折扣、现金折扣、季节折扣。

（3）开展促销活动

一般而言，生产者开展促销活动会很受中间商的欢迎，但必然会产生促销费用。促销费用一般可由制造商负担，亦可要求中间商合理分担。生产者还应经常派人前往一些主要的中间商那里，协助安排商品陈列，举办产品展览和操作表演，训练推销人员，或根据中间商的推销业绩给予相应奖励。

2. 间接激励

间接激励是指通过帮助中间商获得更好的管理、销售的方法，从而提高销售绩效。在市场机制日益成熟的今天，直接激励的作用在不断地削弱。一方面，企业每天都向市场推出成熟或不成熟的新产品，各种形式的招商广告铺天盖地，各种各样的承诺一个比一个诱人。另一方面，大量的中间商在经历了账面资金不断缩水的教训后，面对五花八门充满诱惑的招商广告依然捂紧并不膨胀的口袋无动于衷，迫使企业投放大量的招商广告以吸引眼球。经历了代理、经销、买断等厂商合作方式，演绎过降价、打折、买一送一等促销手段后，中间商们面对厂家抛出的橄榄枝，比任何一个时期显得冷静、理智。面对这种冷静与理智，一大批缺乏营销创意的企业，在市场竞争中渐渐落败，继而被淘汰出局。显而易见，在当前竞争白热化、残酷性日益突显的市场上，营销方法正在超越产品力、超越品牌走向营销首席。因为理智的中间商们今天对真正独特且行之有效的营销方法的渴望，已经远远高于他们对所营销产品的利润空间和厂家广告费的追逐。他们深知，没有一套行之有效的营销方法将产品卖出去，再大的利润空间，再多的广告投入都不行。所以，制造商们越来越意识到间接激励的重要性。

间接激励通常的做法有以下几种形式：

（1）帮助中间商建立进销存报表，做安全库存数和先进先出库存管理。进销存报表的建立，可以帮助中间商了解某一周期的实际销售数量和利润；安全库存数的建立，可以帮助中间商合理安排进货；先进先出的库存管理，可以减少即期品（即将过期的商品）的出现。

（2）帮助零售商进行零售终端管理。终端管理的内容包括铺货和商品陈列等。如，通过定期拜访，帮助零售商整理货架，设计商品陈列形式等。

（3）帮助中间商管理其客户网来加强中间商的销售管理工作。如帮助中间商建立客户档案，包括客户的店名、地址、电话，并根据客户的销售量将它们分成等级，并据此告诉中间商对待不同等级的客户应采用不同的支持方式，从而更好地服务于不同性质的客户，提高客户的忠诚度。

（4）伙伴关系管理。从长远看，应该实施伙伴关系管理，也就是制造商和中间商结成合作伙伴，风险共担，利益共享。

近年来，分销渠道的作用正在逐渐增强，渠道合作、中间商合作、商业合伙、战略联盟变得日益普遍。合作关系或战略联盟体现了一种在制造商和其渠道成员间的持续的相互支持的关系，包括努力提供一个高效团队、网络或渠道伙伴联盟。

（三）评估渠道成员

生产者除了选择和激励渠道成员外，还必须定期评估他们的绩效。企业根据自己的营销目标，制定对中间商的工作绩效进行考核的办法。考核指标通常包括：积极性、销售额、增长率、市场占有率、平均存货水平、回款速度、宣传推广、服务水平、顾客满意度等。对企业有较大影响的中间商，往往应成为企业合作的重点；对于绩效一般或低于企业要求的中间商，要找原因及补救办法，必要时，也可剔除绩效差的中间商来保证渠道的效能。评估渠道成员应遵循经济性原则、发展性原则。

（四）调整渠道成员

渠道的建成，仅是迈向消费者的第一步。随着市场容量、消费者需求和产品寿命周期的变化，企业需要动态地进行调整，往往需要重新选择目标市场、细分市场与产品再定位，适当进行中间商的增减，整合优化配置与渠道创新等。

（1）增减渠道宽度。当发现现有的渠道过少，不能使产品有效抵达目标市场而影响了产品的销路时，则应增加新的渠道，即增加同一层次的中间商数目；反之，则应减少、缩小渠道宽度。

（2）增减渠道长度。当制造商在某目标市场上只通过增减个别中间商而不能解决根本问题时，就会采取增减某一特定分销渠道长度的措施。效率低下，分销不力，对渠道整体运作有较大影响的中间商应以剔除，如有必要可另选合适的加入。如某饮料公司发现其经销商只注意成年人市场而忽视儿童市场时，为了促进儿童饮料市场的开发，就可能增加一条新的分销渠道。当企业产品市场扩大时，而中间商销售范围变化不大，就可以增长渠道。

（3）调整整个渠道结构。渠道是为营销服务的，当企业原有的渠道产生严重矛盾冲突或不能满足市场需要时，或企业调整战略目标、营销组合发生重大变化时，就需要对渠道进行调整。

技能实训 7-2　为不同企业和产品选择合适的销售渠道

实训目的

通过市场调查，了解不同企业和产品选择的不同渠道，并分析为什么做这样的选择。

实训内容

（1）学生搜集不同企业分销渠道选择的案例；
（2）对所搜集的案例进行分析、讨论，总结不同分销渠道适合哪些产品；
（3）完成企业分销渠道选择的分析报告。

实训组织

该实践训练项目由指导老师与所指导班级利用实践教学时间组织进行。
（1）根据班级成员总人数进行分组，5～6人为一组；
（2）各组选一个组长负责组内工作，要求组员团结协作。

实训考核

（1）各组完成分析报告，并以PPT形式汇报；
（2）教师讲评。

任务三　认识零售商

一、零售的概念

零售是指所有将产品和服务直接销售给最终消费者，以供其作个人消费或非营利用途的各种活动。凡从事这类活动，不论何种机构（生产商、批发商或零售商）怎样销售（经由个人、邮寄、电话或自动售货机），在何处销售（在商店、马路上或消费者家中），都属于零售范围。零售是与批发相对的概念。判断一个机构或个人是否从事零售活动的标准，主要看其售卖对象是否为产品或服务的最终消费者。

但是，参与零售活动的机构并不一定就是零售商。许多生产商、批发商也有少量的零售业务，不能认为他们都是零售商。零售商是指那些以零售活动为其主营业务，其经营收入主要来自零售业务的商业企业、机构或个人。

零售处于分销渠道的终端，是联系生产者、批发商和消费者的桥梁，是企业产品价值实现系列中"惊险一跃"的关键。正因为如此，近年来许多企业提出了"决胜终端"的口号，把零售网络布局、发展与零售商的合作关系，作为分销渠道决策与管理的重点。

二、零售类型

适应快速变化和剧烈竞争的市场环境，世界各国的零售经营形态（亦称业态）层出不穷，极其复杂多样。营销人员可以根据不同标准对零售业进行分类，以便研究其不同的营销方式和经营特点，据以做出取舍。这里，我们根据其营业有无店面及所有权行使方式，将零售划分为商店零售、无店铺零售和零售组织三种类型。

（一）商店零售

商店零售又称有店铺零售，特点是在店内零售商品与服务。其形式主要有：

（1）传统综合商店。又称传统杂货店，是以经营日常基本生活品为主的商店，多设在农村乡镇基层、城市小社区，如供销社基层店、乡镇、街道个体商店、小士多（small store）店等。其经营的产品线较宽，但产品项目有限；通常仅限于必需品种，经营方式较为粗放。

（2）专业商店。其经营的产品线较窄，但其中包含很多产品项目，在本业范围内花色品种齐全。如服装店、鞋帽店、文具商店、花店、书店、儿童用品商店、妇女用品商店、美容店、特色餐馆等。专业商店或以单一产品线甚至单一品牌经营而成为专营店；或以某一群顾客为服务对象经营有限产品线而成为专门店；甚至可以定制各种产品（如，量体定制衬衫）成为超级专业商店。专业商店适应了不同细分市场的需要，近年来得到快速发展。

（3）百货商店。百货商店是综合经营多条产品线，如服装、家电、文具、化妆品等，同时对每一条产品线均设置商品部，实行专业化经营的零售形式。百货商店一般规模较大，经营范围广，商品花色品种齐全，多设在城市交通中心和商业区中心。世界上第一家百货商店在1852年出现于法国巴黎，以后在各国相继迅速发展。第二次世界大战以后，西方国家的百货公司在同业竞争、新的业态竞争和市中心区购物吸引力下降的冲击下，其获利能力和市场占有率逐渐下降，进入零售生命周期的衰退期。面对竞争挑战，许多百货商店采取了一系列改革措施。例如，在郊区设立分店；改建装修店堂；增设专柜，将一些独立专营店吸纳进来；开展邮购、电话订购业务；引进超级市场、方便商店、廉价一条街等，实行多角度化经营。

(4) 超级市场。超级市场是规模大、成本低、毛利低、销量大的顾客自我服务的零售经营机构，其特点是商品分类上架，顾客自取自选，集中结算付款。超级市场一般以经营食品和家庭用品为主，满足顾客特别是家庭主妇对上述物品的全部需要。超级市场崛起于20世纪30年代，以其方便、廉价而吸引顾客。经过数十年的发展，目前也面临大量创新型竞争者的挑战。为增强竞争能力，超级市场正朝着店面越来越大，经营范围越来越广，设施越来越齐全的方向发展。许多超级市场的经营范围已扩大到成药、家电、唱片、运动器材、小五金、园艺用品，甚至照相机。在店面外观和内部装修、扩大停车场面积、延长营业时间、促销等方面，也花了不少工夫。今天，超级市场的营销方式，已扩展到其他业态，开架自选成为许多其他类型零售的重要方式。

(5) 方便商店。这是设在居民区附近的小型商店。其经营品种范围有限，一般经营周转率高的便利品，营业时间长，方便顾客做临时想到的"补充式"购买。由于其能满足顾客的这一需要，可用较高价格获得更高的毛利。"7-11"连锁店就是方便商店的典型代表。

(6) 折扣商店。这是一种以较低价格销售标准商品的商店。与一般商店偶尔打折扣和特卖不同，折扣商店以低价销售为正常业务，其商品大都是全国品牌而不是次品。折扣商店一般是通过低租金店铺、简易货仓式设备来降低成本，经营较宽产品线和较深产品项目，以毛利低、销量大来保证其低价销售的盈利。在日本，折扣商店正在掀起一场风暴，因为消费者对价格变得更为敏感。近年来，西方国家的折扣商店面对百货商店的降价竞争，已经从经营普遍商品发展到经营专门商品，如折扣体育用品商店、折扣电子产品商店和折扣书店等。

(7) 减价商店。这是以低价和大量销售为特征的另一种零售商店。折扣商店一般以正常价格从批发商那里进货，以较低利润率出售来实现低价。减价商店则通过非正常渠道低价进货，集中经营那些行情变化较大、质量较高的商品组合，如服装、鞋类产品等。减价商店主要有三种类型：

● 工厂代销店。它由制造商拥有和经营，通常经销制造商不再生产的产品和不合格产品。这类代销店常以低于零售价50%的价格销售范围广泛的品种，是制造商产品直销的一种形式。

● 独立减价零售店。它通常由个人拥有、经营，或作为大零售公司的分支机构出现。直接从工厂进货，或从批发环节以优惠价进货，低价售出。

● 货仓式商店。它是一种集仓储、批发、零售为一体的自选商场。以多功能、大批量和简易装修降低成本，低价销售。货仓式商店多采用会员制（仓储俱乐部），销售品牌范围有限的食品、杂货、服装、生活用品，向交付会费的会员提供购物折扣，向企业、政府机关、团体成员、非营利组织提供服务。其商品销售价格通常比超级市场和折扣商店低20%～40%。

(8) 目录销售产品陈列店。这是将产品目录推销与折扣商店结合起来的零

售形式。在商店中陈列销售经广泛选择的商品，这些商品加成高、周转快、有品牌、以折扣价销售，同时散发彩印产品目录，标明每一种产品的价格和折扣，顾客可以电话订购、送货上门，或到商店看货付款提货。

（9）购物中心。这是由众多大小商店组成的商场。欧美大型购物中心一般设在市区，占地面积大，以一两家著名大店为主，有数十家甚至上百家不同行业的中小型店铺加盟。小型购物中心则主要设于社区居民住宅中心或附近。购物中心通常提供购物、餐饮和娱乐多种服务，满足顾客综合消费需求。

（10）服务店。指分别提供包括住宿、就餐、修护、美容、照相、干洗、殡葬等服务的机构。随着经济的发展，服务业商业机构及其业务正在以比商品零售业更快的速度发展。

（二）无店铺零售

无店铺零售是指不经过店铺销售商品或服务的零售形式。其主要形式有以下几种。

1. 直销

直销是指生产者自己或通过推销人员（直销员）向消费者销售产品。包括集市摆卖、上门推销、举办家庭销售会等。集市摆卖是历史悠久的农民和小商品生产者的传统直销方式。至今在我国和东南亚国家，仍然是一个不可忽视的市场。上门逐户推销源于古代和中世纪的行商，今天也仍然显示着其风采。如雅芳公司通过雅芳小姐推广其"家庭主妇的良友，美容顾问"理念，在全世界约有100万名直销商，每年创造20亿美元以上的销售额，是全世界最大的化妆品公司和头号直销商。

传销是直销的一个变种。它是一种依靠会员（传销商）以销结网、以网促销、按绩效分层分享产品销售利润的直销方式。如安利公司征集独立商人作为其产品的分销商，再由他们去征集下线分销商并向他们销售，下线分销商再去征集下一层分销商并销售产品。传销以其强烈的利益驱动机制产生极高的销售效应，但其行为难以监管、控制，容易为不法经营者钻空子，损害下线及消费者利益。

除集市摆卖外，其他直销方式成本高昂，销售人员佣金通常为销售货款的20%～50%，而且生产者还需要支付销售人员的培训、管理及激励费用。

2. 直复营销

直复营销是指营销商使用个性化的沟通媒介来进行销售的方式。主要包括：

（1）商品目录营销。即销售商按照选好的顾客名单邮寄内容详尽的商品目录和订单，顾客收到目录并做出购买决定后，可通过公司设立的免费电话选购所需商品，公司送货上门，如日本富士生活服务公司通过邮寄定购出售各种流行产品，包括室内用品和照相机。新加坡邮购礼品公司在一些特殊的日子（节日、周年纪念日或生日），提供礼品出售和递送业务。

（2）直接邮购营销。销售商向特定潜在顾客寄送信函、折叠广告、宣传品及其他"长翅膀的推销员",甚至是录像带、光盘,其上列出提供进一步信息的免费电话号码。顾客据此决定购买的商品,由公司派人送货上门。

(3) 电话营销。包括接受电话购货和电话推销。前者用于接受由电视、广播及邮寄广告、目录等带来的顾客订货;后者用电话直接向顾客推销商品。在一些国家,电话自动传输系统已成为直复营销的重要工具。通过系统的自动拨号,用活泼动听的语言播出广告信息、自动应答顾客询问,或自动将电话转接给操作人员,接受询问和订购。

(4) 电视营销。用电视作为直接媒体,其一是做直接反映广告,对产品进行有说服力的描述,然后给消费者一个免费电话号码;其二是通过闭路电视频道,全频道、整个节目都用于宣传介绍产品,提供销售服务。前者较多用于直销书报杂志、小型家电、音像制品、收藏品;后者较常用于推销服务、音响、健身器材、家用电器。

(5) 网络营销。这是应用计算机网络的最新直复营销方式。目前使用的网上营销主要有两种。第一种是公司通过互联网提供网上营销信息和服务项目,供签约会员选择使用,会员必须按月交付一定的服务费用。第二种是通过国际互联网实现网上直接对话沟通,完成交易程序。顾客通过计算机终端订购互联网上购物网站显示的商品,指示银行账户划付订金货款,公司接获信息后即可送货上门。

3. 自动售货

自动售货即通过自动售货机购买商品和服务。主要用于一些具有高度方便价值的冲动购买品(如饮料、香烟、糖果、报纸等)和其他产品、服务,如自动柜员机提供存款、取款、转账等服务。自动售货是一条相当昂贵的渠道。

4. 购买服务社

购买服务社是以会员制方式为某些特定顾客(如学校、医院、政府机关等大型组织的雇员)提供服务的不设店铺零售形式。这些会员可以通过购买服务社从一批经过挑选、愿以折扣价售货的零售商那里购物。

(三) 零售组织

零售组织是结合式零售类型,主要有以下几种。

1. 总体连锁店

它是由两家以上同类商店组成的联合经营组织。其成员经营类似的产品线,实行集中采购、统一销售活动,店面装潢风格一致。总体连锁店是连锁店中结合紧密、规模较大的一种类型。它的特点是共同的所有权及控制。各连锁店经营的产品种类由总部控制,总部集中采购商品并配送到各分店,决定价格、促销及其他主要销售政策。

总体连锁店较之单个独立商店具有价格优势,可以低成本、低价多销方式获取更大利润。这一优势主要表现在:

（1）由于总体规模较大（通常连锁店数超过 10 家），可以通过大量进货获得批发商数量折扣及较低的运输成本，有些商品还可以从厂家直接进货。

（2）有条件聘用优秀的管理人员，在销售预测、存货控制、定价和促销等方面制定和实施科学的管理程序。

（3）能够综合批发与零售功能，由总部配送中心行使采购职能，分店无需像独立商店那样应付许多不同的批发商，可以专心致力于销售业务，提高效率。

（4）能以同一广告和统一的促销手段使全部连锁店受益，各店分摊的促销费用降低。

（5）各分店享有某种程度的自主经营权，可以适应消费者的不同偏好和当地市场的竞争特点，提高应付环境变化的能力。

2. 自愿连锁店和零售商合作社

自愿连锁店是由批发企业牵头组织的独立零售商店集团，它们依托批发企业从事大量采购和共同销售业务。零售商合作社是由一群独立零售商店组成的联合组织，其合作内容主要是集中采购和联合促销。这些组织以合作达到经济节约，能有效地面对总体连锁店的价格挑战。

技能实训 7-3　为产品选择合适的零售商

实训目的

通过市场调查，了解企业分销渠道模式，明确不同分销渠道模式的优劣势。

实训内容

（1）学生搜集不同企业产品主要通过哪些零售商销售案例；

（2）对所搜集的案例进行分析、讨论，总结不同产品销售最适合的零售商。

实训组织

该实践训练项目由指导老师与所指导班级利用实践教学时间组织进行。

（1）根据班级成员总人数进行分组，5～6 人为一组；

（2）各组选一个组长负责组内工作，要求组员团结协作；

（3）各组搜集、讨论并分析所搜集的关于企业选择零售商的案例。

实训考核

（1）各组完成分析报告，并以 PPT 形式汇报；

（2）教师讲评。

项目八　广告策略

【项目目标】

知识目标
(1) 了解广告的概念；
(2) 掌握广告的作用；
(2) 掌握制定广告促销方案的五个步骤；
(3) 理解广告定位的内容。

能力目标
具有制定广告促销方案的能力。

素质目标
(1) 增强筛选信息的能力；
(2) 提高分析信息的能力。

【项目导入】

广东恒大美森美家具公司是一家在儿童家具市场很有口碑的公司，现拟在广东进行广告宣传。为此，该企业的销售部门应该如何根据产品的特点、市场情况等因素，选择适合企业产品的广告并对其进行宣传呢？

【项目实施】

任务一　认识广告及其定位

根据导入项目，恒大美森美家具公司需要对广告方案的制定有一个全面的认识和了解，以便为企业广告促销方案的设计打下基础。

【导入案例 8-1】

脑白金——吆喝起中国礼品市场

在中国，如果谁提到"今年过节不收礼"，随便一个人都能跟你过不去地说"收礼只收脑白金"。脑白金已经成为中国礼品市场的第一代表。

睡眠问题一直是困扰中老年人的难题，因失眠而睡眠不足的人比比皆是。有资料统计，国内至少有70%的妇女存在睡眠不足现象，90%的老年人经常睡不好觉，"睡眠"市场如此之大，脑白金功能定位准确。然而，在红桃K携"补血"、三株口服液携"调理肠胃"概念创造中国保健品市场高峰之后，在保健品行业信誉跌入谷底之时，脑白金单单凭借一个"睡眠"概念不可能迅速崛起。

然而事实却是，作为单一品种的保健品，脑白金以极短的时间迅速启动市场，并登上中国保健品行业"盟主"的宝座，引领我国保健品行业长达五年之久。其成功的最主要因素在于找到了"送礼"的轴心概念。

中国，礼仪之邦。有年节送礼，看望亲友、病人送礼，公关送礼，结婚送礼，下级对上级送礼，年轻人对长辈送礼等几十种送礼行为，礼品市场何其浩大。脑白金的成功，关键在定位于庞大的礼品市场，而且先入为主地得益于"定位第一"法则，第一个把自己明确地定位为"礼品"——以礼品定位引领消费潮流。

资料来源：中国电子商务研究中心。

一、广告的概念

广告是由特定的广告主通常以付费的方式、运用说服的技巧通过各种传播媒介对产品、服务或观念等信息的非个人的介绍及推广。

仔细分析一下这个定义，我们可以明确以下几点。

（1）广告由特定的广告主所发布。任何一个广告都是由特定的人或特定的组织为了一定的目的而发布的。

（2）广告是非个人的传播。广告所面对的不是个人，而是特定的某些人或整个公众。当广告受众再度广告时，他所面对的也不是某个推销员。换言之，广告传播不是一种人与人、面对面的人际传播，在广告传播过程中，广告主和广告受众并没有直接的接触。

（3）广告通常需要支付一定的费用。一般来说，做广告需要支付费用，这个费用是由广告主来承担的。但也有一些广告是不用付费的，例如某些公益广告。

（4）广告要传达某些信息。广告所要传达的信息内容可以是有关产品的，也可以是有关服务的，甚至可以是有关某些观念的。

（5）广告运用说服的技巧。广告在其信息的传达过程和信息传达的形式上，需要运用说服的方法与技巧。对消费者来说，广告活动实际上是一种全复兴的营销活动。

（6）广告可以通过各种各样的媒介来传播。一般来讲，多数广告是通过报纸、杂志、广播、电视等大众媒体来传递消息，但是也有不少的广告是采用邮寄、传单、路牌、电影、互联网等其他各种各样的传播媒介来传递消息。

二、广告的作用

广告在促销中有着特殊的功能和效用。

1. 传递信息，沟通产需

广告最基本的功能就是认识功能。通过广告，能帮助消费者认识和了解各种商品的商标、性能、用途、使用和保养方法、购买地点和购买方法、价格等各项内容，从而起到传递信息、沟通产销的作用。俗话说，货好还得宣传巧。但在现实生活中，还有一些企业对广告的作用不十分了解，认为做广告花费大，得不偿失。因此，他们宁可跑遍天南海北、坐火车轮船，辛辛苦苦地到处推销，也不愿做广告。实践证明，广告在传递经济信息方面，是最迅速、最节省、最有效的手段之一。好的产品借助于现代化科学手段的广告，其所发挥的作用不知比人力要高多少倍。

2. 激发需求，增加销售

一则好的广告，能诱导消费者的兴趣和感情，引起消费者购买该商品的欲望，直至促进消费者的购买行动。曾有这样一个事例：某国烟草公司派了一名推销员去海湾旅游区推销该公司的"皇冠牌"香烟，但该地区香烟市场已被其他公司的牌子所占领，该推销员苦思无计，在偶然间受到了"禁止吸烟"牌子的启发，他就别出心裁地制作了多幅大型广告牌，广告牌上写上"禁止吸烟"的大字，并在其下方加上一行字："'皇冠牌'也不例外"。结果大大引起了游客的兴趣，争相购买"皇冠牌"香烟，为公司打开了销路。

3. 促进竞争，开拓市场

大规模的广告是企业的一项重要竞争策略。当一种新商品上市后，如果消费者不了解它的名称、用途、购买地点、购买方法，就很难打开销路，特别是在市场竞争激烈、产品更新换代大大加快的情况下，企业通过大规模的广告宣传，能使消费者对本企业的产品产生吸引力，这对于企业开拓市场是十分有利的。提高商品的知名度是企业竞争的重要手段之一，而广告则是提高商品知名度不可缺少的武器。精明的企业家，总是善于利用广告，提高企业和产品的"名声"，从而抬高"身价"，推动竞争，开拓市场。如下面案例中的王老吉。

【小案例】

广告成就王老吉

从国家食品工业协会统计的数据可以看出，王老吉2002年销售额为1.8亿元，2004年跃升至15亿元，2007年销售额达到了70亿元，而2008年销售额突破100亿元。"6年时间，从1.8亿元到100亿元，王老吉已经超过了可口可乐在中国的销量！"

事实上，在2002年以前，王老吉是一个鲜为人知的凉茶生产商，其不温不火地经营了7年多。在这7年时间里，它仅仅是蛰居于广东和浙江的地域品牌，颇受当地人的欢迎，没有生存的担忧，但也没有更大的发展空间。

在2002年，一家公司在为王老吉做品牌诊断时发现，王老吉品牌缺乏一个清晰明确的定位。经过细致的市场调查，公司发现，消费者在饮食时，特别是在享受煎炸、烧烤、香辣美食时，特别希望能够预防上火。

2003年，王老吉的广告开始频繁出现在电视广播中。在王老吉重新定位之后，公司投入1000万元人民币推广这一新定位，2003年年底，王老吉的广告投放追加到4000万元人民币，仿佛一夜之间，全国人民都认识了王老吉，其销售额也奇迹般地猛增至6亿元。2004年，王老吉更在各省级电视台及广播电台投入巨资进行广告宣传，广告支出达到了1亿元。正是这种疾风暴雨般的广告攻势，保证了王老吉在短期内迅速给人们留下了深刻印象，迅速蹿红大江南北。

4. 介绍知识，指导消费

现代化生产门类众多，新产品层出不穷，而越分散销售，人们越难及时买到自己需要的东西，而广告通过商品知识介绍，就能起到指导消费的作用。消费者购买有些产品以后，由于对产品的性能和结构不十分了解，因此在使用和保养方面往往会发生问题。通过广告对商品知识进行介绍，可以更好地指导消费者做好产品的维修和保养工作，从而延长产品的使用时间。

5. 丰富生活，陶冶情操

好的广告，实际上就是一件精美的艺术品，不仅真实、具体地向人们介绍了商品，而且让人们通过对作品形象的观摩、欣赏，引起丰富的生活联想，树立新的消费观念，增加精神上美的享受，并在艺术的潜移默化之中，产生购买欲望。良好的广告还可以帮助消费者树立正确的道德观、人生观，培养人们的精神文明，并且给消费者以科学技术方面的知识，陶冶人们的情操。

三、广告的定位

广告定位属于心理接受范畴的概念。所谓广告定位，就是指通过选择适当的广告信息传递内容（广告诉求）及其表达/表现方式，来实现或者改变消费者心目中对某一种产品/服务的认知或态度或印象。

成功的广告定位策略能帮助企业在激烈的竞争中处于不败之地，能够赋予竞争者所不具备的优势，赢得特定而且稳定的消费者，使产品在消费者心目中占据与众不同的位置。因此，在广告策划中，应准确把握广告定位。例如，"万宝路"这个品牌的成功也归功于成功的广告定位。该品牌最初的广告定位是女性，宣传主题是"像5月天空一样温和"，销量不佳。其原因是定位过于狭窄，把广大男性烟民排除在外，不利于品牌的发展壮大。后来定位做出重大变化，定位在硬铮铮的男子汉，强调"万宝路"的男子气概，以吸引所有爱好追求这种气概的顾客，并且用马车夫、潜水员、农夫等担任具有男子汉气概的广告男主角，一跃成为全美十大香烟品牌之一。可见，广告定位的正确与否直接影响到产品的市场效应和未来发展。成功的定位策略对整个品牌有着起死回生的作用。

技能实训 8－1　认识广告及其定位

实训目的

（1）加深对广告及其定位的感性认识，掌握广告及其定位的相关知识；

（2）结合企业的需求，加深对广告及其定位的应用。

实训组织

（1）以自愿为原则，5～7人为一组，选择可以实际操作的广告及其定位的内容；

（2）用PPT的形式对所做内容进行演示。

实训考核

在演示中要把广告及其定位的内容贯穿其中。

任务二　广告促销方案制定的前期准备

【导入案例 8－2】

可口可乐的本土化广告策略

我国的饮料市场起步相对较晚，但随着市场经济的发展，饮料市场成了社会经济不可分割的重要部分。在国际品牌与国内品牌竞争的格局下，我国如今的饮料市场，可谓五彩缤纷，品种样样齐全：有碳酸饮料、果汁、蔬菜汁、含乳饮料、植物蛋白饮料、瓶装饮用水、茶饮料、特殊用途饮料。早在20世纪20年代，可口可乐就进入了中国市场。今天，可口可乐已成为家喻户晓的品牌，中国也成为可口可乐全球第三大市场。可口可乐的市场很大,越来越懂得生活的现代人知道怎么样去享受生活,他们追求时尚,追求潮流,而且生活水平也大大提高。只有牢牢抓住现代人的心理,打开更广阔的饮料市场,才能使可口可乐的市场份额更上一层楼。

可口可乐一贯采用的是无差异市场涵盖策略,目标客户显得比较广泛,没有专一的针对性。所以可口可乐把广告的受众集中到年轻的朋友身上,广告画面也以活力充沛的健康的青年形象为主体。

可口可乐公司在中国的广告策略,在经历了"润物细无声"阶段和"拿来主义"阶段后,开始实行"本土化"的广告策略,并且取得了良好的效果。"经典可口可乐"2010年的广告不仅成功地推动了可口可乐公司"icoke"网站的建设,还为网民在饮品领域建立了独树一帜的社区,给网民以归属感,开辟了网民市场;同时,依旧以其本土化的感受方式传达了可口可乐的文化内涵。

可口可乐广告本土化策略,首先体现在其广告与中国文化的结合。中国人喜欢热闹,尤其是春节这个合家团聚的日子,而可口可乐广告引人注目的手笔就是2008—2012年一系列的春节贺岁片了。可口可乐贺岁片选择了典型的中国情境拍摄,运用对联、木偶、剪纸等中国传统艺术,通过贴春联、放烟花等民俗活动来表现中国浓厚的乡土味。可口可乐还就北京"申奥"成功、中国"入世"大打广告宣传牌,现在它又大力赞助中国足球队,声称喝可口可乐,"分享世界杯精彩"。可口可乐俨然成了中国本地产品,而这种乡土形象确实达到了与中国消费者沟通的效果。

偶像代言方面,可口可乐积极选择华人新生代偶像做形象代言人。可口可乐一贯采用无差异市场涵盖策略,目标客户显得比较广泛。近来,可口可乐广告策略把受众集中到年轻人身上,广告画面以活力充沛的健康青年形象为主体。可口可乐通过产品的代言人在传递品牌信息的同时,宣扬健康积极的生活态度。可口可乐公司的代言人包括刘德华、刘翔、SHE、潘玮柏、余文乐、梁朝伟、舒淇、刘青云、李宇春等。他们不仅进一步诠释了可口可乐的品牌形象,赋予产品更鲜明的特性，还为众多消费者创造了许多零距离接触偶像的机会。

在确定企业的目标市场和购买者购买动机的基础上，制定广告促销方案要考虑的一般包括五个主要因素，可以简称为五个"M"：（1）广告目标是什么（Mission）；（2）广告费用是多少（Money）；（3）传递什么广告信息（Message）；（4）利用什么广告媒体（Media）；（5）怎样评估广告效果（Measurement）。

一、确定广告目标

广告目标是企业通过广告活动要达到的目的，其实质就是企业要在特定的时间对特定的受众完成特定内容的信息沟通任务。确定广告目标是广告计划中至关重要的起步性环节，是为整个广告活动定性的一个环节。广告目标的确定必须与企业的市场定位、目标市场的选择以及企业的市场营销组合策略相适应。

根据广告目标特点的不同，我们一般把广告分为告知性广告、诱导性广告和提示性广告三大类。

1. 告知性广告

告知性广告即企业通过广告活动向目标沟通对象提供种种信息，诸如生产平板电脑这一新产品的企业必须通过广告告诉目标市场将有这种新产品上市行销。通过广告，企业可以向市场介绍某种产品的新用途或新用法，通知社会公众某种产品将要变价，介绍各种可得到的劳务，纠正假象，说明产品如何使用，减少消费者的顾虑，建立企业信誉，等等。

2. 诱导性广告

诱导性广告即企业通过广告活动建立本企业的品牌偏好，改变顾客对本企业产品的态度，鼓励顾客放弃竞争者品牌转而购买本企业品牌，劝说顾客接受推销访问，诱导顾客立即购买。市场上大多数广告都是诱导性广告。这种广告可以用来促进和激发消费者产生对企业产品的偏爱，使目标沟通对象从需要竞争对手的品牌转向需要本企业的品牌。例如，海飞丝洗发水，海蓝色的包装，首先让人联想到蔚蓝色的大海，带来清新凉爽的视觉效果，"头屑去无踪，秀发更出众"的广告语，更进一步在消费者心目中树立起"海飞丝"去头屑的信念。

3. 提示性广告

提示性广告的目的在于使消费者在某种产品生命周期的成熟阶段仍能想起这种产品。例如，舒肤佳在各大电视台做的广告，其目的就是要提醒广大消费者，使他们时时刻刻不要忘记舒肤佳。还有一种与此有关联的广告形式叫作加强性广告，其目的在于使现有用户确信他们所做出的选择是正确的。例如，美国汽车制造商常常用广告描述其顾客对于他们已购买的汽车很满意，以加强其购买选择。

二、确定广告预算

广告预算是广告战略策划的一项重要内容，它是一项系统性工程。广告所有活动的实施，要以广告预算来支持。多数企业是依据广告预算来制定广告策略的，即依据有多少广告费用投入，来决定进行多大规模的广告活动。

（一）广告预算的制定方法

1. 目标达成法

目标达成法是根据企业的市场战略和销售目标，具体确立广告的目标，再根据广告目标要求所需要采取的广告战略，制订出广告计划，再进行广告预算。这一方法比较科学，尤其对新上市产品发动强力推销是很有益处的，可以灵活地适应市场营销的变化。广告阶段不同，广告攻势强弱不同，费用可自由调整。目标达成法是以广告计划来决定广告预算。广告目标明确也有利于检查广告效果，其公式为：

广告费 = 目标人数 × 平均每人每次广告到达费用 × 广告次数

2. 销售额百分比法

销售额百分比法是以一定期限内的销售额的一定比率计算出广告费总额。由于执行标准不一，又可细分为计划销售额百分比法、上年销售额百分比法和两者的综合折中——平均折中销售额百分比法，以及计划销售增加额百分比法四种。

销售额百分比法计算简单方便，但过于呆板，不能适应市场变化。比如销售额增加了，可以适当减少广告费；销售量少了，也可以增加广告费，加强广告宣传。

3. 竞争对等法

竞争对等法是根据广告产品的竞争对手的广告费开支来确定本企业的广告预算。在这里，广告主明确地把广告当成了进行市场竞争的工具。其具体的计算方法又有两种，一是市场占有率法，一是增减百分比法。

市场占有率法的计算公式如下：

广告预算 = （对手广告费用 ÷ 对手市场占有率）× 本企业预期市场占有率

增减百分比法的计算公式如下：

广告预算 = （1 ± 竞争者广告费增减率）× 上年广告费

（注：此法费用较大，采用时一定谨慎。）

4. 量力支出法

量力支出法是根据企业的财政状况可能支出多少广告费来设定预算的方法，适应于一般财力的企业。但此法还要考虑到市场供求出现变化时的应变因素。

（二）影响广告预算的因素

（1）产品生命周期。产品间的广告费用分配，取决于产品处于生命周期的哪一个阶段。一般而言，处在引入期和成熟期的产品，其广告费应多于成长期、饱和期和衰退期的广告费。

（2）利润率。利润率高的产品，广告费投入一般较多；反之，低利产品的广告费投入则较少。

（3）销售量。销售量大的产品，广告费投入一般较多，反之则少。

（4）市场覆盖面。全国性广告费 > 区域性广告费 > 地方性广告费。

(5) 市场竞争状况。竞争激烈，广告费投入多，反之则少。

(6) 经济发展状况。经济形势好，市场兴旺，商品畅销，供不应求，则广告费投入少；反之，则广告费投入多。

(7) 各部门任务。各部门所负担的工作性质和工作量不一样，广告费的分配份额有所不同。具体比例视情况而调整，但购买媒体费占70%～90%的比例是无可非议的。

技能实训 8-2　掌握广告促销方案制定的前期准备

实训目的

掌握广告促销方案制定的前期准备。

实训组织

(1) 以自愿为原则，3～5 人为一组，进行广告促销方案制定的前期准备；

(2) 讨论确定广告目标、广告预算；

(3) 各组以 PPT 形式进行展示。

实训考核

广告目标是否明确、广告预算是否合理。

任务三　广告促销方案的制定

【导入案例 8-3】

蒙牛广告运作案例

蒙牛乳业自 1999 年 7 月成立到 2002 年。短短 3 年时间，在全乳制品企业中的排名由第三世界国家的第 16 位上升至第 3 位，平均发展速度为 365%，年平均增长率达 265%。此时的蒙牛虽然年度销售额达到 20 亿元，全国排名第四，但与前两位乳业品牌伊利和光明相比仍存在较大差距，伊利和光明此时的年销售额均在 50 亿元以上，是蒙牛的两倍。

按照发展计划，2006 年的蒙牛销售规模要达到 100 亿元，如此看来，蒙牛必须在 2003 年完成 40 亿元的销售额，2004 年完成 60 亿元的销售额，才有望达成 2006 年 100 亿元的目标。而此时的蒙牛，随着规模的扩大，发展速度相对减缓。而蒙牛的两大竞争对手伊利和光明在品牌传播概念上相对清晰（前者强调"天天天然"，后者强调"科技领先"），对于蒙牛诉求的"来自大草原，香浓好感受"和"自然好味道"已构成了不小的威胁。

而牛奶属于大众化消费产品，是人人可以消费的产品，因此在蒙牛牛奶的广告策略中，坚决执行"无差异化营销"，并以家庭为传播的突破点，以一家人的单位，覆盖从小孩到老人所有牛奶消费人群。

纵观当时的社会热点，中国"神五"航天飞船无疑是其中最大的闪光点。飞船一旦发射成功，中国将是继美、俄之后第三个，亚洲第一个载人登上太空的国家。这将是整个中华民族强大的象征，是综合国力强盛的体现，对于民族自豪感更是极大的鼓舞，这个时候全国人民将关注这一事件，世界将关注这一事件，这将是前所未有的宏大盛事，也更是全民集体话语权的实践。从企业面来讲，蒙牛当时也正是整个中国企业界的明星，以超常规的速度快速地发展，对于正处在乳业行业变局风口浪尖的蒙牛来讲，如何把握这样一个事件，如何从中有效地利用这样一个事件，来争夺对话语权的掌握，将关乎蒙牛品牌的提升。

中国航天员专用牛奶是一个绝好的机会，从公益事业和新闻热点的角度出发，一旦蒙牛跟航天飞船产生联系，整个蒙牛品牌的知名度与美誉度也将随着"神五"的升温而迅速得到提升。在消费者心目中树立蒙牛正面的形象，使消费者产生"蒙牛牛奶等于航天品质"这样一种强烈认同的心理效应，驱动消费者对蒙牛品牌的购买，最终实现忠诚度从其他品牌对蒙牛品牌的转换，达到提升蒙牛销售额的目的。

从创意的角度来讲，载人航天飞船的成功是整个中华民族强大的象征，而航天员专用牛奶更是体质强健的保障，而牛奶本身也有"一杯牛奶强壮一个民族"的说法——强壮便自然成为本次事件的连接点。在传播概念上，考虑到事件本身的特殊意义，广告运用了"强壮中国人"这样一种具有鼓舞民族士气的话，在画面上力求简单明了，采用了最简单的表达强壮的手势——握紧拳头，举起右手。

资料来源：素材公社（tooopen.com）文案策划频道。

一、广告创作

广告是一种宣传的手段，也是一种让大众了解企业的方式。广告创作的主要用途就是提供商品信息；吸引消费者的注意和兴趣，激发起购买欲望。

（一）广告创意的产生

创意是广告策略的表达，是创造性的思维活动，其目的是创作出有效的广告，促成购买。创意必须以消费者心理为基础。

（二）广告创意的评价和选择

一个好的广告总是集中于一个中心的推销主题，而不必给出过多的产品信息，以防其淹没主题或冲淡广告的集中冲击效果。对具体广告文稿的评价要求是具有三点：吸引力、独特性与可靠性。评价和选择广告文稿的最佳途径是市场测试。

（三）广告的制作

广告创意的作用不仅依赖于讲什么，还在于怎么讲。创意人员必须找出好的传递风格、语调、措辞及格式。广告制作的总趋势是，在继续强调产品质量的同时，越来越倾向于树立产品的形象。

1. 广告文案的创作

广告文案是已定稿的广告作品中用以表达主题和创意的全部的语言文字，是广告创意的表现和深化；它能传达信息、促进沟通，是广告者与受众之间的直接中介。广告文案由标题、正文、广告语、随文四项内容构成。广告文案的表现手法多种多样，不拘泥于结构的完整，语言文字只要是有助于吸引受众、使广告信息得到有效传播，广告文案都可以吸收和结合。广告文案写作的根本任务，是如何在传达的同时说服和劝诱目标受众。请看一下流行广告小集锦：

瞬间的永恒（照相机）

"鼠"期热卖（联想电脑）

由我天地宽（中国网通）

繁简自有文章（一汽大众）

原来生活可以更美的（美的空调）

省优，部优，葛优（双汇火腿肠）

足及生活每一天（搜狐）

进步就是永不停步（雅阁汽车）

生命相托，健康承诺（万泽医药）
优雅态度，真我个性（浪琴表）
白手起家（石灰厂）
只溶在口，不溶在手（M&M 巧克力）
趁早下斑，请勿痘留（化妆品公司）

2. 平面广告创作

平面广告由文案、图形、色彩、编排等要素构成，在进行平面广告创作时，要注意视觉元素之间面积对比，图像之间的质感对比，点、线、面的对比，位置的对比与协调，使画面主次分明，体现画面的节奏感和个性。

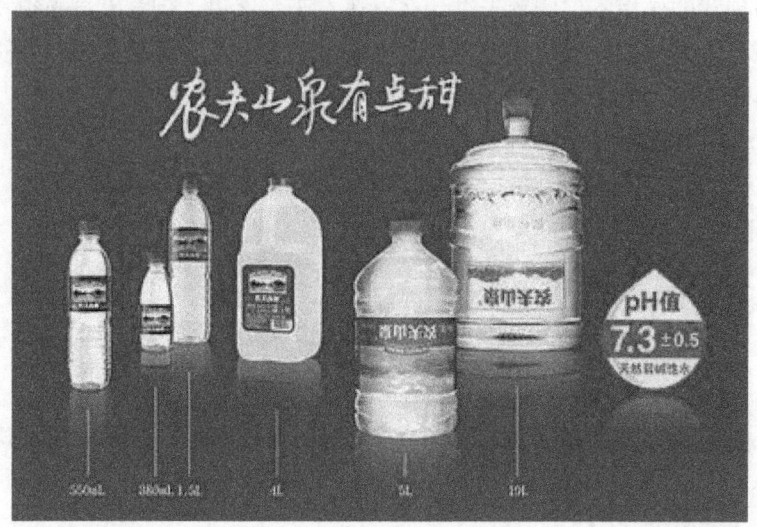

3. 电视广告创作

电视广告创作是一个过程，具有工具性、技术性和艺术性的特点。它是广告信息高度集中和浓缩的广告，兼有报纸、广播和电影等广告媒体的视听特征。电视广告的制作包括现场拍摄、室内拍摄和计算机制作等专业的环节。

二、选择广告媒体

广告媒体是用于向公众发布广告的传播载体，是指传播商品或劳务信息所运用的物质与技术手段。传统的"四大广告媒体"为电视、电台、报纸、杂志。在广告行业把电视媒体和电台媒体称为电波媒体；把报纸和杂志媒体称为平面媒体。

（一）常见广告媒体的分类

广告媒体，又称广告媒介，它是广告信息借以传播的物质技术手段。

在日常生活中，我们从广播里听到各种广告，从电视里看到各种广告，从Internet、报纸、杂志等阅读到各种广告，这些诸如广播、电视等介质就扮演了广告媒体的角色，它们为公众传达一定的广告信息。我们对广告媒体的分类主要有以下几种：

1. 广告媒体按表现形式分

广告媒体可分为印刷媒体和电子媒体。

（1）印刷媒体指通过在纸张上印制一些广告而进行广告宣传的媒体，我们平常所看到的报纸、杂志、说明书等都属这一类广告媒体。

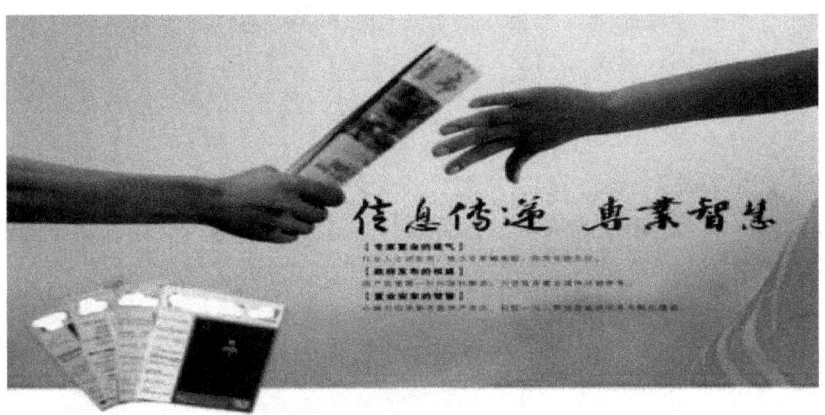

（2）电子媒体是以一定的电子手段，通过先进的电子信息技术来进行广告宣传的媒体。平时常见到的电视、广播及 Internet 等属这一类。目前，这类媒体发展很快，特别是 Internet 即将成为主导的广告媒体。

2. 广告媒体按功能分

广告媒体可分为视觉媒体、听觉媒体及视听两用媒体。

（1）视觉媒体包括海报、传单、日历、报纸、杂志等。其主要通过对人的视觉器官的刺激来进行信息传播。

（2）听觉媒体包括无线电广播、有线广播、录音及电话等，其主要通过对人的听觉器官的刺激来达到信息传播的目的。

（3）视听两用媒体主要包括电影、电视等，它们主要通过对视觉、听觉器官进行宣传，来达到宣传的目的。

3. 广告媒体按性质分

（1）报纸媒体：各种日报、周报、晚报、中文报纸、外文报纸等。

（2）杂志媒体：各种周刊、月刊、综合杂志、专业杂志、学术杂志等。

（3）广播媒体：地方台、中央台、体育台等。

（4）电视媒体：中央台、地方台、商业台等。

（5）户外媒体：路牌、海报、传单、招贴面等。

（6）书刊媒体：日历、台历、挂历等。

（7）交通媒体：公共汽车、火车、飞机等交通工具厢体内外及站台、各种票面等。

（8）店铺媒体：店堂门面、柜台、货架陈列、旗帜等。

除以上以外，还有包装媒体、录像媒体、邮递媒体等分媒体，这些都是广告媒体的组成部分。

（二）广告媒体的选择

选择什么样的媒体做广告，要考虑多方面的因素。只有充分考虑到各种因素的影响及其相互之间的关系，才能扬长避短，节省人力、物力、财力，达到广告宣传的最佳效果。影响选择广告媒体的因素主要有以下几个：

1. 商品自身的特点

这里所讲的商品自身的特点，既包括商品的性能、效用，又包括商品的使用对象。如广告所要宣传的商品是耐用消费品还是日常小用品，是专用商品还是普通商品，是新商品还是老商品。同时还应了解原先该种商品是否刊登过广告，其广告采取何种形式，效果如何等。就拿工艺美术品来说，其主要特点在于它的观赏价值，所以人们对商品的外观、造型、色彩十分挑剔。因此，采取何种广告媒体就必须考虑到这一点，要尽量采用展示商品图像清晰、色彩效果好、感染力强的广告媒体，例如电视、杂志。有些商品时令性、流行性特别强，例如时装、鞋帽、食品、小家电等商品，应选择广播、电视、报纸，还可配以 POP 广告，吸引消费者注意力，诱发他们的购买欲望，达到促进销售的目的。

2. 市场调查

在充分考虑商品特性的基础上，为使广告成功的把握更大，更有针对性，还必须进行市场调查。市场调查的目的是了解和掌握不同地区、职业、性别、年龄的消费者需要什么样的商品，需要多少，是短期需要还是长期需要，从而确定出可能的商品购买对象。因为不同的消费者有着不同的消费习惯和爱好，其消费心理、购买行为更是千差万别，广告宣传必须针对消费者的特点及诉求来进行。

3. 广告媒体的特点

广告媒体多种多样，特点各不相同，因此传播信息的作用、对消费心理影响的方式也有很大的区别。不仅如此，就同一媒体来讲，效果也不同，例如同时选用报刊做广告媒体，刊登在《人民日报》和刊登在《扬子晚报》上的广告效果就大不相同，同时刊登在《扬子晚报》和刊登在《南京日报》的效果又不一样。因为《人民日报》的发行量每日达500万份，而一些省地方性的报纸的发行量一般都是一百多万份，几十万份。杂志更是种类繁多，不仅发行量不同，级别不同，出版时间也各异。例如有周刊、旬刊、半月刊、双月刊、季刊等多种形式，因此，它们的广告效果就有很大的差别。另外，不同的消费者，由于多方面的原因，对各种电视、广播节目有着不同的爱好，因此形成了不同的视听者群体；对报纸杂志则形成了众多的读者群体。例如，《经济日报》的读者大多为经济贸易界的人士；《体育报》的读者大多为青年人。只有把不同传播媒体的传播特点和优缺点了解清楚，才能有的放矢地选择合适媒体，刊登广告进行大规模的宣传。

4. 企业的支付能力

企业的支付能力也是选择广告媒体时应考虑的因素。因为不同的广告媒体，所需要的费用不同。就是同一广告媒体，所占版面不同，制作程序不同，播出时间不同，费用也不同。一般文字广告媒体，如报纸、杂志等是根据广告所占版面大小，字数多少来收取费用的。语言广告媒体，如广播、电视，是根据播放时间长短和不同时段来收费的。因此，要根据企业的财力状况和支付能力，选择适当的广告媒体，以做到花最少的费用取得最佳的广告效果。

5. 媒体与市场的结合

在选择广告媒体以前，首先要确立本商品的目标市场，那么选择媒体时就应根据目标市场而定。例如，商品的目标市场是以购买日常家庭用品的主妇为主，那么就应选择与妇女有关的或家庭主妇阅读最多的报纸或杂志来做广告，电台、电视媒体广告也应该选择一些妇女节目时间播出。

6. 广告目标

影响广告媒体选择的一个重要因素，就是广告活动的目标。如果本广告活动的主要目标是要为本公司树立形象，就可以在许多不同的媒体上做广告，这样可以使更多的人认识本企业所生产的商品，有利于建立起良好的企业形象。如果广告目标是针对某一目标市场或某一特定商品销售活动，那么选择媒体的方法则不尽相同，这时应选择最能接触目标市场的媒体来做广告。

7. 媒体弹性

媒体弹性是从广告制作到广告播出之间的时间差距。最有弹性的媒体是电台和报纸，只要在广告播出前一天把录音带或广告稿交给媒体负责人就行。这类广告最适合零售业或其他需要经常修改信息的广告客户。印刷性的媒体如杂志则弹性太小，因为彩色稿需要进行分色、印刷、装订、邮寄等复杂过程，所以广告稿通常在杂志出版前三四个星期交到杂志社，而且在这段时间内不能再做任何更改。最缺乏弹性的媒体是电视，因为电视广告片的制作时间较长，费用巨大，需要更改的费用也很大。因此，在选择广告媒体时，必须充分考虑到本商品广告信息的时间性和媒体弹性，然后才能确定最佳的广告媒体。

8. 媒体的辅助性和接受性

当媒体内容与广告中的商品性质相同时，就可以增加广告的可接受程度。因此，选择媒体，要考虑到媒体的整体内容是否与本商品相接近。例如，千万不要在以少年儿童为主要对象的媒体上做成人商品的广告。另外，也要考虑到媒体的接受性，因为大多数消费者对某些商品都有一个固定的商品形象，如果某商品的广告一旦出现在他们认为适当的广告媒体上，那么这种广告接受性就会很高。例如高档商品广告在高级杂志中出现，就能产生较好的媒体接受性。相反，如果这些高档商品广告出现在普通杂志上，就会与其形象不相符，广告效果会适得其反。此外媒体选择还与品牌形象和个性、创意策略、竞争品牌的媒体策略等有关，在真正选择媒体时，这些都是必须考虑的因素。做媒体策略就像是制作一台精密的仪器，是一项很复杂的脑力和体力相结合的劳动。

三、评估广告效果

每年企业花费大量资金在各种媒体上投放广告，涉及的媒体类型包括电视、报纸、户外、电台、网络、杂志等，既有全国性媒体也有地方性媒体。那么，我们应该如何选择评估指标用以测评、比较各种媒体广告的投放效果呢？

在进行评估之前，我们需要对"广告效果"这个概念做深入剖析。广告效果包含着两层含义：其一，广告的销售效果；其二，广告的心理效果。对于不同层面的"广告效果"，我们需要选择不同的评估指标，具体包括如下几个指标。

1. 广告销售效果

广告投放的最终目的是为了促进销售，这当中需要排除掉"非广告因素"对于销售的影响作用，故我们可以选取"PFA 购买率"这个指标，其计算公式如下：

$$\text{PFA 购买率} = \frac{\text{看过该媒体广告的购买者}}{\text{看过该媒体广告的全体}} - \frac{\text{没看过该媒体广告的购买者}}{\text{没看过该媒体广告的全体}}$$

PFA 购买率采用询问调查的方法，将被调查者划分为接触广告与非接触广告两大群体，进而甄别购买者与非购买者人数，由此测试"因广告而带来的销售效果"。假设我们在某城市开展 400 个样本的实地调查，其中 180 人在过去 6 个月内看到过 TESIRO 通灵在当地晚报上的广告信息，剩余 220 人则没看过；进一步询问得知，在看过广告的 180 人中，有 10 人在过去 6 个月内购买了通灵首饰；而在没看过广告的 220 人中，也有 5 人在过去 6 个月内购买了通灵首饰；则当地晚报的 PFA 购买率 = 10/180 − 5/220 = 3.28%，就是说做该广告能够比不做此广告多带来 1.44 倍（3.28% ÷ 5/220）的销售促进性。考虑到珠宝品类的特点（购买率较低、消费者介入程度高），也可以把甄别条件"过去 6 个月内购买了通灵首饰"改为"过去 6 个月内去过通灵门店"。

2. 广告心理效果

广告起到的首要作用就是改变消费者态度，根据具体的广告目标，我们可以选择"知名度""美誉度""购买意图"等评估指标，采用跟踪调研的形式，通过对媒体广告投放前与投放后所采集的不同数值进行比较、分析，以评估该媒体广告的沟通效果。假设我们将在某城市商业步行街投放一批落地灯箱，画面主题是蓝色火焰切工钻石。首先，我们需要在灯箱广告投放前在当地开展一次市场调研活动，以了解"蓝色火焰切工钻石"在当地的"知名度""美誉度"和"购买意图"；在灯箱广告投放后的2个月，我们在当地再次开展市场调研以采集"蓝色火焰切工钻石"新的"知名度""美誉度"和"购买意图"；通过检验公式计算，以评估前后两次所采集的指标数据是否具有真实差异，因为这种差异也可能是由误差导致的。例如，灯箱广告投放前，"蓝火"在当地的知名度为40%；投放后2个月，其知名度变为50%，前后两次调研的样本量均为200个。通过检验公式计算，可以判定前后两次采集的知名度数值差异是有意义的（具体计算过程详见备注），故我们能够认为灯箱广告投放对于"蓝火"知名度的提升是有促进作用的（为10%）。

备注：显著性检验公式：$z = (p_2 - p_1) / \sqrt{Pq(1/n_1 + 1/n_2)}$

其中，$p = (n_1 \times p_1 + n_2 \times p_2) / (n_1 + n_2)$ $q = 1 - p$

（如果 $z > 1.96$，则可以认为 p_1 与 p_2 的差异具有显著性）

在上文中，$n_1 = n_2 = 200$，$p_1 = 40\%$，$p_2 = 50\%$，代入公式计算后可得 $z = 2.01 > 1.96$。

技能实训8-3 制定广告促销方案

实训目的

通过市场调查，了解企业广告促销模式，为恒大美森美家具公司制定一份企业广告促销方案。

实训内容

（1）学生搜集不同企业有关广告促销的案例；

（2）对所搜集的案例进行分析、讨论，总结该广告促销方案的优缺点，加以学习；

（3）结合上面搜集的资料为恒大美森美家具公司制定一份企业广告促销方案。

实训组织

该实践训练项目由指导老师与所指导班级利用实践教学时间组织进行。

（1）根据班级成员总人数进行分组，5~6人为一组；

（2）各组选一个组长负责组内工作，要求组员团结协作；

(3) 各组搜集、讨论并分析所搜集的关于企业广告促销方案的案例。

实训考核

(1) 各组完成分析报告，并以 PPT 形式汇报；
(2) 教师讲评。

项目九　销售促进策略

【项目目标】

知识目标
（1）了解销售促进的基本概念、适用性及其目标；
（2）掌握销售促进的方法；
（3）掌握销售促进方案的制定；
（4）理解销售促进的实践要点；
（5）了解在销售促进中的注意事项。

能力目标
（1）具有运用销售促进方法的能力；
（2）具有制定销售促进方案的能力。

素质目标
（1）增强交流沟通的能力；
（2）提高创新的能力。

【项目导入】

某地方名牌洗发水公司踌躇满志地在各大超市推出了买 400mL 装送精美浴刷的促销活动。依照上年成功的经验，这样的促销至少能够提高 80% 左右的销量。4 周过去了，销售结果让人大跌眼镜：销量只提高了 12%！在新任的市场部经理抓耳挠腮百思不得其解的时候，一个经销商的电话道出失败的原因：联合利华和宝洁的促销装我还没卖光呢！针对这种情况，请你设计出一个更好的销售促进方案，以便达到预期效果。

【项目实施】

任务一　认识销售促进

根据导入项目，某地方名牌洗发水公司需要了解同行业的销售促进方案，并比较其优劣势，为企业的销售促进方案设计打下基础。

【导入案例9-1】

"雪融"牌女士休闲时装的销售促进策略

"雪融"牌女士时装是由香港华大公司生产的专门针对城市白领女性（年龄锁定为25～35岁之间）的休闲时装。公司在推出该品牌产品时，为了迅速打开市场，获得消费者认可，采取了一系列的促销手段，包括广告和销售促进等。

在销售促进方面，公司也是挖空心思，力图从多角度制造亮点，吸引经销商、消费者、销售人员全方位的关注和支持，从而达到公司设定的销售目标。以下是公司具体的销售促进策略。

首先，"雪融"是公司推出的新品牌，消费者对该品牌并不熟悉，如果公司贸然将这个品牌推出市场的话，不会产生好的效果。因此，在"雪融"上市之前，公司首先参加了由广州某部门主办的一年一度的时装展览会，在展览会上，公司重点向消费者和经销商推出"雪融"女士休闲服装。在公司销售人员的大力宣传下，"雪融"品牌开始被消费者和经销商熟悉。三天的展销会上，直接向消费者销售了70多套，同时与来自内地的三十多家服装代理商达成合作意向。

展销会结束之后，公司迅速成立渠道建设小组，与已经有合作意向的三十多家代理商取得联系，并以优厚的回报和条件与其中28家代理商签订代理合同。在合作条款中，公司承诺为经销商培训销售人员、开通800免费服务热线、一年内保证在内地相关电视台投放300万元以上的广告，而且，如果一个经销商一年销售额达到100万元，公司将给予5%的返点；达到300万元，公司将给予8%的返点。通过这些方式，极大地提高了经销商的积极性。

不仅如此，公司对经销商的销售人员还有单独的激励措施。公司规定，每年将对销售人员全年销售额进行统计并排序。获得前三名的销售人员将得到丰厚的奖励。其中，第一名将获得公司提供的免费泰国8日游（价值12000元），第二名可以获得手提电脑一台（国产，价值8000元），第三名可以获得三星彩屏手机一部（价值3000元）。

当然，仅有这些是不够的，公司在"雪融"产品上市时，即在销售终端针对消费者采取了一系列的终端促销活动。首先，每一零售点第1、10、100位购买"雪融"女士休闲服装的消费者，将获得8折优惠，同时自动成为公司荣誉消费者，终身享受公司所有产品9折优惠。每一位购买"雪融"女士休闲服装的消费者，将获得精美礼品一份。在每一个零售点前100位购买"雪融"女士休闲服装的消费者，还可以同时获得18～88元不等的红包。

公司在"雪融"推向市场之初，在促销方面设置了许多有效的措施，使得公司的"雪融"品牌在短时间内迅速打开市场，名声大噪，前三个月的销售额即突破1000万元大关，前景一片光明。

一、销售促进的概念

销售促进（Sales Promotion，简称SP），又称为营业推广，它是指企业运用各种短期诱因鼓励消费者和中间商购买、经销企业产品和服务的促销活动。

销售促进是营销活动的一个关键要素（科特勒，1999）。长期以来，由于翻译原因，销售促进有很多种叫法。在国内早期的市场营销及相关著述中，它被翻译成"营业推广、促进销售、营业提升、促销推广、促销"等。而国内学术界和管理界最常用的就是"促销"。其实，即便在国外学术性论文中，也有类似的习惯用法。但是，在市场营销理论中，促销与销售促进是有区别的。促销概念有广义和狭义之分。狭义的促销仅指销售促进，而广义的促销则包括销售促进、广告（advertising）、人员推销（personal selling）和公共关系（public relations）四大促销组合（promotion mix）工具（科特勒，1999）。

迄今为止，销售促进还没有一个具有充分说服力且能"一统江湖"的定义，这不能不说是一个遗憾。据我们对现有营销理论和促销组合的研究和分析，有关销售促进定义的分歧既反映了不同学者对销售促进功能、作用、内涵和形式的看法差异，同时也反映了现有市场营销理论对销售促进基本类型的研究不足。

二、销售促进的适用性

销售促进既有其独特的优点，也有其局限性。销售促进适用于在消费者和中间商开展促销工作，一般不针对工业用户。

三、销售促进的作用

1. 缩短产品入市的进程

使用促销手段，旨在对消费者或经销商提供短程激励。在一段时间内调动人们的购买热情，培养顾客的兴趣和使用爱好，使顾客尽快地了解产品。

2. 激励消费者初次购买，达到使用目的

消费者一般对新产品具有抗拒心理。由于使用新产品的初次消费成本是使用老产品的一倍（对新产品一旦不满意，还要花同样的价钱去购买老产品，这等于花了两份的价钱才得到了一个满意的产品），所以许多消费者在心理上认为买新产品代价高，就不愿冒风险对新产品进行尝试。但是，促销可以让消费者降低这种风险意识，降低初次消费成本，而去接受新产品。

3. 激励使用者再次购买，建立消费习惯

当消费者试用了产品以后，如果是基本满意的，可能会产生重复使用的意愿。但这种消费意愿在初期一定是不强烈的，不可靠的。促销却可以帮助他实现这种意愿。如果有一个持续的促销计划，可以使消费群基本固定下来。

4. 提高销售业绩

毫无疑问，促销是一种竞争，它可以改变一些消费者的使用习惯及品牌忠诚度。因受利益驱动，经销商和消费者都可能大量进货与购买。因此，在促销阶段，常常会增加消费，提高销售量。

5. 侵略与反侵略竞争

无论是企业发动市场侵略，还是市场的先入者发动反侵略，促销都是有效的应用手段。市场的侵略者可以运用促销强化市场渗透，加速市场占有。市场的反侵略者也可以运用促销针锋相对，来达到阻击竞争者的目的。

6. 带动相关产品市场

促销的第一目标是完成促销之产品的销售。但是，在甲产品的促销过程中，却可以带动相关的乙产品之销售。比如，茶叶的促销，可以推动茶具的销售。当卖出更多的咖啡壶的时候，咖啡的销售就会增加。在20世纪30年代的上海，美国石油公司向消费者免费赠送煤油灯，结果其煤油的销量大增。

7. 节庆酬谢

促销可以使产品在节庆期间或企业庆期间锦上添花。每当例行节日到来的时候，或是企业有重大喜庆的时候（以及开业上市的时候），开展促销可以表达市场主体对广大消费者的一种酬谢和联庆。

技能实训 9-1 销售促进策略分析

实训目的

掌握销售促进及其作用。

实训内容

（1）学生搜集不同企业有关销售促进的案例；

（2）分析它们的作用。

实训组织

该实践训练项目由指导老师与所指导班级利用实践教学时间组织进行。

（1）根据班级成员总人数进行分组，5～6人为一组；

（2）各组选一个组长负责组内工作，要求组员团结协作。

实训考核

（1）各组完成分析报告，并以PPT形式汇报；

（2）教师讲评。

任务二 销售促进的方法和方案制定

【导入案例 9-2】

喝酒名家的评酒会

安徽砀山酒厂聘请发酵制曲专家和经验丰富的技师,于1992年研制生产出了"宴嬉台"牌系列美酒。为促销"宴嬉台",该厂召开了一次别开生面的评酒会。评酒会请谁参与评酒?通常都是请专家、教授、评酒员。可是,砀山酒厂却请了民间推举的八十多个"喝酒名家"参加评酒会。在评酒会上,该厂马厂长说:"各位喝家,李白当年到此,县令在宴嬉亭池以酒款待。诗仙喝得大醉,留下诗句:'令人欲泛海,只待长风吹'。今天请大家畅饮新'宴嬉台',不求诗章留芳,但愿传个美名。"这些"喝家"们认真品尝,只觉这酒入口绵甜,香气回肠,不由得齐声叫好。

紧接着,砀山酒厂巧妙地举行了一次"评酒扩大会"。该厂的送酒车开到各大酒店饭馆和销售网点,邀请众人品尝:"喝喝看,不好扔到门外去。"这又赢得更多公众的叫好声。评酒会后,"宴嬉台"酒的美名不胫而走,酒厂的销售额直线上升。

砀山酒厂把评酒会开成产品宣传会,可谓独具匠心。其成功之处在于:第一,邀请"喝酒名家"提高了其知名度。第二,"喝酒名家"的话,有着广泛的影响力。他们若常在酒店里、酒桌旁和亲朋同事面前夸赞某种酒好喝,就会广泛地影响人们的购买行为。砀山酒厂又把评酒活动扩大到更多的公众,送到他们跟前请他们品尝,这样做自然影响也就更广泛了。并且,这样也能直接博得更多公众的好评和好感。

一、销售促进的主要方法

销售促进的方法五花八门,不拘一格,企业应根据市场类型、顾客心理、销售目标、产品特点、竞争环境以及各种销售促进的费用和效率等因素进行选择。

根据销售促进活动的对象不同,销售促进方法可分为两大类。

1. 针对个人消费者的销售促进

(1) 赠送样品。赠送样品即免费向顾客发送样品供其使用。其主要适用于新产品推广阶段,方式有挨家派送、邮件发送、店内发送、随其他商品销售配送、随广告分发等。

(2) 优惠券。优惠券是一纸证明,持有者在购买某种特定商品时可凭其少付一部分价款。

（3）退款。退款即消费者在购买产品后向其返还部分货款。这种方法通常用于汽车等单价较高的产品。

（4）特价包装（亦称小额折让交易）。特价包装即以低于正常水平的价格和特别的包装方式向消费者销售产品。其形式有：减价包装，即减价供应的拆零包装（如买一送一）；组合包装，即把两种相关的产品包装在一起（如泡面和饭盒）。

（5）赠送礼品。赠送礼品即免费或低价向消费者提供某种物品，以刺激顾客购买特定产品。

（6）奖励。奖励即在消费者购买某种产品后，向其提供获得某种奖励的机会。

（7）累计购买奖励。累计购买奖励即消费者在购买某种产品或光顾某一场所达一定次数后，凭某种证明可获得奖励。

（8）免费试用。免费试用通常是指在销售现场请顾客试用产品，或者把样品送给顾客使用一段时间后收回。

（9）产品保证。产品保证是指对产品的质量做出某种保证或者对购买后的使用、维修做出某种承诺。

（10）联合推广。联合推广即两个或两个以上的企业进行销售促进方面的合作，以扩大各自产品的销售额或知名度。

上述销售促进方式主要是针对个人消费者的，其中大部分也适用于零售商或批发商。

2. 针对中间商的销售促进方式

一些销售促进工具是专门针对中间商使用的，其中常见的有：

（1）价格折扣。价格折扣即在某个特定时期，生产厂家对中间商所采购的商品给予一定比例的折扣，其目的是鼓励中间商更多地进货或者配售新产品。

（2）免费产品。免费产品即在中间商购货时额外赠送一定数量的同种产品，其目的与价格折扣相似。

（3）促销资金。促销资金即生产者向中间商提供资金，以供其进行广告宣传等促销活动。

由于中间商，尤其较大的零售商和批发商在与生产厂商的关系中处于某种优势地位，生产厂商对中间商存在某种依赖，中间商越来越多地要求生产厂商提供各种促销支持，生产厂商用于对中间商促销的成本也越来越高。中间商与生产厂商容易产生下列矛盾：中间商认为厂商的某些促销活动能使消费者获得好处，却不能为其带来利润，常常不予协助；生产厂商也常常对中间商获得许多优惠后仍不努力帮助推销产品感到不满。

二、销售促进方案的制定

为了充分发挥销售促进的积极作用,企业在开展销售促进活动前,应先拟定好销售促进方案,然后再加以实施。销售促进方案应包含以下内容:

1. 销售促进的对象与目标

首先要明确销售促进的对象,是中间商还是消费者,然后进一步明确目标,是稳定老顾客还是发展新用户,是鼓励继续购买还是争取潜在顾客。

2. 试用销售促进的措施

由于销售促进的各种方法特点不同,同一种方法对不同对象的吸引力也有差异,销售促进的措施须经比较和选择明确。同时应注意,在一次销售促进活动中,这样的措施不宜太多,以便增强针对性。

3. 销售促进的时机、规模与时间

销售促进的时机选择是否恰当会对其实施效果产生显著影响。确定销售促进的规模应与目标顾客结合起来考虑,如目标顾客面广,可把规模扩大些;同时还应尽可能效率高,避免使顾客出现怀疑或逆反心理,失去吸引力;时间不能太短,以防失去一些本可争取到的顾客,造成遗憾。此外,销售促进方案中还应包括销售促进的范围和途径、参与者的条件、费用预算以及其他有关内容。方案实施以后,应注意对其实施效果进行评价。

技能实训9-2 销售促进方法的应用

实训目的

掌握销售促进的方法及应用。

实训内容

(1) 学生搜集不同企业有关销售促进方法的案例;

(2) 对所搜集的案例进行分析、讨论,总结该销售促进的方法及如何应用。

实训组织

该实践训练项目由指导老师与所指导班级利用实践教学时间组织进行。

(1) 根据班级成员总人数进行分组,5~6人为一组;

(2) 各组选一个组长负责组内工作,要求组员团结协作。

实训考核

(1) 各组完成分析报告,并以PPT形式汇报;

(2) 教师讲评。

任务三 销售促进的实践要点与注意事项

【导入案例9-3】

针对学校"动感地带"移动业务进行分析

业务一：预存话费送各类优惠

近几年来，每年学校开学的时候，动感地带都会举行许多大型的促销活动。例如预存50元话费超值赠送，即50元话费一次性到账，并可参与下列赠送（二选一）：①赠送150元通话费。赠送的150元话费分6个月返还，可抵扣长途、市话、漫游等通话费；②赠送一张校内超市的40元购物券，可在规定期限内到超市购物使用。另外，还有针对GPRS流量促销活动，预存25元话费则可获得半年的省内300M流量套餐，这对许多喜欢用手机上网的学生具有巨大的吸引力。

业务二：存话费送3G手机

近两年来，随着3G智能手机的逐渐兴起，越来越多的用户淘汰了过去的旧手机，转而使用此类智能手机，而国内也逐渐由此有许多手机品牌兴起，动感地带借此机会，与国内的华为、中兴，及国外的三星等各大手机品牌商合作，推出了大量的"存话费送手机"活动，使得动感地带在拥有了大量用户之外，极大地促进了智能手机的普及。一般来说，"存话费送手机"大致都是客户依据不同的机型，存200～600元的话费，然后即可获得一款自己中意的品牌智能手机，但每月必须缴付一定的费额（50～100元）作为话费和手机款。同时动感地带还对这一活动做出了许多规定：①每个动感地带号码只能参加一次，已办理了承诺消费返话费、动感地带各期预存换机、携号转品牌、动感地带充值返话费等活动的客户不能参加此次活动。②活动协议期内不得办理转户、分户、合户、销号、携号转品牌等业务。③该活动当月办理下月生效，协议期最后一个月不能办理互斥业务。④在承诺使用期内，若账户余额不足，系统会对该号码进行停机。

分析

从动感地带实行的这些销售促进活动来说，确实具有非常大的效果。虽然从表面看来动感地带耗资巨大，属于赔本赚吆喝的典型，但实际上，动感地带获利巨大。首先，动感地带此类的促销活动大多都是在寒暑假过后的开学时期举办的，这就是一个极为微妙的时间段。在寒暑假时期，动感地带的业绩会极大地缩减，为什么呢？因为对于高校学生来说，寒暑假都有着很长的一段时间，许多学生在这个时间段通讯联络上都更加喜欢停掉学校的号码，转而购买一张自己老家的本地卡进行使用。而当开学的时候，学生会面临着好几个选择：是继续开通已经停机了的动感地带手机卡还是购买一张新卡？如果图方便和省钱的话，许多人比较倾向于购买一张新卡，而在购买新卡的过程中，是买动感地带的还是联通的校园卡呢？客户忠诚度得到极大的考验。而动感地带此时举行如此大型的优惠会可以极大程度地减少废卡的数量，即使原卡被丢掉了，学生再次选择时，动感地带仍是一个优先的选项。其次，对于新生而言，来校时手机卡的选择有着巨大的不确定性，而动感地带如此"大方"的优惠显然很容易打动这一群体。由此，作为服务商，动感地带吸引了大批的新老客户群，竞争优势很快就可以显现出来。再次，动感地带的促销活动并不是完全没有利润的，即使没有利润也并没有太大的亏损，甚至在后期还获取了许多的潜在利益。在这类的促销活动中，与超市的合作并没有表面看来损失这么大，学校超市的价格是比较虚高的，总体而言，比校外其他超市高了好几个百分点，因此40元购物券的购买力就有待商榷了。动感地带的这一行为在一定程度上也为超市培养了极大的客户群，因此，双方合作的利益分配并没有太大的不对等。而在其他方面如存话费送话费，送GPRS流量的活动，利益分配在企业自身，就谈不上什么损失了。而且动感地带有着许多的捆绑式业务，也可以说是有点"流氓性质"的强制业务（如短信包、飞信包、彩信包等），这些业务为其带来了巨大的利益增长点，而初期采用大量促销活动进行的用户群抢夺则是这种商业行为的有力支撑。由此说来，动感地带这种存话费送巨大优惠的销售促进手段是极其可行且有力的。

"存话费送手机"业务是近年来校园内极受欢迎的一项业务，获得了学校里极大部分学生的欢迎，单从这一点来看，对用户忠诚度的提高是一个极大的好处。学生对这一品牌抱有极大好感，从远期来看这绝对是一个极有利的事情，无论对手机品牌商还是运营商。从这一角度来看，这是一项对合作双方都是极为有利的活动。消费者、品牌商和运营商都很高兴，可以说是皆大欢喜。而且对于这一促销活动来说，动感地带是一个极大的利益既得者。其值得关注的是，24个月的长期付款过程很大程度上绑定了消费者，使其在号码上的变更机会极大地减少，运营商在对用户的管理上省下了很多功夫。长期的付款过程使消费者认为，自己占有了很大的便宜，但实际上，拖长的回款周期只是将消费者给手机付款的时间延长而已，运营商和品牌商都没有太大的损失。活动极为重要的一点是：存话费送手机的促销手段对品牌商有着极大的好处，即以强大的火力打击了山寨产品。消费者自然都希望可以用品牌手机，但其高昂的价格对于许多消费者来说都是不可企及的，自然会支持山寨货，这也就是山寨产品的获利来源了。而上述的这种促销手段的实施则对山寨手机产品造成了全线的打击。有了这样的购机业务，消费者自然还是乐意购买名牌货的。

一、销售促进的实践要点

企业在组织、实施销售促进活动的过程中，应着重做好以下工作：①确定目标；②选择销售促进工具；③制定详细的实施方案，如考虑销售对象的范围、持续时间和制定预算等；④预试销售促进方案。

二、销售促进的注意事项

1. 激励政策

对营业推广对象的激励规模，要根据费用与效果的最优比例来确定。要获得促销活动的成功，一定规模的激励是必要的，关键是找出最佳的激励规模。激励规模要依据费用最低、效率最高的原则来确定。只要促销工具选择适当，有一定的激励规模就可以了，如果激励规模过大，虽然仍会促使销售额上升而产生较多的销售利润，但效率将相对递减。例如，企业选择一种或几种刚上市的新产品实行有奖销售，效果可能不错，但如果所有经营品种都这样做，就可能得不偿失了。

2. 激励对象

促销是面向目标市场的每一个人还是有选择的某一部分人，人群范围如何控制，哪类人是主攻目标，这些选择的正确与否会影响到促销的最终效果。通常，某种赠品可能只送给那些寄回包装物的购买者；抽奖可能限定在某一范围内。企业在选择激励对象时，要尽量限制那些不可能成为长期顾客的人参加，如发放以购物凭证为依据的奖券就是鼓励已经购买这种商品的顾客，限制没有买过此商品的人。当然，限制面不能太大，否则又会导致只有大部分品牌忠诚者或喜欢优惠的消费者才有可能参与，不利于目标顾客范围的扩大。

某连锁店为了增加知名度和营业额，定制了一批台历作为赠品。该连锁企业在门头海报上写明"进店即赠送精美台历一本"，结果引来很多小朋友和老人排队领取台历，真正的目标顾客却因为拥挤而去了其他地方消费，导致营业额不但没有增加，反而有所下降。后来调整为消费满100元赠送精美台历一本，把台历发给了真正的顾客。

3. 送达方式

企业营销人员还必须研究通过什么送达方式才能激励对象来参与，从而达到理想的效果。企业要根据激励对象，以及每一种渠道方法的成本和效率来选择送达方式。某软件公司专门从事证券分析软件的经营，为了提高知名度，扩大影响力，长期聘请资深分析师为客户做讲座。刚开始的时候，该公司印刷传单到证券公司附近发放，效果并不理想，后来专门设计了精美的邀请函，请证券公司营业员在开户后送给客户，果然受到欢迎，讲座常常爆满。

4. 时机的选择

具体的促销日程的安排也是值得研究的问题。一般来讲，促销时机的选择应根据消费需求时间的特点，结合企业的市场营销战略来定，同时应注意与生产、分销、促销的时机和日程协调一致。在不同地区推出促销活动应与地区营销人员一起根据整个地区的营销战略来研究与决定。

某饮料生产企业在开拓某地市场时，10月份才开始做广告促销和大量的营业推广活动，这就是在时机选择上的失误，因为10月份一般来说就是开始进入饮料销售的淡季。它应在每年饮料销售旺季到来之前及旺季中的4—9月开展营业推广活动，这样效果才会显著。

5. 活动期限

任何促销方式在实施时都必须规定一定的期限，不宜过长或过短。如果促销活动的时间过短，可能使一些潜在顾客错过参与到促销活动中来而达不到预期的效果。如果持续时间过长，又会造成开支过大和损失激励购买的力量，并容易使企业产品在顾客心目中降低身价。具体活动时间期限应综合考虑产品的特点、消费者购买习惯、促销目标、竞争者策略及其他因素，按照实际需求而定。

技能实训9-3 销售促进方案的制定

实训目的

通过市场调查，了解企业销售促进模式，制定一份企业销售促进方案。

实训内容

（1）学生搜集不同企业有关销售促进的案例；

（2）对所搜集的案例进行分析、讨论，总结该销售促进方案的优缺点；

（3）完成企业销售促进方案的制定。

实训组织

该实践训练项目由指导老师与所指导班级利用实践教学时间组织进行。

（1）根据班级成员总人数进行分组，5～6人为一组；

（2）各组选一个组长负责组内工作，要求组员团结协作；

（3）各组搜集、讨论并分析所搜集的关于企业销售促进的案例。

实训考核

（1）各组完成分析报告，并以PPT形式汇报；

（2）教师讲评。

项目十 客户关系管理

【项目目标】

知识目标

(1) 了解你的客户；

(2) 如何将你的客户分等级；

(3) 把焦点放在关键的客户上；

(4) 如何获得客户好感。

能力目标

(1) 具有找出关键客户的能力；

(2) 打动你的最佳目标客户。

素质目标

(1) 掌握你的客户关系脉搏，持续与客户进行对话；

(2) 强化小组互动，启发创新解决方案。

【项目导入】

国际上权威的研究机构，经过深入的调查研究以后分别得出了这样一些结论，"把客户的满意度提高五个百分点，其结果是企业的利润增加一倍"；"一个非常满意的客户其购买意愿比一个满意客户高出六倍"；"2/3 的客户离开供应商是因为供应商对他们的关怀不够"；"93% 的企业 CEO 认为客户关系管理是企业成功和更有竞争能力的最重要的因素"。

DHL 飞机及作业车辆

作业流水线上的 DHL 员工

项目十 客户关系管理

作为世界规模最大的国际快递公司之一，中外运敦豪公司（DHL）的航线通达 200 多个国家，连接着世界各地的 8 万多个城市。为使自己在一个以服务为本的行业的竞争者中脱颖而出，中外运敦豪公司提出了提供世界一流客户服务的承诺。

【项目实施】

任务一　认识客户关系管理

根据导入项目，中外运敦豪全球快递公司如何通过有"人情味"的呼叫而获得客户的认同，在面对全球几亿客户的情况下，如何更好地提高客户满意度和保持客户忠诚度。

【导入案例 10-1】

中外运敦豪全球快递公司富有"人情味"的呼叫

中外运敦豪每年 365 天，每周 7 天不停地运营，每天平均接收 2200 个电话呼叫。在过去的 5 年，其每年的呼叫增长超过了 5%。中外运敦豪逐渐意识到对于现代物流企业来讲，客户的呼叫与企业的命运紧紧联系在一起，而其设定的目标就是：让每个呼叫用户只要一打通电话，就可立即与公司的人员建立联系，不需等待，也不用收听电话的等待音乐。

中外运敦豪选择 Avaya 呼叫中心解决方案及管理工具来帮助其实现目标。中

165

外运敦豪的管理部门就其提出的呼叫处理质量和富有人情味的服务向呼叫中心的人员提供指导和帮助，并利用 Avaya 提供的呼叫管理工具，以保持其平稳运行，并帮助公司的人员为客户提供最佳的服务。

具体来讲，实时的呼叫数据在屏幕上会得到显示，告知业务主管是否有呼叫等待处理，而且确定来电呼叫是否百分百地在 13 秒的接听时限内得到应答。显示的数据还可以确定有多少业务代表已登录，并告知业务代表的"空闲"和"繁忙"状态，以帮助业务主管根据当时的具体情况，对呼叫的路由选择实行动态管理。历史数据可以帮助公司管理部门评估具体人员或业务小组在一个时期内的工作效率，并报告接通率等统计数字的总额和平均值，有利于公司开展训练与培训。

从本案例可以看出：物流企业尤其是处理全球业务的跨国企业，其客户服务质量是非常重要的。而对于这类型的企业，建立呼叫中心是最好的选择。呼叫中心可以帮助企业第一时间响应和处理客户呼叫，更好地提高客户满意度和保持客户忠诚度。

DHL 公司副总裁周健

"DHL 在中国的地面网络已经遥遥领先，我们对此非常自豪。目前市场仍处在不断复苏之中，我们也致力于在各个方面为客户提供更加便捷的服务。"中外运敦豪公司副总裁、北方区总经理周健如是说。

一、客户关系管理的概念和含义

(一) 客户关系管理的概念

客户关系管理简称CRM(Customer Relationship Management)。它是指企业用CRM工具来管理与客户之间的关系。CRM是选择和管理有价值客户及其关系的一种商业策略,CRM要求以客户为中心的商业哲学和企业文化来支持有效的市场营销、销售与服务流程。如果企业拥有正确的领导、策略和企业文化,CRM应用将为企业实现有效的客户关系管理。

CRM的实施目标就是通过全面提升企业业务流程的管理来降低企业成本,通过提供更快速和周到的优质服务来吸引和保持更多的客户。作为一种新型管理机制,CRM极大地改善了企业与客户之间的关系,实施于企业的市场营销、销售、服务与技术支持等与客户相关的领域。

下图(图10-1)可以更直观地看出CRM在市场营销中的作用。

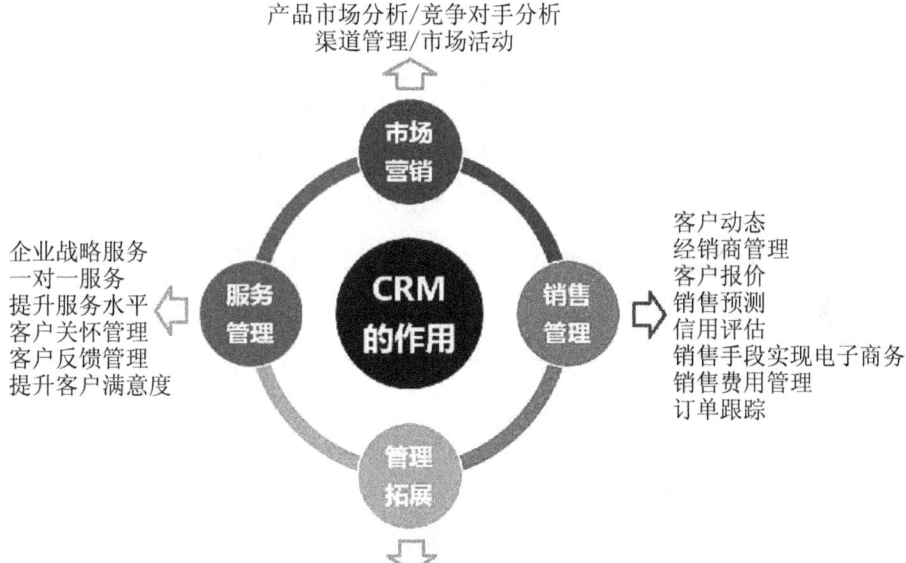

图 10-1

随着3G移动网络的部署,CRM已经进入了移动时代。移动CRM系统就是一个集3G移动技术、智能移动终端、VPN、身份认证、地理信息系统(GIS)、Web Service、商业智能等技术于一体的移动客户关系管理产品。

(二) 客户关系管理的含义

(1) CRM是一项营商策略,通过选择和管理客户达至最大的长期价值。

CRM 需要用以客户为中心的营商哲学和文化来支持有效的市场推广、营销和服务过程。企业只要具备了合适的领导、策略和文化，应用 CRM 可促成具有效益的客户关系管理。

（2）CRM 是关于发展和推广的营商策略和支持科技，以填补企业在获取、增长和保留客户方面的缺口。它可为企业改善资产回报。在此，资产是指客户和潜在客户基础。

（3）CRM 是信息行业用语，指有助于企业有组织性地管理客户关系的方法、软件以及互联网设施。譬如说，企业建造一个客户数据库并充分描述关系。因此管理层、营业员、服务供应人员甚至客户均可获得信息，提供合乎客户需要的产品和服务，提醒客户服务要求并可获知客户选购了其他产品。

（4）CRM 是一种基于 Internet 的应用系统。它通过对企业业务流程的重组来整合用户信息资源，以更有效的方法来管理客户关系，在企业内部实现信息和资源的共享，从而降低企业运营成本，为客户提供更经济、快捷、周到的产品和服务，保持和吸引更多的客户，以求最终达到企业利润最大化的目的。

（5）CRM 的主要含义就是通过对客户详细资料的深入分析，来提高客户满意程度，从而提高企业竞争力的一种手段。客户关系是指围绕客户生命周期发生、发展的信息归集。客户关系管理的核心是客户价值管理，通过"一对一"的营销原则，满足不同价值客户的个性化需求，提高客户忠诚度和保有率，实现客户价值持续贡献，从而全面提升企业盈利能力。

二、如何将你的客户分等级

（一）客户等级划分主要考虑的几个因素

客户等级划分有三个阶段：①客户信息搜集；②客户划分；③客户跟踪处理。

这其中最关键的应该是客户的划分和跟踪处理。那对于客户的如何划分也就决定了怎么样跟踪处理客户信息。

有些企业会按照客户一年的交易额来划分客户的等级。（如图 10-2）把交易额在 5 万元以下的客户列为低端客户；交易额达 5 万~50 万元之间的客户列为中端客户；交易额达 50 万~800 万元的客户列为中高端客户；800 万元以上的客户列为顶级客户。顶级客户一般都是企业的重点 CRM 对象。

我们首先来看客户的划分，对于企业现有的客户信息，可以从以下四个角度产生四种不同的划分方式。

第一，从客户是否已经和我们成交，把客户分为已成交客户、正在谈判客户以及潜在客户。

第二，从客户的重要性（一般用可成交额度或者业务潜在量来衡量），可划分为重要客户和非重要客户。

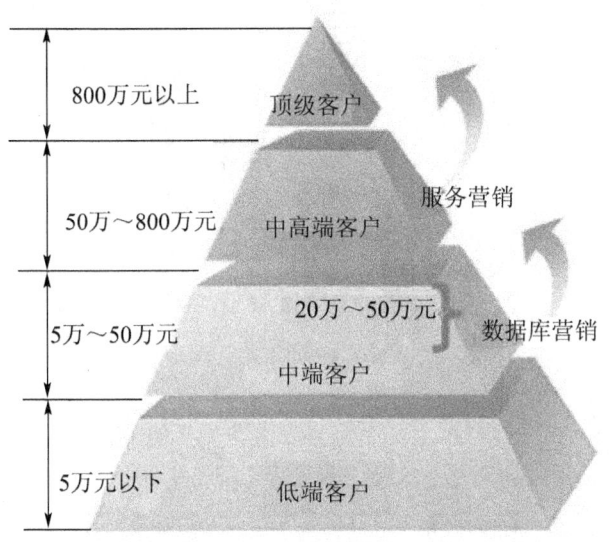

图 10-2

第三，从需要处理客户信息的时间段上，可以把客户分为：紧急客户（一般需要在一周内做出处理的客户）；缓急客户（一般指在一周到 1 个月内做出处理的客户）；不紧急客户（一般指在 1 个月以上 3 个月以内做出处理的客户）；可慢反应客户（3 个月以后才可能发生关系的客户）。

第四，我们还可以从客户的需求状况上把客户分为：目标客户（现在就有需求）、潜在客户（未来有需求）和死亡客户（不会有任何需求）。

以上就是通常的四种划分方式，不同的划分有不同的管理方式。像上面的划分法，我们应如何管理客户呢？总结了以上的分类法，将它们集合，产生一种新的分法——客户等级划分。

客户等级划分总共将客户划分为 A、B、C、D、E 五个等级。

A 级客户：有明显的业务需求，并且预计能够在一个月内成交。

B 级客户：有明显的业务需求，并且预计能够在三个月内成交。

C 级客户：有明显的业务需求，并且预计能够在半年内成交。

D 级客户：有潜在的业务需求的客户或者有明显需求但需要在至少半年后才可能成交。

E 级客户：没有需求或者没有任何成交机会，也叫死亡客户。

（二）如何追踪客户

有了明晰的客户划分法，那么，如何来追踪这些客户呢？这里我们提供一种管理的方式，就是建立客户追踪志，称为客户追踪志管理法。

客户的追踪志一般有以下几种：

①客户追踪日志：也就是需要每天将客户的信息重新跟踪处理，并更新记录；

②客户追踪周志：就是每周内至少对客户的信息处理一次，并更新记录；

③客户追踪半月志：也就是每 15 天对客户的信息处理一次，并更新信息记录；

④客户追踪月志：也就是每 30 天需要至少对客户的信息处理一次，并更新信息记录；

⑤客户追踪年志：也就是每一年需要至少对客户的信息处理一次，并更新信息记录。

一般来说，对于 A 级客户我们需要用客户追踪日志，对于 B 级客户我们使用客户追踪周志，对于 C 级客户我们使用客户追踪半月志，对于 D 级客户我们使用客户追踪月志，而对于 E 级的客户我们则使用客户追踪年志。而且每次客户追踪以后就对客户信息重新定格划分等级，并且用新的等级所对应的管理方法来处理客户信息。

三、把焦点放在关键的客户上

提高掌握和管理客户，尤其是关键客户的资源的能力，已经成为企业提高自身竞争力的关键。因此企业要把焦点放在关键的客户上。

（一）创造关键客户的导向

（1）强化公司内部"以客户为中心"的全员经营意识，确保各方认识和实施关键客户管理的一致性和统一性。

（2）以关键客户及其需求为行动的主要导向，主动了解关键客户的环境、问题、期望，成为客户的顾问，与客户分享信息，帮助其了解所处状况及能力，与客户建立良好的合作关系。

（3）主动采取各种行动满足关键客户的要求，迅速响应客户的需求并解决实际问题，但要避免过度承诺。主要做好以下几点：

①优先保证关键客户对产品的数量及系列化的要求。

②优先保证关键客户的技术支持和售后服务工作。

③新产品优先在关键客户之间试销，以便搜集客户对新产品的意见和建议。

④充分关注关键客户的一切商业动态，并及时给予支援或协助，利用一切机会加强与客户之间的感情交流。

⑤充分调动关键客户中的一切与销售相关的因素，包括基层人员。

⑥经常性地征求关键客户对销售人员的意见，及时调整销售人员，确保与客户之间信息传递的及时、准确，保证渠道畅通。

⑦对关键客户制定适当的奖励政策，如各种折扣、返利等，有效刺激客户的积极性和主动性。

⑧有条件的话，可以组织每年一度的关键客户与企业之间的座谈会，听取客户对企业产品、服务、营销、产品开发等方面的意见和建议。

（4）建立关键客户反馈系统，运用有效的方法来了解并评估客户的顾虑、问题及满意度，并预测客户的需求。

（5）公司领导有目的、有计划地拜访关键客户，介绍公司的新业务、新技术、新动态，并了解客户的动态、需求和对公司工作的意见和建议等。

（二）建立关键客户关系管理系统

（1）建立关键客户关系管理系统，把所有与客户相关的信息录入系统，客户信息主要分以下两个方面：

①关键客户基本信息：包括客户的组织结构、主要决策者、通讯方式，以及重要人物的兴趣爱好、生活习惯等细节。

②关键客户市场信息：包括客户的规模、采购计划以及最新动态等。

（2）及时补充、修改和完善关键客户信息；如有任何变动，应及时在系统中修改，以实现信息的及时性和准确性，达到公司对客户了解的统一性。

（3）根据 CRM 系统和帕雷托定理（事物 80% 的结果都是因为另外 20% 的起因，即公司 80% 的销售收入来自于仅占总数 20% 的客户）建立一套考评指标体系，对公司的客户做出全面的评估，并进行综合打分，找出关键客户。

（4）对关键客户信息进行处理和分析：系统中大量的客户信息，经过处理后可以预测有关情况，利用这些信息给服务以精确定位，有针对性地提出新的服

务项目，满足客户的需求。

（5）通过系统数据库的建立和分析，对关键客户的资料有详细全面的了解，可以给予客户更加个性化的服务支持，并建立专人专项的客户关系管理。

（三）关键客户管理的规划与实施

（1）建立有利于关键客户关系管理的组织结构及岗位职责，公司对每个关键客户安排专人进行跟踪和管理。

（2）关键客户专员的主要职责：了解客户的需求，与客户关键的决策者建立良好的专业的关系，保证为客户提供出色的服务，从而使关键客户对公司产生积极态度和高度信任。

（3）公司定期制订关键客户的目标和执行计划，包括拜访关键客户的周期、公关策略以及各种活动的组织安排等。

(4) 关键客户计划中应明确需要支持的所有资源，列明责任人、配合人员、具体任务及时间节点等，避免工作目标流于形式。

(5) 责任人持续跟踪关键客户计划的执行情况，协调相关部门和人员配合参与，使目标的实施卓有成效。

(6) 公司定期进行关键客户关系管理目标实施效果的评估工作，扬长避短，为后续制订新的工作目标提供有利的客观依据，使公司获得最大的回报。

技能实训 10-1 分析企业的客户管理方法

实训目的

通过案例分析，了解企业的客户管理方法，明确不同客户管理方法的优劣势，并说出你个人的看法。

实训内容

【案例】

汇丰银行如何定义其最佳客户

汇丰集团是世界上最大的银行金融服务机构之一。其总部设在伦敦，在全球76个国家驻有10 000个办事处，雇有232 000名员工。汇丰银行在全球拥有超过1.1亿名顾客，并且它将这些客户分为五大类：个人金融服务、客户融资、商业银行业务、投资银行业务和市场个人银行业务。

汇丰银行以"从本地到全球，满足您的银行业务需求"为其独有的特色，使其在众多同行业竞争者中脱颖而出。

  汇丰银行重要的客户都由汇丰银行设立的专门的客户关系管理团队为其服务。他们需要的任何个性化的服务和帮助，会有他们的客户关系经理在电话的另一头随时待命。如果他们寻求更专业的建议或者解决特定问题的方法，他们的客户关系经理可能会转而向其他人征求更完善的建议，或者将另外的更合适的专业团队介绍给客户。无论是哪一种情况，汇丰的客户都不能享受一站式服务。这会使他们对汇丰的 VIP 服务产生一种负面体验。

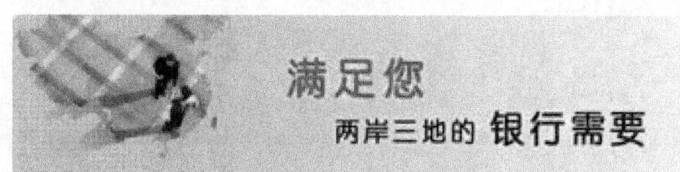

  汇丰银行通过为其顾客提供五种渠道的服务来使他们感觉便捷和服务的灵活多样性（网上银行、电话银行、自助银行、移动银行和分行）。但是，客户有比实际体验更高的期望值。

  汇丰银行已经为重要的客户提供便捷的服务。他们享受着由专业的客户关系经理所提供的个性化服务。只需一个电话，他们就能得到任何金融服务和帮助。但是，他们有时并不乐于接受这种一站式服务。如今，客户对银行服务更加挑剔，特别是当他们知道银行把他们归为重要的客户时，更是如此。他们需要立即得到想要的信息和服务。他们不愿意等到另一个电话才得到答复，或者需要另外安排时间与金融专家见面才解决问题。

在访问 www.hsbc.com.hk 时，你可以发现汇丰银行为个人和公司商务顾客提供许多银行产品和服务，例如投资、抵押、融资计划、保险、银行卡、贷款等等。每一组产品都有自己的帮助热线和专家提供服务，但是顾客通常要拨打不同的热线来取得不同产品的信息。

问题：
（1）汇丰银行的这种最佳客户管理方法有什么特点？
（2）优势和劣势各是什么？
（3）你有什么更好的改进方法和意见？

实训组织
（1）根据班级成员总人数进行分组，5～6人为一组；
（2）各组有20分钟的自由讨论时间；讨论时间结束后每组派出一名代表发言（时间在5分钟内）；
（3）课后各组把讨论的分析过程和讨论结果形成PPT并上交，作为该项目的课后作业。

实训考核
（1）教师收集各组的PPT，并评分；
（2）对各组的案例分析情况进行点评，学生可以再次补充和参与点评。

任务二　客户投诉处理

客户投诉是每一个企业皆会遇到的问题，它是客户对企业管理和服务不满的表达方式，也是企业有价值的信息来源，它为企业创造了许多机会。因此，如何利用处理顾客投诉的时机而赢得顾客的信任，把顾客的不满转化为满意，锁定他们对企业和产品的忠诚，获得竞争优势，已成为企业营销实践的重要内容之一。如果遇到客户上门投诉，我们该如何正确地对待及处理呢？

【导入案例 10-2】

××酸牛奶中有苍蝇的顾客投诉处理案例

2010年的一天,在一个大型购物广场,顾客服务中心接到一起顾客投诉,顾客说从商场购买的××酸牛奶中喝出了苍蝇。投诉的内容大致是:顾客李小姐从商场购买了××酸牛奶后,马上去一家餐馆吃饭,吃完饭李小姐随手拿出酸牛奶让自己的孩子喝,自己则在一边跟朋友聊天,突然听见孩子大叫:"妈妈,这里有苍蝇",李小姐寻声望去,看见小孩喝的酸牛奶盒里(当时酸奶盒已被孩子用手撕开)有只苍蝇。李小姐当时火冒三丈,带着小孩来商场投诉。正在这时,有位值班经理看见便走过来说:"你既然说有问题,那就带小孩去医院,有问题我们负责!"顾客听到后,更是火上加油,大声喊:"你负责?好,现在我让你去吃10只苍蝇,我带你去医院检查,我来负责好不好?"边说边在商场里大喊大叫,并口口声声说要去"消协"投诉,引起了许多顾客围观。

该购物广场顾客服务中心负责人听到后马上前来处理,并让那位值班经理离开,又把顾客请到办公室交谈,一边道歉一边耐心地询问了事情的经过。询问重点:①发现苍蝇的地点(确定餐厅卫生情况);②确认当时酸牛奶的盒子是撕开状态而不是只插了吸管的封闭状态;③确认当时发现苍蝇是小孩先发现的,大人不在场;④询问以前购买××牛奶时有无相似情况?在了解了情况后,商场方提出了处理建议,但由于顾客对值班经理"有问题去医院检查,我们负责"的话一直耿耿于怀,不愿接受商场负责人的道歉与建议,使交谈僵持了两个多小时之久,依然没有结果,最后商场负责人只好让顾客留下联系电话,提出换个时间与其再进行协商。

第二天，商场负责人给顾客打了电话，告诉顾客：商场已与××牛奶公司取得联系，希望能邀请顾客去××牛奶厂家参观了解（××牛奶的流水生产线：生产—包装—检验全过程全是在无菌封闭的操作间进行），并提出，本着商场对顾客负责的态度，如果顾客要求，商场可以联系相关检验部门对苍蝇的死亡时间进行鉴定与确认。由于顾客接到电话时已经过了气头，冷静下来了，而且也感觉商场负责人对此事的处理方法很认真严谨，顾客的态度一下缓和了许多。这时商场又对值班经理的讲话做了道歉，并对当时顾客发现苍蝇的地点——并非是环境很干净的小饭店，时间——大人不在现场、酸奶盒没有封闭、已被孩子撕开等情况做了分析，让顾客知道这一系列情况都不排除是苍蝇自己落入（而非牛奶本身带有）酸奶的因素。

通过商场负责人的不断沟通，顾客终于不再生气了，最后告诉商场负责人：她其实最生气的是那位值班经理说的话，既然商场对这件事这么重视并认真负责处理，所以她也不会再追究了，她相信苍蝇有可能是小孩喝牛奶时从空中掉进去的。顾客说："既然你们真的这么认真地处理这件事，我也不会再计较，现在就

可以把购物小票撕掉，你们放心，我会说到做到的，不会对这件小事再纠缠了。"

一、什么是客户投诉？客户为什么要投诉？

（一）客户投诉的概念

所谓客户投诉，是指客户对企业产品质量或服务上的不满意，并对伤害了他们的自尊或利益的产品或服务而提出的书面或口头上的异议、抗议、索赔和要求解决问题等行为。

顾客投诉是每一个企业皆会遇到的问题，它是顾客对企业管理和服务不满的表达方式，也是企业有价值的信息来源，它为企业创造了许多机会。因此，如何利用处理顾客投诉的时机而赢得顾客的信任，把顾客的不满转化顾客满意，锁定他们对企业和产品的忠诚，获得竞争优势，已成为企业营销实践的重要内容之一。

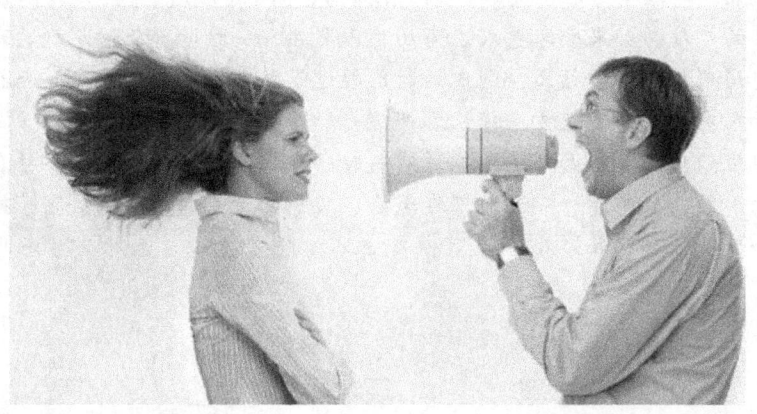

（二）客户投诉的原因

（1）商品质量问题；

（2）售后服务质量；

（3）寻呼网络缺陷；

（4）客户服务人员工作的失误；

（5）店员及其他工作人员服务质量问题；

（6）顾客对于企业经营方式及策略的不认同，如交费时间；

（7）顾客对于企业的要求或许超出企业对自身的要求；

（8）顾客对企业服务的衡量尺度与企业自身标准不同；

（9）顾客由于自身素质修养或个性原因，提出对企业的过高要求而无法得到满足时。

总之，当顾客购买商品时，对商品本身和企业的服务都抱有良好的愿望和较高期盼值，如果这些愿望和要求得不到满足，一些顾客就会失去心理平衡，由此产生的抱怨和想"讨个说法"的行为，是顾客投诉的原因。

二、顾客投诉给企业带来什么？

（一）阻止顾客流失

现代市场竞争的实质就是一场争夺顾客资源的竞争，但由于种种原因，企业提供的产品或服务会不可避免地低于顾客期望，造成顾客不满意，顾客投诉是不可避免的。向企业投诉的顾客一方面要寻求公平的解决方案，另一方面说明他们

并没有对企业绝望，希望再给企业一次机会。美国运通公司的一位前执行总裁认为："一位不满意的顾客是一次机遇。"相关研究进一步发现，50%～70%的投诉顾客，如果投诉得到解决，他们还会再次与公司做生意，如果投诉得到快速解决，这一比重将上升到92%。因此，顾客投诉为企业提供了恢复顾客满意的最直接的补救机会，鼓励不满意的顾客投诉并妥善处理，能够阻止顾客流失。

(二) 减少负面影响

不满意的顾客不但会终止购买企业的产品或服务，而转向企业的竞争对手，而且还会向他人诉说自己的不满，给企业带来非常不利的口碑传播。

据研究发现，一个不满意的顾客会把他们的经历告诉其他至少9名顾客，其中13%的不满意的顾客会告诉另外的20多个人。

研究还发现，公开的攻击会比不公开的攻击获得更多的满足。一位顾客在互联网宣泄自己的不满时写到："只需要5分钟，我就向数以千计的顾客讲述了自己的遭遇，这就是对厂家最好的报复……"但是，如果企业能够鼓励顾客在产生不满时，向企业投诉，为顾客们提供直接宣泄机会，使顾客的不满和宣泄处于企业控制之下，就能减少顾客找替代性满足和向他人诉说的机会。许多投诉案例表明，顾客投诉如果能够得到迅速、圆满的解决，顾客的满意度就会大幅度提高，顾客大都会比投诉发生之前具有更高的忠诚度。不仅如此，这些满意而归的投诉者，有的会成为企业义务宣传者，即通过这些顾客良好的口碑鼓动其他顾客也购买企业产品。但如果投诉处理不当，则会加剧顾客的不满意，而使投诉升级。处理顾客投诉时切忌盛气凌人，盲目安抚，退避三舍，冷面无情。

(三) 免费的市场信息

投诉是联系顾客和企业的一条纽带，它能为企业提供许多有益的信息。丹麦的一家咨询公司的主席 Claus. Moller 说："我们相信顾客的抱怨是珍贵的礼物。我们认为顾客不厌其烦地提出抱怨、投诉，是把我们在服务或产品上的疏忽之处告诉我们。如果我们把这些意见和建议汇总成一套行动纲领，就能更好地满足顾客的需求。"研究表明，大量的工业品的新产品构思来源于用户需要。顾客投诉一方面有利于纠正企业营销过程中的问题与失误，另一方面还可能反映了企业产品和服务所不能满足的顾客需要，仔细研究这些需要，可以帮助企业开拓新市场。从这个意义上，顾客投诉实际上是常常被企业忽视的一个非常有价值且免费的市场研究信息来源，顾客的投诉往往比顾客的赞美对企业的帮助更大，因为投诉表明企业还能够比现在做得更好。

（四）预警危机

一些研究表明，顾客在每4次购买中会有1次不满意，而只有5%以下的不满意的顾客会投诉。所以如若将公司不满意的顾客比喻为一座冰山的话，投诉的顾客则仅是冰山一角，不满意顾客这个冰山的体积和形状隐藏在表面上看起来平静的海面之下，只有当公司这艘大船撞上冰山后才会显露出来，如果在碰撞之后企业才想到补救，往往为时已晚。所以，企业要珍惜顾客的投诉，正是这些线索为企业发现自身问题提供了可能。例如，从收到的投诉中发现产品的严重质量问题，而收回产品的行为表面上看来损害了企业的短期效益，但是避免了产品可能给顾客带来的重大伤害以及随之而来的严重的企业危机。事实上，很多的企业正是从投诉中提前发现严重的问题，然后进行改善，从而避免了更大的危机。

注意!
此处有地雷

三、投诉对服务组织的影响

即使是那些在提供服务方面做得很出色的企业，仍然不得不一次次地应付那些感到不满意的顾客。企业处理顾客投诉问题的能力如何，是决定企业能否留住顾客，能否从投诉中发现问题、改进质量的重要因素。但是，你是否知道，有多少百分比的顾客愿意提出投诉？不愉快的顾客为什么不投诉？他们都在哪里提出投诉？我们应该如何处理顾客的投诉呢？

据最有影响力的消费者投诉处理研究机构之一的 TARP 的研究发现，制造性消费品有 25%～30% 的顾客投诉；尼尔森公司研究发现，杂货品或包装问题的投诉率为 30%，而大件耐用品的投诉率也只有 40%；其他国家也得出了相似的结论，如挪威的一项研究发现，投诉中不满意的消费者的比率在 9%（咖啡）和 68%（汽车）之间。

敏锐的服务组织会从两个方面看待投诉：一方面，它是一股能够被用来帮助衡量质量、为服务设计和实施提供改进建议的信息流；另一方面，它是一系列独立的顾客问题。其中每一个问题都需要解决。如果投诉能被用作市场研究的信息投入，那么建议和询问也同样可以。建议通常显示了一个把顾客从"比较满意"向"非常满意"推进的机会。询问常常揭示了企业提供信息方面的弱点，或者向企业指出了改进顾客交流的需要。

获取"及时"投诉的好处是，在服务传送完成以及可能造成重大破坏之前可能还有机会做出修正。当一个服务的过程很长，而服务的后果又很重大时，这样的补救可能是至关重要的。及时投诉的不利之处（从员工的观点看）在于聆听顾客的不满会使员工失去动力，及时处理投诉又会干扰服务传递的顺利进行。对于员工而言，真正的困难是他们常常没有解决顾客问题的权力和工具，尤其是当需要牺牲公司的利益来做出替代安排或在现场核准赔偿时。如果投诉是在服务完成后发生的，那么补救的选择就更有限了，仅限于道歉、重复服务，以实现所要求问题的解决（在诸如修理这样的情况中，这仍然是有可能的）或者提供其他形式的补偿。无论是哪一种情况，处理投诉和解决问题的方式都可能对消费者决定是继续成为企业的顾客还是在将来寻求新的服务提供者产生重要的影响。

当投诉得到满意的解决时，顾客保持对品牌的忠诚和继续购买那种商品或服务的可能性就更大了。研究发现，那些对投诉结果感到完全满意的投诉者中有再次购买该企业不同种类产品意图的占69%～80%，而投诉没有得到圆满解决的投诉者中只有17%～32%。

TARP认为，投诉处理应当被看作是一个利润中心，而不是成本中心。它还创建了一个公式，帮助公司把保留一个有盈利能力的顾客的价值同运作一个有效的投诉处理部的成本联系起来。把行业数据代入这个公式得出了一些激动人心的投资回报率：银行50%～70%，天然气20%～50%，汽车服务100%以上，零售业35%～400%。不过，为公司设计一个有效地解决问题的程序，必须考虑其特定的环境和顾客可能遭遇到的问题的类型。

四、对客户投诉的管理

（一）为顾客投诉提供便利条件

（1）制订明确的产品和服务标准及补偿措施。企业通过制订产品和服务标准，可以使顾客明确自己购买的产品、接受的服务是否符合标准，是否可以投诉以及投诉后所能得到的补偿。企业执行上述标准的过程中，还能在顾客投诉之前对产品和服务的缺陷采取相应的补偿措施。

（2）引导顾客怎样投诉。企业应在有关宣传资料上详细说明顾客投诉的方法，包括投诉的步骤、向谁投诉、如何提出意见和要求等，以鼓励和引导顾客向企业投诉。

（3）方便顾客投诉。企业应尽可能降低顾客投诉的成本，减少其花在投诉上的时间、精力、货币与心理成本，使顾客的投诉变得容易、方便和简捷。投诉系统不能向客户要求过多的文件证据和额外的努力。公司还要了解客户更乐意用什么方式投诉,是邮寄、电话、电子邮件、传真还是面对面投诉,然后提供给顾客乐于接受的投诉渠道,告知顾客投诉的程序,更方便顾客投诉。

(二)全力解决顾客投诉问题

全力解决顾客投诉的关键是要建立起灵活处理顾客投诉的机制,包括:

(1)制定和发展员工的雇用标准和培训计划。这些标准和培训计划充分考虑了雇员在碰到公司服务或产品使顾客不满意时应试做的善后工作。

(2)制定善后工作的指导方针。目标是达到顾客公平和顾客满意。

(3)去除那些使顾客投诉不方便的障碍,降低顾客投诉的成本,建立有效的反应机制。包括授权给一线员工,使他们有权对公司有瑕疵的产品和服务向顾客做出补偿。

(4)维系顾客和产品数据库。包括完备的顾客投诉详细记录系统。这样公司可以及时传送给解决此问题所涉及的每一位员工,分析顾客投诉的类型和缘由并且相应地调整公司的政策。

(三)掌握一些技巧

企业服务人员面对顾客投诉应把握好一些处理技巧,这些技巧有:

(1)安抚和道歉。不管顾客的心情如何不好,不管顾客在投诉时的态度如何,也不管是谁的过错,你要做的第一件事就应该是平息顾客的情绪,缓解他们的不快,并向顾客表示歉意。你还得告诉他们,公司将完全负责处理顾客的投诉。

(2)快速反应。尽快用自己的话把顾客的抱怨复述一遍,确信你已经理解了顾客抱怨之所在,而且对此已与顾客达成一致。如果可能,请告诉顾客你愿想尽一切办法来解决他们提出的问题。

(3)移情。当与顾客的交流达到一定境界时,你会自然而然理解他们提出的问题,并且会欣赏他们的处事方式。你应当强调,他们的问题引起了你的注意,并给了你改正这一问题的机会,对此你感到很高兴。

(4)补偿。对投诉顾客进行必要且合适的补偿,包括心理补偿和物质补偿。心理补偿是指服务人员承认确实存在着问题也确实造成了伤害,并道歉。物质补偿是指一种"让我们现在就做些实际的事情解决这个问题"的承诺,如经济赔偿,调换产品或对产品进行修理等。尽己所能满足顾客。在解决了顾客的抱怨后,你还可以送给顾客其他一些东西,比如:优惠券、免费礼物,或同意他或她廉价购买其他物品。

(5)跟踪。顾客离开前,看顾客是否已经满足,然后,在解决了投诉后的一周内,打电话或写封信给他们,了解他们是否依然满意。可以在信中夹入优惠券。一定要与顾客保持联系,将投诉转化为销售业绩,顾客投诉得到了令人满意的解决之时,就是销售的最佳时机。

五、减少投诉的产生

（一）销售优良的商品

提供优良而安全的商品给顾客，这是预防顾客投诉的基本条件。这主要包括：第一，在经过充分市场调研的基础上，订购、制造优良而且能反映顾客需求的商品。第二，确实掌握产品的材料性能及保存方法，以便在销售中能为顾客提供更多的相关知识。第三，如果商品发生缺陷，一定要更新，杜绝不良商品流到顾客手中，以免造成顾客不满，引起投诉。

（二）提供良好的服务

服务人员素质和技能的高低及态度的好坏，是影响企业服务水准的最重要因素。因此，提供优良的服务首先应从服务人员抓起。①搞好上岗培训，培训可采用"ASK"培训法，即有关服务的技能、知识和态度的培训。②举办各种业务竞赛活动，促进服务人员整体服务水平的提高。③注意安全。如果顾客在服务场所发生意外并受伤，不管企业怎样说，责任也是无法推卸的，所以，服务人员要注意服务场所的安全工作。

(三) 加强投诉处理的培训

企业服务人员处理顾客投诉的能力与投诉事件能否得以有效解决有非常大的关系。

首先，应在企业员工中树立顾客完全满意的观念，对员工进行培训，让他们积极去了解企业的运转、企业的业务使命、战略整体目标，明确个人对顾客的态度直接影响企业的形象和最终的利润。

其次，员工要掌握工作技术技能和沟通技能。熟练的技术技能是提供顾客满意的产品和服务的前提，如果直接与顾客接触的员工技术不过硬，举止笨拙，这就会影响顾客所感知到的产品和服务的质量，降低顾客的满意度。

顾客抱怨管理工作的部门经常与顾客直接打交道，企业内部也需要不同部门人员共同协作，所以掌握一定的沟通技巧对员工也是非常重要的，企业应有计划地对一部分员工，特别是与顾客经常接触的一线员工进行培训，使之掌握一定的沟通技能。

最后，应树立"内部顾客"的观念。企业各部门之间，员工之间要相互协作，上一道工序应把下一道工序当成"内部顾客"，一线员工只有得到企业其他人员及部门的支持才能为最终的外部顾客提供优良的产品和服务。

(四) 围绕"顾客完全满意"建设新的企业文化

顾客投诉管理作为企业内部一项活动，它的有效进行通常需要企业内部几乎所有部门的参与，所以强调重视顾客需求。以顾客满意为目标的价值取向必须得到企业所有员工的认同，而这种认同必须建立在"以顾客满意为中心"的企业文化中才能获得。

技能实训 10-2　分析客户投诉的案例

实训目的

通过案例分析，了解企业的客户投诉的处理艺术，明确客户投诉的重要性，并谈谈你个人的看法。

实训内容

【案例】

在美国迪斯尼乐园，有一位女士带着6岁的儿子排了很长的队来玩孩子期待已久的太空穿梭机游戏。母子俩排了半个多钟头的队马上就轮到自己上机了，这时却被迪斯尼乐园的服务人员告知：由于孩子年龄太小，不允许玩这个游戏。此时母子两人一下愣在了那里。

实际上，迪斯尼在队伍的开始和中间都设有醒目的标志：10岁以下儿童，不能参加太空穿梭游戏。但遗憾的是，母子两人由于特别兴奋而没有看到标志。当失望的母子两人正准备离去时，迪斯尼乐园的服务人员亲切地上前询问了小孩

的姓名并让他们稍等。过了一会儿，服务人员拿着一张刚刚印制的精美卡片走了过来（卡片上面印着小孩的姓名），郑重地将卡片交给孩子，并对孩子说："迪斯尼欢迎你到年龄时再来玩太空穿梭游戏，到时只需拿着这张卡片就不用再排队了——因为你已经排过了。"接过卡片，母子两人愉快地离去了。

问题：

（1）迪斯尼乐园的工作人员在这件事情上是如何处理的？

（2）客人没有坐上太空穿梭机，不但没有投诉反而还愉快地离开，你觉得原因是什么？

（3）请结合自己的经验和所学的专业知识谈谈对客户投诉的看法。

实训组织

（1）根据班级成员总人数进行分组，5～6人为一组；

（2）各组有20分钟的自由讨论时间；讨论时间结束后每组派出一名代表发言（时间在5分钟内）；

（3）课后各组把讨论的分析过程和讨论结果形成PPT上交，作为该项目的课后作业。

实训考核

（1）教师收集各组的PPT，并评分；

（2）对各组的案例分析情况进行点评，学生可以再次补充和参与点评。

项目十一　营销新观念

【项目目标】

知识目标
（1）了解营销新观念的发展与趋势；
（2）微博营销的影响力；
（3）微信营销的快速发展；
（4）了解服务营销的含义和原则；
（5）认识绿色营销。

能力目标
（1）认识时代发展中不断出现的营销新观念；
（2）会把营销新观念用在企业的发展中去。

素质目标
（1）掌握营销新观念的发展动态，持续保持同步；
（2）强化小组互动，启发创新解决方案。

【项目导入】

中国互联网已经全面进入微博时代！新浪、腾讯、网易和搜狐的微博注册用户总数已经突破6亿人，每日登录数超过了4 000万人。同时，微博用户群又是中国互联网使用者中的高端人群，这部分用户群虽然只占中国互联网用户群的10%，但他们是城市中对新鲜事物最敏感的人群，也是中国互联网上购买力最高的人群。自2012年12月后，新浪微博推出企业服务商平台，为企业在微博上进行营销提供一定帮助。

【项目实施】

任务一　认识微博营销

　　根据导入项目,新浪微博是如何通过微博平台吃到了中国微营销的"第一只螃蟹"。许多参与微博营销的企业,多数停留在用有奖活动来聚集粉丝的初级阶段,应该看到用这样的方法聚集起来的粉丝不能算精准受众。更好的方法是发布产品知识、搜索关键词、开展话题讨论,找到对一些特定关键词和话题有兴趣的受众,还有就是要花大力气积极与用户互动。一些企业微博营销的通病是只发布信息,不与跟随者交流,这样就会使热情起来的粉丝失去激情。2008年美国总统大选中奥巴马用微博作为参选工具,一般人只了解他的竞选团队用微博发布行程的特点,但是这个竞选团队对所有访问者都是一一主动追踪回复的。总统竞选团队回复访问者都如此耐心和细心,更不要说对我们企业了。

【导入案例 11-1】

新浪微博快跑:随时随地分享

　　2010年8月28日,新浪微博一周年。这一天,一场"微博快跑"活动环绕北京城举行:十辆造型各异的 MINI 微博车队,载着特色礼物和8名网上征集的微博用户，从中关村出发，途经五道口、鸟巢、朝阳公园、天坛、西单、南锣鼓巷等北京地标性场所，将微博"随时随地分享"的理念传递给每一个路人。

"微博快跑"是新浪为庆祝微博开通一周年而组织的活动，是国内微博产品第一次大规模从线上延伸到线下，充分利用微博创新的特点，大胆突破常规的活动模式，以活动创造事件，让博友自己创造内容并帮助传播。

从8月20日开始，"微博快跑"官方微博ID成立，通过话题讨论、悬念设置、投票PK、礼品激励等为活动预热。活动当天，车队每到一站都会组织车内、现场和线上的网友进行互动，共产生30 000多条微博内容，引发各大媒体高度关注和报道。活动结束后第三天，百度搜索"微博快跑"获得71万条相关结果。通过裂变式的传播，"微博快跑"的信息瞬间传递给了更多的网民，用户品牌好感度、忠诚度大幅提升。因此，从某种意义上来说，这不只是一场成功的庆生秀，更是新浪微博发展的新起点。

在2010年回望过去，距2006年Twitter现身美国已有4年，但在中国，微博真正进入人们的生活才不过1年。许多中国微博先驱者先后进行了不懈探索，但大多以倒下告终，直到2009年8月新浪微博正式开通。新浪微博沿用博客推广的成功经验，短时间内迅速掀起国内微博风潮，"你围脖（微博）了吗？"成为很多人寒暄的第一句话。

作为国内最早由门户网站推出的微博,新浪微博已成为国内微博领域的领先者。《中国微博元年市场白皮书》数据显示,随着用户数的不断增长,新浪微博上每天都会产生海量信息。2010年7月,新浪微博产生的总微博数超过9000万条,每天产生的微博数超过300万条,平均每秒会有近40条微博产生。

一、微博营销的概念和优势

(一)微博营销的概念

微博营销以微博作为营销平台,每一个"粉丝"都是潜在营销对象,企业利用更新自己的微型博客向网友传播企业信息、产品信息,树立良好的企业形象和产品形象。每天更新内容就可以跟大家交流互动,或者发布大家感兴趣的话题来达到营销的目的。这样的方式就是新兴推出的微博营销。

微博营销方式注重价值的传递、内容的互动、系统的布局、准确的定位，微博的火热发展也使得微博营销效果尤为显著。微博营销涉及的范围包括认证、有效粉丝、话题、名博、开放平台、整体运营等。自2012年12月后，新浪微博推出企业服务商平台，为企业在微博上进行营销提供一定帮助。

（二）微博营销的优势

（1）立体化：微博可以借助多种多媒体技术手段，从文字、图片、视频等展现形式对产品进行描述，从而使潜在消费者更形象直接地接受信息。

（2）高速度：微博最显著的特征就是传播迅速。一条热度高的微博在各种互联网平台上发出后，短时间内转发就可以抵达微博世界的每一个角落。

（3）便捷性：微博营销优于传统推广，不需严格审批，从而节约了大量的时间和成本。

（4）广泛性：通过粉丝形式进行病毒式传播，同时名人效应能使事件传播呈几何级放大。

（5）效率高：针对企业产品的FAQ（Frequently Asked Questions，指经常问到的问题）提高效率，并且能很快帮助客服建立互相了解的一个通道。

二、微博营销的几个关键点

1. 抓住流行元素

流行就是热点，就是焦点。流行不一定是好的，但一定是最利于传播的。但是，微博上的流行是有时效性的，最好是在流行刚刚成势的时机进入，如果在尾巴的时候进入，那就作用不大了。

2. 包含适应广大网友认知水平的题材和元素

这是非常大的一个挑战，也是非常容易理解的道理。流行音乐谁都会唱，但是不持久，经典音乐虽然小众，但是能够永恒。在微博上，如果你的产品是大众消费品，那就不要搞什么小清新，不要搞什么白富美，最俗的才是最好的。

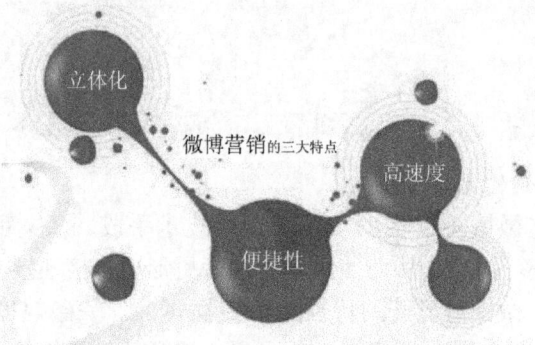

3. 要给予有力的推广

微博 4 亿用户，每天的信息量实在太大，再好的内容也会被淹没，必须通过有效的推广渠道来发布。微博上最有力的渠道就是相关行业的 KOL（Key Opinion Leader，关键意见领袖）啦！无论是给钱还是合作，必须搞定。

4. 要有伏笔

最后一个就是关于段子的特点了，那就是有伏笔。这个伏笔可以一眼就看出来，也可以稍微隐晦一下，通过 KOL 的转发抖出来。

5分14秒 5万台小米手机2已售罄
130万人预约，233万次转发
81万条评论

小米手机2 微博开卖
微博社会化网购第一单

三、微博营销的特点

1. 发布门槛低，成本远小于广告，效果却不差

140个字的发布信息，远比发布博客容易，对于同样效果的广告则更加经济。与传统的大众媒体（报纸，流媒体，电视等）相比，受众同样广泛，前期一次投入，后期维护成本低廉。

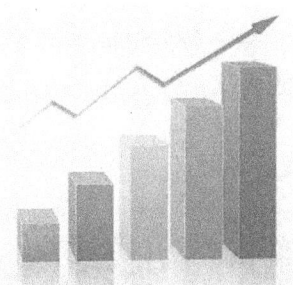

超过一千，企业就是个布告栏；
超过一万，企业就好像是本杂志；
超过十万，企业就是一份都市报；
超过一百万，企业就是一份全国性报纸；
超过一千万，企业就是电视台；
超过一亿，企业就是CCTV了。

2. 传播效果好，速度快，覆盖广

微博信息支持各种平台，包括手机、电脑与其他传统媒体。同时传播的方式多样性，转发非常方便。利用名人效应能够使事件的传播量呈几何级放大。

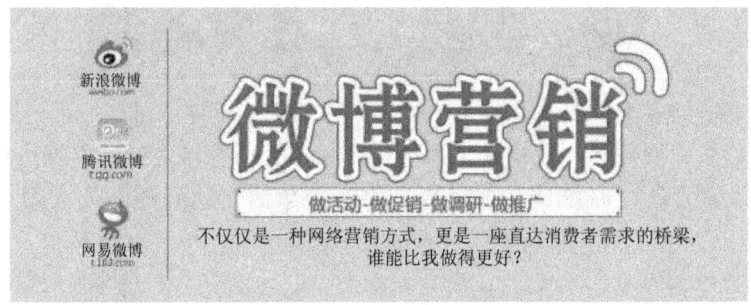

3. 具有针对性强，利用后期维护及反馈的效果

微博营销是投资少、见效快的一种新型的网络营销模式，其营销方式和模式可以在短期内获得最大的收益。

4. 手段使用多样化，人性化

从技术上，微博营销可以同时方便地利用文字、图片、视频等多种展现形式。从人性化角度上，企业品牌的微博本身就可以将自己拟人化，更具亲和力。

5. 开放性

微博几乎是什么话题都可以进行探讨，而且没有什么拘束。微博就是要最大化地开放给客户。

6. 拉近距离

在微博上面，美国总统可以和平民点对点交谈，政府可以和民众一起探讨，明星可以和粉丝们互动，微博其实就是在拉近距离。

7. 传播速度快

微博最显著特征之一就是其传播迅速。一条微博在触发微博引爆点后，短时间内互动性转发就可以抵达微博世界的每一个角落，达到短时间内最多的目击人数。

8. 便捷性

微博只需要编写好 140 字以内的文案，经微博小秘书审查后即可发布，从而节约了大量的时间和成本。

9. 页面可多角度展示产品

微博营销可以借助许多先进多媒体技术手段，从多维角度等展现形式对产品进行描述，从而使潜在消费者更形象更直接地接受信息。

10. 操作简单

信息发布便捷。一条微博，最多140个字，只需要简单的构思，就可以完成一条信息的发布。这点就要比博客方便得多。毕竟构思一篇好博文，需要花费很多的时间与精力。

11. 互动性强

微博能与粉丝即时沟通，及时获得用户反馈。

技能实训 11-1 分析微博营销的魅力

实训目的

通过案例分析，了解微博营销的发展趋势、号召力以及影响力，分析微博营销的成功之处，并说出你个人的看法。

实训内容

【案例】

"野兽派花店"，卖的不仅仅是花

"野兽派花店"，这个名字被更多文艺青年所熟悉。没有实体店，甚至没有淘宝店，仅凭微博上几张花卉礼盒的照片和140个字的文字介绍，从2011年12月底开通微博到现在，野兽派花店已经吸引了超过18万粉丝，甚至连许多演艺界的明星都是它的常客。

为什么传统简单的花店生意会有如此新鲜的生命力？

答案是，他们卖的不仅仅是花。

2011年年末，有位顾客在野兽派花店订花，希望能表现出莫奈的名作《睡莲》的意境，可是当时并没有合适的花材进行创作。

几个月过后，店主兼花艺师 Amber 想起日本直岛的地中美术馆，从中获得灵感，做成了后来野兽派花店的镇店作品之一——"莫奈花园"。

与其他花店不同的是，野兽派花店会先倾听客人的故事，然后将故事转化成花束，每束花因为被赋予了丰满的故事而耐人寻味。这其中，有幸福的人儿祝自己结婚周年快乐的、有求婚的、有祝父母健康的、有纠结于暗恋自己的男同事的……在日复一日的寻常生活中，阅读 140 字的离奇情节，也成为粉丝们的一种调节剂。

野兽派花店的镇店作品——"莫奈花园"

野兽派花店所选用的花束绝不是市场上常见的，这些进口花卉品种经过精心雕饰之后，针对不同的人群、送花人与收花人的心境、起上颇有文艺范儿的名字，在微博上销售。顾客也都是花店的粉丝，在微博上通过私信下订单，客服通过私信回答顾客的问题最终达成交易。

和传统的花店相比，野兽派花店绝对算得上花店中的奢侈品品牌。从野兽派花店出品的花卉礼盒少则三四百元，多则近千元。然而即使如此高的价格，仍然有众多顾客追捧。

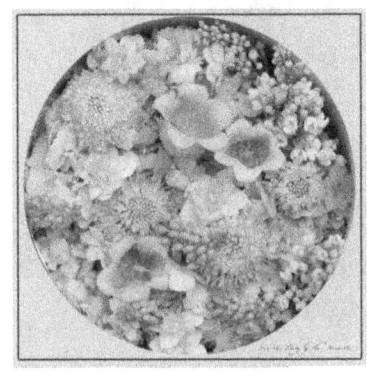 

问题：

（1）通过以上案例，你认为野兽派花店的成功之处在哪里？

（2）你认为要做好微博营销，最关键的几个因素是什么？

（3）请结合你平时所关注的微博谈谈你的看法。

实训组织

（1）根据班级成员总人数进行分组，5～6人为一组；

（2）各组有20分钟的自由讨论时间；讨论时间结束后每组派出一名代表发言（时间在5分钟内）；

（3）课后各组把讨论的分析过程和讨论结果形成PPT上交，作为该项目的课后作业。

实训考核

（1）教师收集各组的PPT，并评分；

（2）对各组的案例分析情况进行点评，学生可以再次补充和参与点评。

任务二 认识微信营销

2011年1月21日,腾讯推出即时通讯应用微信,支持发送语音短信、视频、图片和文字,可以群聊。2012年3月29日,时隔一年多,马化腾通过腾讯微博宣布微信用户突破一亿大关,也就是新浪微博注册用户的1/3。

在腾讯QQ邮箱、各种户外广告和旗下产品的不断宣传和推广下,微信的用户也在逐月增加。微信营销,这个新型的互联网方式,让不少的企业和个人都从中尝到了不少的甜头,发展前景也非常值得期待。那么相对于一些传统的互联网,微信营销又有着哪些优势呢?

【导入案例11-2】

"水果哥"凭借微信月入4万元

许熠是石家庄经济学院的一名在校大学生,在过去3个月里,他和他的微信水果店"优鲜果妮"在石家庄经济学院火了一把。作为一名在校大学生,许熠的创业灵感来源于为女友送早餐的偶然经历。"石家庄经济学院共有学生1.7万名,其中女生6000多名。"许熠强调说。女生几乎每天都要吃水果,如果按每个女生一个月50元消费来估算,微信卖水果大有赚头。开业之初,许熠的"优鲜果妮"生意并不好做,常常等上一天才有一笔几元的订单。微信营销的基本条件之一是有足够多的好友,许熠和他的同学采用"扫楼"的方式来增加好友:将印制的市场宣传单、广告册发到学校的教学楼、食堂、宿舍楼;利用课间10分钟在各个教室播放"优鲜果妮"宣传短片……三个月时间的"扫楼",关注"优鲜果妮"的人数达到4920人,这些用户多为许熠的同学,针对这点,许熠经常推出个性产品,各类水果组成的"考研套餐""情侣套餐""土豪套餐"频频吸引同学眼球。此外,许熠的公众平台还会不时推送天气预报或失物招领信息来吸引粉丝。到目前为止,"水果哥"已经实现了4万元/月的收入。

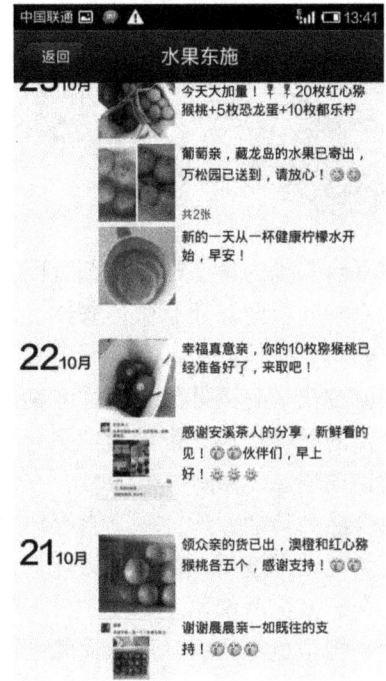

一、什么是微信营销?

(一)微信营销的概念

微信营销是网络经济时代企业营销模式的一种创新,是伴随着微信的火热而兴起的一种网络营销方式。微信不存在距离的限制，用户注册微信后，可与周围已注册微信的"朋友"形成一种联系，用户订阅自己所需的信息，商家通过提供用户需要的信息，推广自己的产品，从而实现点对点的营销。

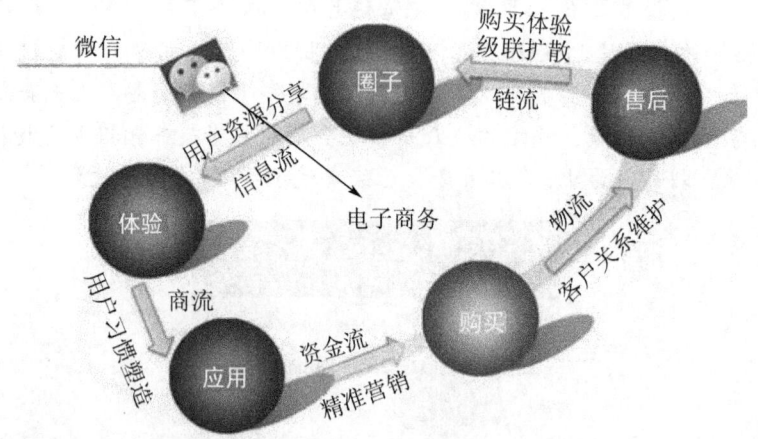

微信营销，包括微信平台基础内容搭建、微信官网开发、营销功能扩展；另外还有微信会员卡以及针对不同行业，还有微信餐饮、微信外卖、微信房产、微信汽车、微信电商、微信婚庆、微信酒店、微信服务等个性化功能开发。

微信一对一的互动交流方式具有良好的互动性，精准推送信息的同时更能形成一种朋友关系。基于微信的种种优势，借助微信平台开展客户服务营销也成为继微博之后的又一新兴营销渠道。

微博的天然特性更适合品牌传播，作为一个自媒体平台，微博的传播广度和速度惊人，但是传播深度及互动深度不及微信。微博就像一个人在上面演讲，下面有几万人听众的演讲场合，微信就像两个好友冬日下午在茶楼泡上一壶普洱茶席地而坐。哪个更有深度，哪个更有广度，可想而知了。

	微信 社交属性	新浪微博 媒体属性
信息发送	用户分组，地域，精准推送	1对多
发送内容	文字，图片，语音，视频或图文消息	图、文、语音、视频组合
内容环境	私密封闭交流	开放扩散传播
用户关系	一对多传闻关系	非对等多向度关系
分享功能	发送好友，分享到朋友圈及询讯微博	重分享
营销价值	关系属性，适合CRM	媒体属性，易推广、直公关

微博：及时性和分享性强，更适合品牌曝光
微信：强关系型社交平台，更适于作为品牌的用户服务传递渠道

（二）微信营销的含义

微信公众平台是腾讯公司在微信的基础上新增的功能模块，通过这一平台，个人和企业都可以打造一个微信的公众号，并实现和特定群体的文字、图片、语音的全方位沟通、互动。

不同于微博的微信，作为纯粹的沟通工具，商家、媒体和明星与用户之间的对话是私密性的，不需要公之于众的，所以亲密度更高，完全可以做一些真正满足需求和个性化的内容推送。

随着腾讯推出微信公众平台，那么微信的营销又将怎样变化呢？

在具体说明之前，我们应该看看微信营销到底有怎样的逻辑基础。

不建议企业将微信作为销售平台，因为销售并不缺渠道，开个网店再容易不过了。企业缺的是品牌，缺的是信任，如果用户不接受你的品牌，不信任你，那么你的销售只会让用户反感。

微信能帮企业做什么？

品牌传播
通过发布公众二维码
让微信用户随手添加

抓取客户
通过对企业网站的优化
占领搜索排名，抓取客户

广告推送
通过后台信息设置
向所有客户群发信息

企业应该将微信作为品牌的根据地，要吸引更多人成为关注你的普通粉丝，再通过内容和沟通将普通粉丝转化为忠实粉丝，当粉丝认可品牌，建立信任后，他自然会成为你的顾客。

营销上有一个著名的"鱼塘理论",微信公众平台就相当于这个鱼塘。微信营销要注意的有如下几点:

1. 曝光

微博营销本身的曝光率是极低的。微博中的广告信息很容易就被淹没在微博滚动的动态中了,除非卖家刷屏发广告或者买家刷屏看微博。信息的到达率可能是采取微博营销时最需要关注的地方。

而微信不同,微信在某种程度上可以说是强制了信息的曝光,前提是你先上了"贼船"。微信公众平台信息的到达率是100%,还可以实现用户分组、地域控制在内的精准消息推送。这似乎正是营销人士欢呼雀跃的地方:只需把精力花在更好的文案策划上而不是不厌其烦地推广运营上。如此一来,微信公众平台上的粉丝质量要远远高于微博粉丝,只要控制好发送频次与发送的内容质量,一般来说用户不会反感,并有可能转化成忠诚的客户。

2. 活体广告板

微信中基于 LBS 的功能插件"查看附近的人",可以使更多陌生人看到这种强制性广告。那么,可以假设,如果营销人员在人流最旺盛的地方后台 24 小时运行微信,随着微信用户数量的上升,这个简单的签名栏也许会变成不错的移动广告位。让腾讯帮你打广告,貌似是一个不错的选择。

3. 细化营销渠道

通过一对一的关注和推送,公众平台方可以向"粉丝"推送包括新闻资讯、产品消息、最新活动等消息,甚至能够完成包括咨询、客服等功能。

可以肯定的是,微信在信息的用户推送与粉丝的"CRM 管理"方面要优于微博。尤其是微信立足于移动互联网,使得微信成为尤为重要的营销渠道。微信公众平台的 CRM 特点明显,管理上可以借鉴传统的 CRM 管理,每天实时收集反馈和回复,整理登记。

虽然有称微信为营销利器,但是精细化、个性化、一对一的营销无疑在增加成功率的同时也会增加成本,至于何去何从,那就要看企业的选择了。

4. 延伸的行业应用:公众账号的接口应用

随着微信的不断发展,未来延伸的地方还有很多,比如医院的微信营销。有条件的医院可以开发一个微信的接口应用，比如自助挂号、查阅电子病例等功能，把公众账号打造成工具。先让部分用户体验，养成使用习惯，最终推广开来，以达到取代病人使用电话和到场办理业务的目的。

二、如何进行微信营销的推广？

1. 草根广告式——查看附近的人

微信中基于 LBS 的功能插件"查看附近的人"便可以使更多陌生人看到这种强制性广告。

用户点击"查看附近的人"后，可以根据自己的地理位置查找到周围的微信用户。在这些附近的微信用户中，除了显示用户姓名等基本信息外，还会显示用户签名档的内容。所以用户可以利用这个免费的广告位为自己的产品打广告。

这种方式的营销，只要营销人员在人流最旺盛的地方后台24小时运行微信，如果"查看附近的人"使用者足够多，这个广告效果也会随着微信用户数量的上升而增强，这个简单的签名栏也许会变成移动的"黄金广告位"。

2. 品牌活动式——漂流瓶

从QQ空间移植到微信上后，漂流瓶的功能基本保留了原来简单、易上手的风格。

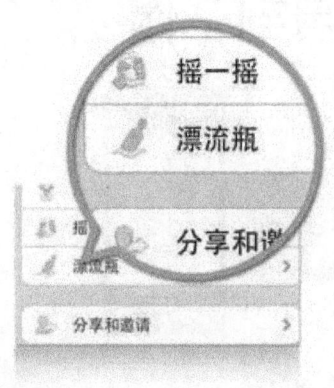

漂流瓶有两个简单功能：

（1）"扔一个"，用户可以选择发布语音或者文字，然后投入大海中。

（2）"捡一个"，"捞"大海中无数个用户投放的漂流瓶，"捞"到后也可以和对方展开对话，但每个用户每天只有20次机会。

微信官方可以对漂流瓶的参数进行更改，使得合作商家推广的活动在某一时间段内抛出的"漂流瓶"数量大增，普通用户"捞"到的频率也会增加。加上"漂流瓶"模式本身可以发送不同的文字内容甚至语音小游戏等，如果营销得当，也能产生不错的营销效果。而这种语音的模式，也让用户觉得更加真实。但是如果只是纯粹的广告语，是会引起用户反感的。

3. O2O 折扣式——扫一扫

O2O 即 Online to Office，指将线下商务的机会与互联网结合，让互联网成为线下交易的前台，即扫二维码。二维码发展至今，其商业用途越来越多，所以微信也就顺应潮流结合 O2O 展开商业活动。

将二维码图案置于取景框内，然后你将可以获得成员折扣、商家优惠或是一些新闻资讯。

移动应用中加入二维码扫描这种 O2O 方式早已普及开来，坐拥上亿用户且活跃度足够高的微信，价值不言而喻。

4. 互动营销式——微信公众平台

对于大众化媒体、明星以及企业而言，如果微信开放平台+朋友圈的社交分享功能的开放，已经使得微信作为一种移动互联网上不可忽视的营销渠道，那么微信公众平台的上线，则使这种营销渠道更加细化和直接。

5. 微信开店——微信商城

这里的微信开店并非微信"精选商品"频道升级后的腾讯自营平台，而是由商户申请获得微信支付权限并开设微信店铺的平台。截止到 2013 年底，公众号申请微信支付权限需要具备两个条件：第一必须是服务号；第二还需要申请微信认证，以获得微信高级接口权限。商户申请了微信支付后，就能进一步利用微信的开放资源搭建微信店铺。

技能实训 11-2　分析微信营销的成功之道

实训目的

通过案例分析,了解微信的发展趋势与影响力,明确什么样的品牌或产品适合微信营销的推广方式,并说出你个人的看法。

实训内容

【案例】 微信营销:以小见大

1. 微信卖粟米,三个月进账 200 万元。

2013 年 12 月 1 日,上海国际马拉松比赛现场,一只"愤怒的小鸟"吸引了众人的眼球。这只"小鸟"的真身是在微信上卖粟米卖火了的富军。富军在 2013 年和老婆开玩笑说要卖米,之后开始向微信好友赠送大米,为他的大米营销创造基础口碑。任何微信营销,都需要两个基础条件,一个是足够多的好友数量，另一个则是与微信好友之间拥有较为紧密的关系。富军通过各种活动，增加自己的微信好友，为了与这些好友保持紧密关系，富军平均每周在朋友圈更新6条消息，并策划过一次效果不错的线下活动。尽管没策划过品牌营销，但富军很了解互联网的属性，一次事件营销会带来爆炸式的效应，于是一只背着米袋子、贴满二维码的"愤怒小鸟"在上海马拉松上闪亮登场了。富军栗米的微信营销是成功的，到2013年11月底，他统计全年订户200个，销售大米进账200万元，而这些，都源自于他的微信好友。

2. 微信直销草鸡蛋，线上交易线下送达

在办公室做了4年文员的尤达，2013年毅然辞职回到老家承包一片山地，养起草鸡。此前，尤达的姐姐一直从事草鸡蛋销售工作，通过农业合作社收养殖户的鸡蛋，再卖给消费者，但"二传手"不但增加了鸡蛋销售成本，而且没有稳定的蛋源供应，于是尤达和姐姐共同投资建起养殖场。姐姐负责老渠道销售，尤达则负责微信、微博直销的新渠道开发。通过线上直销，尤达的账户"互粉"了很多好友，在线养殖场、饲养过程的展示吸引了不少市民在线上订购，尤达收到订单后，直接配送上门。目前，尤达已经积累了2000多名稳定粉丝。尤达卖的鸡蛋定价1.5元一个，线上交易9个月以来，先后卖了3万只草鸡蛋，实现了他最初预设给自己的目标。

问题：

（1）通过以上两个案例，你认为什么样的品牌或者产品适合做微信营销？

（2）如何通过微信满足客户的需求？

（3）你认为微信营销的制胜之道是什么？

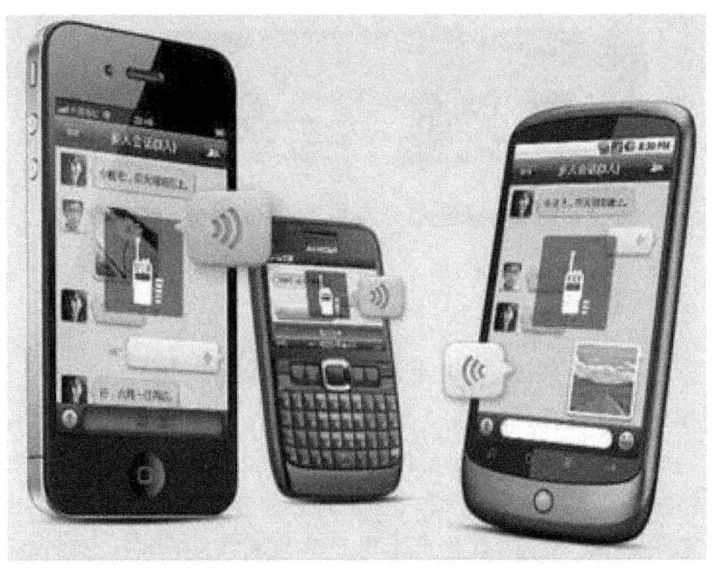

实训组织

（1）根据班级成员总人数进行分组，5~6人为一组；

（2）各组有20分钟的自由讨论时间；讨论时间结束后每组派出一名代表发言（时间在5分钟内）；

（3）课后各组把讨论的分析过程和讨论结果形成PPT上交，作为该项目的课后作业。

实训考核

（1）教师收集各组的PPT，并评分；

（2）对各组的案例分析情况进行点评，学生可以再次补充和参与点评。

任务三　走进服务营销

中国加入WTO后，境外服务企业纷纷涉足中国大陆市场抢占先机。如世界零售业巨头沃尔玛、家乐福、肯德基、麦当劳等知名企业已纷纷落户中国，并且布点工作还在进一步展开。加入WTO后，我国在五年左右的时间，逐步放开服务市场，对外商设立合营、合资公司的数量、地域、股权等的限制也将逐步取消，这无疑会对我国服务业产生巨大的挑战。

短兵相接的家具市场竞争中，来自瑞典的宜家公司（IKEA）销售额凭什么以25%的速度递增？为什么宜家能让中国的消费者如此痴迷？

【导入案例11-3】

宜家"娱乐购物"的家居文化

宜家（IKEA）一直以来都倡导"娱乐购物"的家居文化，他们认为，"宜家是一个充满娱乐氛围的商店，我们不希望来这里的人们失望"。宜家最先将"家居"这个全新的概念引入中国，一般的家具商店在人们心目中是一个很死板，没有美感的家具"仓库"。但宜家以独有的风格，将商场营造成了适合人们娱乐的购物场所。它蜿蜒的过道，造型奇异的家具，手感舒适的床上用品，还有耳边袅袅的音乐……人们在这里购物完全成为一种享受。

宜家（IKEA）采用自选方式，以减少商店的服务人员。在宜家（IKEA）没有"销售人员"，只有"服务人员"。他们不允许主动向顾客促销某件产品，而是由顾客自己决定和体验，除非顾客需要向其咨询。

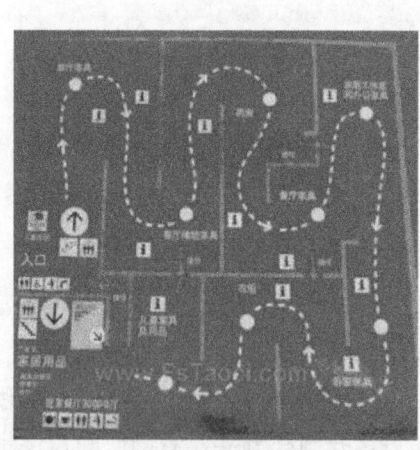
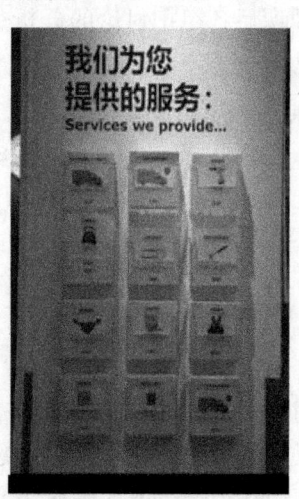

宜家（IKEA）精心地为每件商品制定"导购信息"，有关产品的价格、功能、使用规则、购买程序等几乎所有的信息都一应俱全。宜家（IKEA）总是提醒顾客"多看一眼标签：在标签上您会看到购买指南、保养方法、价格。"

就是一颗简单的灯泡，宜家（IKEA）也可以将其灯泡的特点完全展示出来。即使你不懂怎样挑选地毯，宜家（IKEA）也会用漫画的形式告诉你："用这样简单的方法来挑选我们的地毯"：一是把地毯翻开来看它的背面；二是把地毯展开来看它的里面；三是把地毯折起来看它鼓起来的样子；四是把地毯卷起来看它团起来的样子。每个顾客在做出购物决定之前，如果对所购商品的特性一无所知，那么他肯定会感到手足无措，如果是在别人劝说之下做出的决定，买回去如果发现问题就会大呼上当，从而带来不好的感受。因此，宜家（IKEA）采取了一种顾问式的服务营销方式，将每一个细节都考虑进去，从而指导消费者快速做出购买决定，因此它出售的几乎都是完全符合用户要求的产品。

实际上，很多来宜家（IKEA）的人都不是纯粹来购物的，他们已经习惯性地把它当作了一个休闲的地方，顾客在这个环境中会不知不觉地被"宜家文化"所感染。

宜家文化让顾客体会到：原来厨房可以如此整洁大方、井然有序，客厅可以如此色彩缤纷、功能丰富，卧室可以如此温馨无比、风情万种。顾客在宜家（IKEA）不但可以买到称心如意的家具或家居用品，更重要的是也学会了色彩可以这样搭配，杂物可以那样收纳等等，许多的生活常识和装饰灵感在这里悄然迸发。久而久之，来自瑞典的宜家（IKEA）成为家居的代名词。

宜家（IKEA）为顾客打造的"娱乐购物"的文化就是今天我们要讨论的服务营销。

一、什么是服务营销？

（一）服务营销的概念

服务营销是企业在充分认识消费者需求的前提下，为充分满足消费者需要而在营销过程中所采取的一系列活动。

服务作为一种营销组合要素，真正引起人们重视的是在 20 世纪 80 年代后

期。这时期,由于科学技术的进步和社会生产力的显著提高,产业升级和生产的专业化发展日益加速,一方面使产品的服务含量,即产品的服务密集度日益增大;另一方面,随着劳动生产率的提高,市场转向买方市场。消费者随着收入水平的提高,他们的消费需求也逐渐发生变化,需求层次也相应提高,并向多样化方向拓展。

"服务营销"是一种通过关注顾客,进而提供服务,最终实现有利的交换的营销手段。作为服务营销的重要环节,"顾客关注"工作质量的高低,将决定后续环节的成功与否,影响服务整体方案的效果。

如今企业之间的竞争日趋激烈,为提升竞争力,因此也出现了企业更倾向于通过品牌联播等新闻机构去报道自身服务特色,进而达到迅速提升品牌知名度、提升客户信任度、提升业绩的目的。

(二)服务营销的特点

1. 供求分散性

服务营销活动中,服务产品的供求具有分散性。不仅供方覆盖了第三产业的各个部门和行业,企业提供的服务也广泛分散,而且需方更是涉及各种各类的企业、社会团体和千家万户不同类型的消费者。由于服务企业一般占地小、资金少、经营灵活,往往分散在社会的各个角落;即使是大型的机械服务公司,也只能在有机械损坏或发生故障的地方提供服务。服务供求的分散性,要求服务网点广泛而分散,尽可能地接近消费者。

2. 营销方式单一性

有形产品的营销方式有经销、代理和直销多种营销方式。有形产品在市场可以多次转手,经批发、零售多个环节才使产品到达消费者手中。服务营销则由于生产与消费的统一性,决定其只能采取直销方式,中间商的介入是不可能的,储存待售也不可能。服务营销方式的单一性、直接性,在一定程度上限制了服务市场规模的扩大,也限制了服务业在许多市场上出售自己的服务产品,这给服务产品的推销带来了困难。

3. 营销对象复杂多变

服务市场的购买者是多元的、广泛的、复杂的。购买服务的消费者的购买动机和目的各异,某一服务产品的购买者可能牵涉社会各界各行业不同类型的家庭和不同身份的个人。即使购买同一服务产品,有的用于生活消费,有的却用于生产消费,如信息咨询、邮电通信等。

4. 服务消费者需求弹性大

根据马斯洛需求层次理论,人们的基本物质需求是一种原发性需求,这类需求使人们易产生共性,而人们对精神文化消费的需求属继发性需求,需求者会因各自所处的社会环境和各自具备的条件不同而形成较大的需求弹性。而且对服务的需求与对有形产品的需求在一定组织及总金额支出中相互牵制,也是形成需求弹性大的原因之一。同时，服务需求受外界条件影响大，如季节的变化、气候的变化、科技发展的日新月异等对信息服务、环保服务、旅游服务、航运服务的需求造成重大影响。需求的弹性是服务业经营者最棘手的问题。

5. 服务人员的技术、技能、技艺要求高

服务者的技术、技能、技艺直接关系着服务质量。消费者对各种服务产品的质量要求也就是对服务人员的技术、技能、技艺的要求。服务者的服务质量不可能有唯一的、统一的衡量标准，而只能有相对的标准和凭购买者的感觉体会。

【案例】

海尔服务营销新举措

海尔创始人张瑞敏在《论海尔的优势》中讲到，未来企业的竞争不在产品本身，而在对品牌有绝对影响的服务上。

海尔在全国建有42个工贸公司，34个服务中心，260家专修部及遍及全国的5000家特约服务网点，能够给客户提供全天候、全方位的服务。

为了做好服务营销，海尔又推出了服务新举措——海尔"全程管家365"，全国20 000多名海尔家电全程管家"一年365天为用户提供全天候上门服务"。具体服务内容有：

(1) 售前上门设计。

(2) 售中咨询导购，送货上门。

(3) 售后安装调试、电话回访、指导使用、征询客户意见并及时反馈到生产开发部门不断提高产品设计。

(4) 根据用户的预约提供上门维护、保养等服务。

(5) 只需拨打24小时的服务电话，就可享受海尔提供的一站式的服务。

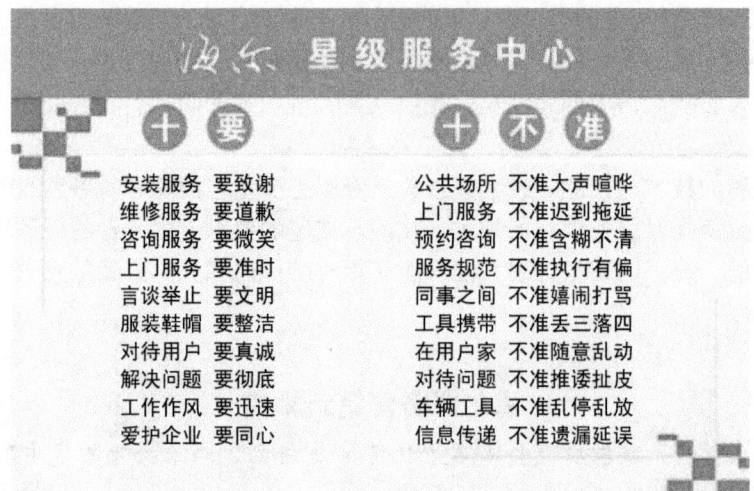

海尔认为，一个企业在市场上怎么满足客户的需求，怎么使顾客满意，应该是一个系统，这个系统包括：企业内部售前、售中、售后服务，电话服务，企业的闭环反馈等。海尔在实践中总结出：获取消费者的需求信息是第一时间满足消费者需求的基础，为此必须搭建与消费者沟通的平台。

海尔把企业的服务营销定位为三个中心：

（1）信息中心。每一个服务商都是一个信息集中地，服务网点负责所辐射区域的每一个用户的信息，通过信息的处理汇总和分析，实现信息增值。

(2) 培训中心。既能通过内部各种培训为用户输出合格、满意的服务产品，又能通过开办培训学校等方式普及家电产品知识及常识，提高用户对海尔的认知度。

(3) 文化中心。既是海尔一种高标准服务的象征，同时也代表一种文化，体现对用户的承诺和对社会的责任。

海尔创始人张瑞敏

二、企业如何推广服务营销

随着知识经济的到来以及消费者对质量的要求越来越高,对服务营销也提出了更高的要求。这对于我国企业来说既是一种机遇,同样也是一种严峻的挑战。为此,企业必须制定和实施一套科学的、系统的服务营销策略以保证企业营销目标的实现。具体包括如下几方面:

1. 提高企业的服务意识

现在的消费者在购买产品时不仅要看产品本身的性能和质量的好与坏,而且更加注重企业的服务态度好不好,更加注重考虑企业能否给他们带来满足。这对企业的服务意识能否满足当前消费者的需求是一项严峻的考验。

首先,企业要认识到在真正的服务营销中,服务才是实质的商品,而产品只是服务的附属品。只有这样才能使企业上下都对服务营销有一定的认识,进而不断努力地提高企业人员的服务意识。

其次,服务不仅局限于企业的服务人员,企业的每一位员工都要成为企业的"营销代表",都能为消费者解决各种问题,即建立全员服务意识,在消费者面前展示本企业的文化和实力。

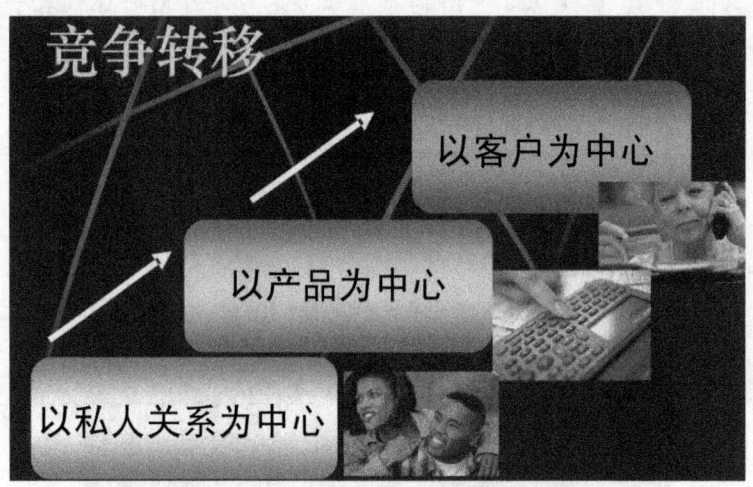

建立企业的全员服务意识,要遵循"顾客关注"九项原则:

(1) 获得一个新顾客比留住一个已有的顾客花费更大。
(2) 除非你能很快弥补损失,否则失去的顾客将永远失去。
(3) 不满意的顾客比满意的顾客拥有更多的"朋友"。
(4) 畅通沟通渠道,欢迎投诉。
(5) 顾客不总是对的,但怎样告诉他们是错的会产生不同的结果。
(6) 顾客有充分的选择权力。
(7) 你必须倾听顾客的意见以了解他们的需求。

(8) 如果你不愿意相信,你怎么能让你的顾客愿意相信?

(9) 如果你不去照顾你的顾客,那么别人就会去照顾。

市场竞争是激烈的,竞争对手对彼此的顾客都时刻关注。企业必须对自己的顾客定期沟通了解,解决顾客提出的问题。忽视你的顾客等于拱手将顾客送给竞争对手。

2. 重视企业的服务质量与人员培训

在服务营销中,人是决定胜败的一个最重要的因素。在市场竞争的条件下,企业竞争优势的取得越来越依赖于人的能力的发挥。由于服务在顾客购买之前是看不到、摸不着的,消费者只能从企业员工的行为和态度中获得对本企业的印象,所以,服务人员的素质就直接影响着企业的形象。

3. 树立正确的服务营销理念

要走出企业对服务营销理念认识不足的误区,为消费者提供优质的服务,首先要树立正确的服务营销理念。服务营销是以顾客服务为目的而开展的营销活动,它更关注的是消费者接受服务的满意度,它贯穿于企业的生产经营活动中,是售前、售中、售后的全程服务。可以说,服务营销不只是一种营销手段,而是一种经营理念。所以,企业要把经营思想放在其产品的服务上,树立"以服务为导向""以顾客为中心"的经营思想,以优质的服务真正为消费者解决问题,而达到其经营的目的。

如海尔所提倡的,"用户永远是对的"这一服务理念,海尔卖的不是产品,而是为用户提供某方面服务的全面解决的方案。海尔正是在这种朴实的服务营销

观念的指导之下，以其优质的服务在消费者心目中树立了良好形象。

三、科学地开展服务营销的管理

为了有效地利用服务营销实现赢得竞争的目的，企业应针对自己固有的特点，注重服务市场的细分、服务差异化、有形化、标准化以及服务品牌、公关等问题的研究，以制定和实施科学的服务营销战略，保证企业竞争目标的实现。为此，企业在开展服务营销活动、增强其竞争优势时应注意研究以下问题。

（一）服务市场细分

任何一种服务市场都有为数众多、分布广泛的服务需求者，由于影响人们需求的因素是多种多样的，服务需求具有明显的个性化和多样化特征。任何一个企业，无论其能力多大，都无法全面满足不同市场服务需求，都不可能对所有的服务购买者提供有效的服务。

因此，每个企业在实施其服务营销战略时都需要把其服务市场或对象进行细分，在市场细分的基础上选定自己服务的目标市场，有针对性地开展营销组合策略，才能取得良好的营销效益。

（二）服务的差异化

服务差异化是服务企业面对较强的竞争对手而在服务内容、服务渠道和服务形象等方面采取有别于竞争对手而又突出自己特征，以战胜竞争对手，在服务市场立住脚跟的一种做法。目的是要通过服务差异化突出自己的优势，与竞争对手相区别。实行服务差异化可从以下三个方面着手：

（1）调查、了解和分清服务市场上现有的服务种类、竞争对手的劣势和自己的优势，有针对性、创造性地开发服务项目，满足目标顾客的需要。

（2）采取有别于他人的传递手段，迅速而有效地把企业的服务运送给服务接受者。

(3) 注意运用象征物或特殊的符号、名称或标志来树立企业的独特形象。

(三) 服务的有形化

服务有形化是指企业借助服务过程中的各种有形要素，把看不见、摸不着的服务产品尽可能地实体化、有形化，让消费者感知到服务产品的存在、提高享用服务产品的利益过程。服务有形化包括三个方面的内容：

(1) 服务产品有形化。即通过服务设施等硬件技术，如自动对讲、自动洗车、自动售货、自动取款等技术来实现服务自动化和规范化，保证服务行业的前后一致和服务质量的始终如一；通过能显示服务的某种证据，如各种票券、牌卡等代表消费者可能得到的服务利益，区分服务质量，变无形服务为有形服务，增强消费者对服务的感知能力。

(2) 服务环境的有形化。服务环境是企业提供服务和消费者享受服务的具体场所和气氛，它虽不构成服务产品的核心内容，但它能给企业带来"先入为主"的效应，是服务产品存在的不可缺少的条件。

星巴克在全球挑选最舒服的沙发和桌椅,为顾客营造出一个"两点一线"以外的"第三空间"。

(3) 服务提供者的"有形化"。服务提供者是指直接与消费者接触的企业员工,其所具备的服务素质和性格、言行以及与消费者接触的方式、方法、态度等,会直接影响到服务营销的实现,为了保证服务营销的有效性,企业应对员工进行服务标准化的培训,让他们了解企业所提供的服务内容和要求,掌握进行服务的必备技术和技巧,以保证他们所提供的服务与企业的服务目标相一致。

(四) 服务的标准化

由于服务产品不仅仅是靠服务人员,还往往要借助一定的技术设施和技术条件,因此这为企业服务质量管理和服务的标准化生产提供了条件。企业应尽可能

地把这部分技术性的常规工作标准化,以有效地促进企业服务质量的提高。具体做法可以从下面五个方面考虑:

(1)从方便消费者出发,改进设计质量,使服务程序合理化。

(2)制定要求消费者遵守的内容合理、语言文明的规章制度,以诱导、规范消费者接受服务的行为,使之与企业服务生产的规范相吻合。

(3)改善服务设施,美化服务环境,使消费者在等待期间过得充实舒服,如设置座椅,放置书报杂志,张贴有关材料等,为消费者等待和接受服务提供良好条件。

(4)使用价格杠杆,明码实价地标明不同档次、不同质量的服务水平,满足不同层次的消费者的需求。同时,在不同时期,不同状态下,通过价格的上下浮动调节消费者的需求,以保持供需平衡,稳定服务质量。

(5)规范服务提供者的言行举止,营造宾至如归的服务环境和气氛,使服务生产和消费能够在轻松、愉快的环境中完成。

"标准化,每一个细节都坚持标准化,而且持之以恒地执行,才能保证成功"——麦当劳

(五)服务品牌

服务品牌是指企业用来区别于其他企业服务产品的名称、符号、象征或设计,它由服务品牌名称和展示品牌的标识语、颜色、图案、符号、制服、设备等可见性要素构成。

创服务名牌,是服务企业提高规模经济效益的一项重要措施。因而,企业应注意服务品牌的研究,通过创名牌来树立自己独特的形象,以建立和巩固企业特殊的市场地位,在竞争中保持领先的优势。

(六)服务公关

服务公关是指企业为改善与社会公众的联系状况,增进公众对企业的认识、理解和支持,树立良好的企业形象而进行的一系列服务营销活动。其目的是要促进服务产品的销售,提高服务企业的市场竞争力。通过服务公关活动,沟通与消费者的联系,影响消费者对企业服务的预期愿望,尽可能地与企业提供的实际服务相一致,保证企业服务需求的稳定发展。

服务营销有利于丰富市场营销的核心——充分满足消费者需要的内涵,有利于增强企业的竞争能力,有利于提高产品的附加价值。服务营销的兴起,对增强企业的营销优势,丰富企业营销活动内涵有着重要的意义。

服务营销是企业营销管理深化的内在要求,也是企业在新的市场形势下竞争优势的新要素。针对企业竞争的新特点,注重产品服务市场细分,服务差异化、有形化、标准化以及服务品牌、公关等问题的研究,是当前企业竞争制胜的重要保证。

技能实训 11-3　分析迪斯尼游乐园的服务营销

实训目的

通过迪斯尼游乐园的案例分析,了解服务营销对于企业的生存和发展带来什么影响,通过案例来理解服务营销与其他市场营销观念的联系与区别。

实训内容

【案例】

为你带来欢乐——迪斯尼游乐园

"只要你来到这里,里面的任何一个角落,你都能找到一个属于你内心的童话世界。"提起迪斯尼,人们便会想到家庭娱乐,想到"米老鼠"。人们进入迪斯尼就如同进入梦幻世界,在这里可以看到我们这个星球的过去和未来,从中得到假日的娱乐。

通过主题公园的形式,迪斯尼致力于提供高品质、高标准和高质量的娱乐服务。同时,公司还提供餐饮,销售旅游纪念品,经营度假宾馆、交通运输和其他服务支持行业。迪斯尼品牌、米老鼠、唐老鸭、白雪公主、小熊维尼等动画人物,均享有极大的影响力和商誉,并包含着巨大的经济利益。然而,整个迪斯尼经营业务的核心仍是"迪斯尼乐园"本身。而该乐园的生命力,在于能否使游客欢乐。由此,给游客以欢乐,并由游客和员工共同营造"迪斯尼乐园"的欢乐氛围,成为"迪斯尼乐园"始终如一的经营理念和服务承诺。

在"迪斯尼乐园"里,游客们能与艺术家同台舞蹈,参与电影配音、制作小型电视片,通过计算机影像合成成为动画片中的主角,亲身参与升空、跳楼、攀登绝壁等各种绝技的拍摄制作等等。

所有的小卖部、饮食店、表演场所、街景区都设有大量的外观整洁与景观相协调、清扫方便的大容量垃圾箱。公共场所的座椅、桌、窗台、玻璃等都显得干净、利落;草地、花卉、树木修剪整齐,娱乐设施几乎都保持良好状态。

迪斯尼公司致力于研究"游客学",了解谁是游客、他们的需求是什么。调查统计部每年要开展200余项市场调查和咨询项目;财务部根据调查中发现的问题和可供选择的方案,找出结论性意见,以确定新的预算和投资;营销部重点研究游客们对未来娱乐项目的期望、游玩热点和兴趣转移;信息中心存储了大量关于游客需求和偏好的信息;信访部每年要收到数以万计的游客来信;工程部的责任是设计和开发新的游玩项目,并确保园区的技术服务质量;现场走访是了解游客需求最重要的工作。

为了明确岗位职责,迪斯尼乐园中的每一工作岗位都有详尽的书面职务说明。公司要求32 000名员工都能学会正确地与游客沟通和处事,因而制定了统一服务的处事原则,其原则的要素构成和重要顺序依次为安全、礼貌、演技、效率。

迪斯尼还十分注重对全体服务人员的外貌管理。公司还经常对员工开展传统教育和荣誉教育，告诫员工：迪斯尼数十年辉煌的历程、商誉和形象都具体体现在员工们每日对游客的服务之中。

在迪斯尼乐园中，员工们得到的不仅是一项工作，而且是一种角色。员工们身着的不是制服，而是演出服装。他们仿佛不是为顾客表演，而是在热情招待自己家的客人。当他们在游客之中，即在"台上"，当他们在员工们之中，即在"台后"。在"台上"时，他们表现的不是他们本人，而是一个具体角色。根据特定角色的要求，员工们要热情、真诚、礼貌、周到，处处为客人的欢乐着想。

问题：

（1）迪斯尼乐园是如何围绕它的经营理念和服务承诺为顾客提供服务的？

（2）你如何理解"给顾客带来欢乐"的内在含义？

（3）迪斯尼乐园对其员工的管理在其外部营销中有何作用？

实训组织

（1）根据班级成员总人数进行分组，5～6人为一组；

（2）各组有20分钟的自由讨论时间；讨论时间结束后每组派出一名代表发言（时间在5分钟内）；

（3）课后各组把讨论的分析过程和讨论结果形成PPT上交，作为该项目的课后作业。

实训考核

（1）教师收集各组的PPT，并评分；

（2）对各组的案例分析情况进行点评，学生可以再次补充和参与点评。

任务四 认识绿色营销

【导入案例 11-4】

NIKE——深入绿色营销

2005 年开始,耐克特别设计了一个强调可持续环保概念的运动鞋系列 The-Considered。这个系列的产品都不使用人造鞋材,能够尽可能地减少运输过程中需要消耗的能量,降低对气候变化的影响。例如,与耐克的典型产品相比,在生产过程中的溶剂使用减少了 80% 以上;各式鲜艳夺目的产品颜色也都来源于植物染料,传递犹如赤足的舒适感;鞋面和鞋带用的是纤维和聚酯;尽量减少使用有毒的胶粘剂;鞋的外底也用到了"让旧鞋用起来"活动中生产出来的研磨橡胶产品。

所有这些活动让耐克的品牌形象不但有了积极、进取等元素,而且得到了环保人士的青睐。调查表明,耐克被消费者认为是最环保的运动产品品牌。"让旧鞋用起来"活动已扩展到了许多国家,加拿大、英国、荷兰、德国、澳大利亚和日本,而且还在继续扩大。而相应的信息都有网站可以查询,使得这项工作可以更好、更快地进行下去。耐克的这一项目吸引了众多媒体的聚焦,使其成为运动产业产品回收的典范。2006年,耐克荣获G-ForSE环境大奖。在塑造积极健康生活方式的同时,耐克还赢得了绿色的美誉。

一、绿色营销的概念及需求分析

(一)绿色营销的概念

概念一,所谓绿色营销是指企业在生产经营过程中,将企业自身利益、消费者利益和环境保护利益三者统一起来,以此为中心,对产品和服务进行构思、设计、销售和制造。

概念二,绿色营销是指企业以环境保护为经营指导思想,以绿色文化为价值观念,以消费者的绿色消费为中心和出发点的营销观念、营销方式和营销策略。它要求企业在经营中贯彻自身利益、消费者利益和环境利益相结合的原则。

概念三,绿色营销是指社会和企业在充分意识到消费者日益提高的环保意识和由此产生的对清洁型无公害产品需要的基础上,发现、创造并选择市场机会,通过一系列理性化的营销手段来满足消费者以及社会生态环境发展的需要,实现可持续发展的过程。

综上,绿色营销的核心是按照环保与生态原则来选择和确定营销组合的策略,是建立在绿色技术、绿色市场和绿色经济基础上的、对人类的生态关注给予回应的一种经营方式,其最终目的是在化解环境危机的过程中获得商业机会,在实现企业利润和消费者满意的同时,达成人与自然的和谐相处,共存共荣。

(二)绿色营销的需求分析

目前,西方发达国家对于绿色产品的需求非常广泛,而发展中国家由于资金和消费导向上和消费质量等原因,还无法真正实现对所有消费需求的绿化。

以我国为例,目前只能对部分食品、家电产品、通信产品等进行部分绿化;

而发达国家已经通过各种途径和手段,包括立法等,来推行和实现全部产品的绿色消费,从而培养了极为广泛的市场需求基础,为绿色营销活动的开展打下了坚实的根基。

以绿色食品为例,英国、德国绿色食品的需求绝大部分不能自给,英国每年要进口该食品消费总量的80%,德国则高达98%。这表明,绿色产品的市场潜力非常巨大,市场需求非常广泛。

绿色营销只是适应21世纪的消费需求而产生的一种新型营销理念。也就是说,绿色营销还不可能脱离原有的营销理论基础。

因此可以说绿色营销是在人们追求健康(HEALTH)、安全(SAFE)、环保(ENVIOROMENT)的意识形态下所发展起来的新的营销方式和方法。

二、绿色营销的管理内容

(一)树立绿色营销观念

绿色营销观念是在绿色营销环境条件下企业生产经营的指导思想。传统营销观念认为,企业在市场经济条件下生产经营,应当时刻关注与研究的中心问题是消费者需求、企业自身条件和竞争者状况三个方面,并且认为满足消费者需求、改善企业条件、创造比竞争者更有利的优势,便能取得市场营销的成效。而绿色营销观念却在传统营销观念的基础上增添了新的思想内容。

企业生产经营研究的首要问题不是在传统营销因素条件下,通过协调三方面的关系使自身取得利益,而是与绿色营销环境的关系。企业营销决策的制定必须首先建立在有利于节约能源、资源和保护自然环境的基础上,促使企业市场营销的立足点发生新的转移。

对市场消费者需求的研究,是在传统需求理论基础上,着眼于绿色需求的研究,并且认为这种绿色需求不仅要考虑现实需求,更要放眼于潜在需求。

企业与同行竞争的焦点,不在于与传统营销要素的较量,争夺传统目标市场的份额,而在于最佳保护生态环境的营销措施,并且认为这些措施的不断建立和完善,是企业实现长远经营目标的需要,它能形成和创造新的目标市场,是竞争制胜的法宝。

与传统的社会营销观念相比,绿色营销观念注重的社会利益更明确定位于节能与环保,立足于可持续发展,放眼于社会经济的长远利益与全球利益。

(二) 设计绿色产品

产品策略是市场营销的首要策略,企业实施绿色营销必须以绿色产品为载体,为社会和消费者提供满足绿色需求的绿色产品。

这种绿色产品与传统同类产品相比,至少具有下列特征:

(1) 产品的核心功能既要能满足消费者的传统需要,符合相应的技术和质量标准,更要满足对社会、自然环境和人类身心健康有利的绿色需求,符合有关环保和安全卫生的标准。

(2) 产品的实体部分应减少资源的消耗,尽可能利用再生资源。产品实体中不应添加有害环境和人体健康的原料、辅料。在产品制造过程中应消除或减少"三废"对环境的污染。

(3) 产品的包装应减少对资源的消耗,包装的废弃物和产品报废后的残物应尽可能成为新的资源。

(4) 产品生产和销售的着眼点,不在于引导消费者大量消费而大量生产,而是指导消费者正确消费并适量生产,建立全新的生产美学观念。

无公害农产品

绿色食品

有机食品

（三）制定绿色产品的价格

价格是市场的敏感因素,定价是市场营销的重要策略,实施绿色营销不能不研究绿色产品价格的制定。一般来说,绿色产品在市场的投入期,生产成本会高于同类传统产品,因为绿色产品成本中应计入产品环保的成本,主要包括以下几方面：

(1) 在产品开发中,因增加或改善环保功能而支付的研制经费。

(2) 在产品制造中,因研制对环境和人体无污染、无伤害而增加的工艺成本。

(3) 使用新的绿色原料、辅料而可能增加的资源成本。

(4) 由于实施绿色营销而可能增加的管理成本、销售费用。

但是，产品价格的上升是暂时的。随着科学技术的发展和各种环保措施的完善，绿色产品的制造成本会逐步下降，趋向稳定。企业制定绿色产品价格，一方面当然应考虑上述因素；另一方面应注意到，随着人们环保意识的增强，消费者经济收入的增加，消费者对商品可接受的价格观念会逐步与消费观念相协调。所以，企业营销绿色产品不仅能使企业盈利，更能在同行竞争中取得优势。

（四）绿色营销的渠道策略

绿色营销渠道是绿色产品从生产者转移到消费者所经过的通道。企业实施绿色营销必须建立稳定的绿色营销渠道，策略上可从以下几方面努力：

(1) 启发和引导中间商的绿色意识，建立与中间商恰当的利益关系，不断发现和选择热心的营销伙伴，逐步建立稳定的营销网络。

(2) 注重营销渠道有关环节的工作。为了真正实施绿色营销，从绿色交通工具的选择，绿色仓库的建立，到绿色装卸、运输、贮存、管理办法的制定与实施，认真做好绿色营销渠道的一系列基础工作。

(3) 尽可能建立短渠道、宽渠道，减少渠道资源消耗，降低渠道费用。

（五）搞好绿色营销的促销活动

绿色促销是通过绿色促销媒体，传递绿色信息，指导绿色消费，启发引导消费者的绿色需求，最终促成购买行为。

绿色促销的主要手段有以下几方面：

（1）绿色广告。通过广告对产品的绿色功能定位，引导消费者理解并接受广告诉求。在绿色产品的市场投入期和成长期，通过量大、面广的绿色广告，营造市场营销的绿色氛围，激发消费者的购买欲望。

（2）绿色推广。通过绿色营销人员的绿色推销和营业推广，从销售现场到推销实地，直接向消费者宣传、推广产品绿色信息，讲解、示范产品的绿色功能，回答消费者绿色咨询，宣讲绿色营销的各种环境现状和发展趋势，激励消费者的消费欲望。同时，通过试用、馈赠、竞赛、优惠等策略，引导消费兴趣，促成购买行为。

（3）绿色公关。通过企业的公关人员参与一系列公关活动，诸如发表文章、演讲、影视资料的播放、社交联谊、环保公益活动的参与、赞助等，广泛与社会公众进行接触，增强公众的绿色意识，树立企业的绿色形象，为绿色营销建立广泛的社会基础，促进绿色营销业的发展。

三、什么是绿色需求？

营销的基本理论告诉我们，营销就是以不断满足顾客需求为目的，并从不同层次的需求上来迎合消费者的消费趋势。

绿色需求就是在人类社会更加注重消费质量、环境保护、安全健康及社会可持续发展的情况下应运而生的。企业在制定绿色营销方案时必须认真分析和考证绿色需求，才能为进一步的绿色营销工作的开展打下基础。

（一）绿色需求是人类社会发展的产物

人类的工业文明仅仅经历了一百多年的历史，就已经让地球付出了沉重的代价，同时也是人类应该承受的代价。随着资源短缺、环境的进一步恶化、淡水的枯竭、大气层的破坏、地球变暖等生态及环保问题的加剧，人们开始将生态观念、HSE管理体系的健康、安全、环保观念扎根于人类的思维理念中，继而形成习惯，也就是绿色习惯，从而由绿色习惯催生出绿色需求。

（二）绿色需求是人类追求高品质及高品位的必然

马斯洛的需求层次理论讲述了人类社会需求的层次性。当人们已经不再为基本的需求而奔波的时候，人们开始追求生存质量和生活质量；对生存质量的追求表现在更加注重生态环保；对生活质量的追求表现在倾向于消费无公害产品、绿色产品。由于这些产品本身所包含的特性和特点，使人们在消费过程中得到品质的满足和品位的提升。

（三）绿色需求是新型消费观念形成的产物

新的消费观念讲究满足基本消费的同时，开始考虑基本消费所带来的附加值。比如，人们在购买汽车时已经在考虑排放标准，无氟冰箱已经进入千家万户，人们开始关注服装对人体的健康等方面的安全保护。这些都是新兴消费观念对于传统需求的冲击。

事实上，随着人们对于生态环保观念的认知和加强，也促使人们改变原有的消费观念，许多人已经自愿拒绝非绿色产品。这些人心甘情愿地站在绿色消费立场上，心甘情愿地为人类社会的可持续发展买单，具有高度的前瞻性。

（四）绿色需求法制化和广泛的社会宣传

为了更好地推行绿色消费，培育绿色需求，一些国家特别是发达国家已经制定和颁布了相关法规来规范和推行绿色需求，实现绿色消费。乌拉圭回合的《贸易壁垒协议》中规定："不得阻碍任何国家采取措施来保护人类、动物或植物的生命健康、保护环境。"这实际上就为国家间进出口的"产品绿化"提供了法制基础。

四、绿色营销之绿色研发、绿色生产、绿色产品

绿色研发、绿色生产、绿色产品是创造绿色消费载体的过程。企业进行绿色营销的前提是企业要拥有绿色经营管理理念，只有在这种先进理念的指导下，才可能真正实现绿色营销，引导绿色消费，创造绿色效益。

绿色营销要求企业从绿色研发、绿色生产到绿色营销都是公开的，必须显现出其绿化的特征，并在理念上进行本质改变。比如研发工作的基本前提是产品要

绿色。目前,许多企业已经在此方面进行了诸多工作,并取得了诸多成果。像绿色电视、环保节能冰箱、环保节能汽车、绿色食品、绿色可回收衣服等等,都已经有声有色地进入了人们的生活。尽管目前绿色产品的成色还不是很高,但值得高兴的是,无论企业还是个体消费者都开始关注"产品绿化"问题。这对于绿色潮流的兴起有着相当重要的意义。

技能实训11-4 分析绿色营销的意义

实训目的

通过案例分析,加深对绿色营销的理解,掌握绿色营销在整个营销过程中的运用。

实训内容

【案例】

蒙牛 —— 只为优质生活

为了实现企业的绿色营销战略目标,求得自身的可持续发展,蒙牛企业非常重视环境保护和绿色消费兴起的市场环境,通过实施一系列的绿色营销策略,使自身朝着绿色企业方向发展。

(一)贯彻绿色理念

蒙牛乳业把环境保护纳入到高层的决策要素和企业的长远发展战略中,像许多国外大企业一样设置专门的绿色管理机构和环境经理,重视研究企业的环境对策。同时从产品设计入手,减少资源浪费和潜在污染;在生产中采用新技术、新工艺,减少有害废弃物的排放;对废旧产品进行回收处理、循环利用等。

同时,蒙牛公司针对不同的社会群体进行绿色消费理念的宣传,让社会民众对"绿色消费"有一个明确的认识,让民众知道什么是绿色消费,绿色消费的好处是什么,怎么样做才能实现绿色消费。例如,在学校开展有关绿色消费的专题讲座,并通过网络媒体、电视媒体、户外媒体等对"绿色消费"概念进行宣传,提高社会民众对本公司的认可度,让民众认识到,蒙牛乳业不只是想从社会中索取,更是社会大家庭中的一分子,同样会为社会的发展、环境的保护、民众的健康贡献着自己的力量。

(二) 蒙牛乳业绿色营销组合策略

1. 产品策略

(1) 绿色奶源及生态产业链。

蒙牛前瞻性地提出以生态草原建设为基础的绿色奶源战略,引进优质草种,推进大型生态牧场建设,夯实优质奶源基础,建立了亚洲最大的单体牧场——蒙牛澳亚国际牧场。蒙牛除大力建设生态牧场,打造中国乳业绿色经济样本外,还在节能减排和循环经济方面累计投入超过 4 亿元资金,着力构建绿色花园工厂,将低碳环保融入"绿色生态产业链"的各个环节。

(2) 区分绿色需求,以需求开发绿色产品。

公司针对顾客的需求特征进行市场细分和产品定位,开发不同的绿色产品。北京、上海等发达地区的绿色产品市场空间巨大,作为蒙牛绿色产品的主要目标市场,而一些中小城市则应作为次级市场。同时对于不同的收入阶层,绿色产品的供应应该呈金字塔形式组合,塔基为环境控制和产品质量要求相对较低的无公害产品;塔中为质量较优的绿色产品;塔顶为环境控制和产品质量要求严格的有机产品。

(3) 加强了 ISO 14000 和绿色标志的认证管理。

ISO 14000 认证和绿色标志认证是企业进入国际市场和冲破绿色壁垒的绿色通行证。申请认证能推动企业的内部环境管理体系的建立,引导企业按照绿色要求改进产品设计、生产工艺和生产过程。现在蒙牛公司已经获得了绿色标志的认证,公司正在积极开拓国外市场,要想开拓成功,就必须获得 ISO 14000 这张通向海外的通行证。

(4) 绿色包装。

蒙牛的产品包装采取了以下几项措施来实现绿色包装:①重视包装的减量化。可行的办法有改小包装为大包装,即针对不同的品项、口味进行组合装,还可针对不同的消费群体设计不同的包装,并提倡使用充填包装,减少包装材料厚度。②使用再生材料或可降解材料包装。使用再生材料生产制作包装已成为当前许多国家流行的做法,如法国的瓦楞纸是以回收废纸作为原料生产的。③实施绿色包装设计,实现绿色产品价值提升。包装图案应体现新鲜、环保、原生态和内容健康,并突出草原产品的特色,以吸引顾客的眼球。

2. 价格策略

通常，绿色食品的生产环境要求和生产成本较高，因此其价格也相对较高。同时绿色食品的消费群体往往也具有较强购买能力，他们对营养、健康、环保的绿色食品需求旺盛，愿意支付较高的价格。

为此，公司在制定价格策略时，充分考虑绿色乳品的稀缺性、细分市场的需求性，适时对以特仑苏为主导的绿色产品采取撇脂定价法。实际上，顾客也的确对于来自内蒙古大草原，具备稀缺性、高品质和品牌优势的蒙牛产品具有更高的溢价接受程度。

3. 渠道策略

物流运输是乳品企业的重大挑战之一。蒙牛目前的触角已经伸向全国各个角落，其产品远销到香港、澳门，甚至还出口东南亚。另外，某些产品的保质期相对时间较短，并且在运输过程中对温度也有很高的要求。这就对运输的时间控制和温度控制提出了更高的要求。为了能在最短的时间内、有效的存储条件下，以最低的成本将牛奶送到商场超市的货架上，蒙牛采取了以下措施：

第一，缩短运输半径。对于酸奶这样的低温产品，由于其保质日期较短，加上消费者对新鲜度的要求很高，为了保证产品能及时送达，蒙牛尽量缩短运输半径。在企业成立初期，蒙牛主打常温液态奶，因此奶源基地和工厂基本上都集中在内蒙古，以发挥内蒙古草原的天然优势。当蒙牛的产品线扩张到酸奶后，蒙牛的生产布局也逐渐向黄河沿线以及长江沿线伸展，使牛奶产地尽量接近市场，以保证低温产品快速送达卖场、超市。

第二，合理选择运输方式。目前，蒙牛产品的运输方式主要有两种，汽车和火车集装箱。对于路途较远的低温产品运输，为了保证产品能够快速地送达消费者手中，保证产品的质量，蒙牛往往采用成本较为高昂的汽车运输。例如，由北京销往广州等地的低温产品，全部走汽运，虽然成本较铁运高出很多，但在时间上能有保证。

为了更好地了解汽车运行的状况,蒙牛还在一些运输车上装上了GPS系统。GPS系统可以跟踪了解车辆的情况,比如是否正常行驶、所处位置、车速、车厢内温度等。蒙牛管理人员在网站上可以查看所有安装此系统的车辆信息。GPS的安装,给物流以及相关人员包括客户带来了方便,避免了有些司机在途中长时间停车而影响货物未及时送达或者产品在途中变质等情况的发生。

对于保质期比较长的产品,产品远离市场的长途运输问题就依靠火车集装箱来解决。与公路运输相比,这样更能节省费用。在火车集装箱运输方面,蒙牛与中铁集装箱运输公司开创了牛奶集装箱"五定"班列这一铁路运输的新模式。"五定"即"定点、定线、定时间、定价格、定编组","五定"班列定时、定点,一站直达有效地保证了牛奶运输的及时、准确和安全。

第三,全程冷链保障。低温奶产品必须全过程都保持在2~6℃之间,这样才能保证产品的质量。蒙牛牛奶在"奶牛—奶站—奶罐车—工厂"这一运行序列中,采用低温、封闭式的运输。无论在茫茫草原的哪个角落,"蒙牛"的冷藏运输系统都能保证将刚挤下来的原奶在6个小时内送到生产车间,确保牛奶新鲜的口味和丰富的营养。出厂后,在运输过程中,则采用冷藏车保障低温运输。在零售终端，蒙牛在其每个小店、零售店、批发店等零售终端投放冰柜，以保证其低温产品的质量。

绿色渠道的通畅是成功实施绿色营销的关键。选择绿色渠道，要注重选择在消费者心中具有良好绿色信誉的中间商，以便维护绿色产品的形象；要以回归自然的装饰为标志来设立绿色产品专营机构或专柜，便于消费者识别和购买；要合理设置供给配送中心和简化供给配送系统及环节；要建立全面覆盖的销售网络，不断提高绿色产品的市场占有率；还要在选择经销商时注重该经销商所经营的非绿色商品与绿色商品的相互补充性和非排斥、非竞争性，谋求中间商对绿色产品的潜心推销。

4. 促销策略

蒙牛乳业促销策略的制定，采用了广告、营业推广和公关等方式，并随着市场特点、产品特征和促销预算等因素而变化和选择。

（1）绿色广告

公司利用了各种广告媒体，通过以下三个步骤传播绿色广告，引导绿色消费：

第一步：确定绿色广告活动的目标。包括：告知顾客有关最新的绿色产品及现有产品的绿色范围；提醒顾客查看有关公司及产品的绿色记录；说服顾客相信蒙牛绿色产品比其他竞争者的产品好。

第二步：传播绿色信息。公司通过一定的媒体、颜色、语言、音乐及行为来传递蒙牛乳业及其绿色产品的信息，表达形式可以是绿色生活风格和绿色心情等。

第三步：广告效果衡量。公司应对绿色广告效果进行事前和事后的测试：对绿色广告印象及诉求的测试；对绿色广告信息认知度及记忆度的测试；对由绿色广告宣传引起顾客购买意愿及行为的测试等。

（2）绿色公关

绿色公关是企业在社会公众及顾客心目中树立良好绿色企业形象及产品形象

的重要传播途径。绿色公关的传播形式多种多样，蒙牛乳业可采用演讲、文艺节目、有声影像材料、信息服务、出版物、事件等方式，通过大众媒体进行传播；还可通过绿色赞助、慈善活动等进行宣传。充分节约各种费用和资源，采用绿色企业广泛使用的公共宣传这种低成本宣传方式。开展蒙牛绿色行为，在生产经营过程中进行一系列保护生态环境、减少污染，充分节约资源以及有利于健康的活动，以实际行动告知消费者，争取绿色消费者的认同及好感，从而进一步树立绿色企业形象。

5. 推行绿色管理

"绿色管理"就是融环境保护的观念于企业的经营管理和生产活动之中。内容包括：研究，把环保纳入蒙牛的决策要素之中，重视研究企业的环境对策；消减，即采用新技术、新工艺，减少或消除有害废弃物的排放；再开发，即变传统产品为绿色产品，积极争取了"绿色商标"；循环，即对废旧产品进行回收处理，循环利用；保护，即积极参与社区的环境整治，对员工、公众进行环保宣传，树立绿色企业形象。

问题：

(1) 在这个案例中运用了哪些现代绿色营销的理论及做法？

(2) 请你结合所学的专业知识及案例内容谈谈何为"绿色营销"，绿色营销较传统营销有哪些区别？

实训组织

(1) 根据班级成员总人数进行分组，5～6人为一组；

(2) 各组有20分钟的自由讨论时间；讨论时间结束后每组派出一名代表发言（时间在5分钟内）；

(3) 课后各组把讨论的分析过程和讨论结果形成PPT上交，作为该项目的课后作业。

实训考核

(1) 教师收集各组的PPT，并评分；

(2) 对各组的案例分析情况进行点评，学生可以再次补充和参与点评。

参考文献

[1] [美]菲利普·科特勒,等. 营销管理[M]. 第14版·全球版. 王永贵,等译. 北京:中国人民大学出版社,2012.

[2] [美]艾·里斯,等. 定位[M]. 谢伟山,苑爱冬译. 北京:机械工业出版社,2014.

[3] 吴健安. 市场营销学[M]. 第五版. 北京:清华大学出版社,2013.

[4] 刘昱涛. 市场营销实务[M]. 北京:电子工业出版社,2013.

[5] 许开录,等. 市场营销学[M]. 北京:北京大学出版社,2009.

[6] 吴柏林. 广告策划实务与案例[M]. 北京:机械工业出版社,2010.

[7] 兰苓. 市场营销学[M]. 第2版. 北京:中央广播电视大学出版社,2006.

[8] 李红梅. 市场营销实务[M]. 北京:电子工业出版社,2012.

[9] 周景勤. 营销与策略[M]. 北京:北京大学出版社,2006.

[10] 中国就业培训技术指导中心. 营销师·国家职业资格二级[M]. 北京:中央广播电视大学出版社,2006.

[11] 吴健安,等. 现代推销学[M]. 第3版. 大连:东北财经大学出版社,2011.

[12] 吴良勇. 市场营销实务与案例分析[M]. 北京:清华大学出版社,2011.

[13] 刘学,王砥. 消费心理学[M]. 北京:机械工业出版社,2009.

[14] 徐汉文,袁玉玲. 市场营销策划[M]. 北京:清华大学出版社,2014.

[15] 骆品亮. 定价策略[M]. 上海:上海财经大学出版社,2013.

[16] 周明. 营销策划:策略与方法[M]. 北京:北京大学出版社,2010.

[17] 郑锐洪. 营销渠道管理[M]. 北京:机械工业出版社,2012.

[18] 李先国. 分销渠道决策与管理[M]. 北京:清华大学出版社,2009.

[19] 顾锋. 现代促销学[M]. 北京:北京师范大学出版社,2006.

[20] 李纲,程鹏. 促销管理技术实训[M]. 北京:机械工业出版社,2008.

[21] 王广宇. 客户关系管理[M]. 第三版. 北京:清华大学出版社,2013.

[22] 杜子健,等. 无微不至[M]. 合肥:安徽人民出版社,2013.

[23] 中国营销传播网. http://www.emkt.com.cn/

[24] 中国教学案例网. http://www.cctc.net.cn/

[25] 第一营销网. http://www.cmmo.cn/